Christopher J. H. Wright

The Mission of God : Unlocking the Bible's Grand Narrative

東京ミッション研究所選書シリーズ 14

神の宣教［第1巻］

―聖書の壮大な物語を読み解く―

クリストファー・J・H・ライト［著］

東京ミッション研究所［訳］

東京ミッション研究所

The Mission of God

Unlocking the Bible's Grand Narrative

by **Christopher J. H. Wright**

This translation of The Mission of God is published
by arrangement with Tokyo missions research institute.

推薦のことば

東京基督教大学学長　倉沢正則

聖書は教会の宣教についてどのように語っているのか、キリスト教世界宣教の聖書的な基盤や根拠はどこにあるのかについて、世界では多くの著作があるにもかかわらず、日本語で読めるものはとても少なく、しかも断片的であることが否めなかった。しかも、「聖書と宣教」の視点や捉え方は、近年、新たな展開を見せている。このクリストファー・ライト氏の『神の宣教――聖書の壮大な物語を読み解く』は、プロテスタント福音主義の立場から、「聖書と宣教」に意欲的に取り組んだ大作である。

一七九三年のウィリアム・ケアリ以来、プロテスタント諸教派・教会を世界宣教へと押し出したものは「大宣教命令」（マタイ二八・一九～二〇、マルコ一六・一五など）と言われる聖書箇所であった。ケアリはまさに、この宣教命令を教会に息づかせ、「近代プロテスタント世界宣教の父」と称されている。しかし、その後の聖書の用い方は、宣教に関する聖書箇所を聖書から抽出する「プルーフテキスト」方式であり、それをもって、聖書的な正当性を証明しようとするものが多かった。しかし、世界を取り巻く政治情勢や経済格差、地球環境変化等の課題噴出の中で、そこに生きる人々に対する教会の使命を覚えるとき、この「プルーフテキスト方式」ではそれらの課題を捉えきれず、新たな枠組みが必要とされた。加えて、これまでの宣教団体主導の宣教実践から「教会」中心のホーリスティック（包括的）な宣教理解と実践が聖書から論じられ、さらには、聖書全体を貫いている神学的な主題（たとえば、「神の国」など）を宣教という視点で捉える枠組みが論じられてきている。これらを総称するものが、「宣教の聖書神学」と言われるものである。

これらの「聖書と宣教」の関係理解の変遷に、ライト氏はむしろ逆転の発想をもって、新たな枠組みを本書で展開しているところが非常に興味深い。その逆転の発想とは、従来の「宣教の聖書的な基盤」という考え方ではなく、むしろ、「聖書の宣教的な基盤」という考え方への転換である。なぜなら、宣教は、聖書が語る多くのものの一つではなく、聖書そのものなのだという確信に立っているからである。まさに、「聖書は神の宣教についてのもの」だとライト氏は主張する。彼の聖書全巻を読み解く新しい枠組みとは、「神の宣教（と神の民のその宣教への参与）」を鍵として聖書を解釈することを目指すものである。この意味で、彼は私たちに新たな地平を指し示していると言えよう。すなわち、「聖書を神の宣教という目をもって読む」こととはどのようなことであるかを、本書を通して私たち読者に訴えているのである。この「神の宣教」ということが、聖書に表れている壮大な物語を十分に読み解くことができる鍵であるとライト氏は確信し、本書の副題に「聖書の壮大な物語を読み解く」と付記されたのではないかと推察する。そのことを第一部「聖書と宣教」で論じて、第二部「宣教の神」、第三部「宣教の民」、第四部「宣教の領域」へと宣教の主体、その担い手、そしてその対象に言及してゆくのである。聖書を新たな目（とても重要な視点）で読み解くことができ、聖書が語る真理の深みと広がりにあずかる期待に心躍る思いがする。創造から新創造に続く普遍的な全物語は、神ご自身とその宣教に基づいている。神こそがその物語の初めであり、中心であり、終わりであるとする神中心の宣教観が聖書には貫かれているという「ものの見方」は、私たち読者のありようを変えてゆく。神の宣教をすべての存在の中心に据えるという見方は、これまでの私たち読者の見方を百八十度転換させるだろう。本書は読者に、私の人生のどこに神はフィットするのかではなく、偉大な神の宣教のどこに私の短い人生がフィットするのかという問いとなり、聖書を私たちの人生にどのように当てはめるのかでなく、私たちの人生を聖書にどのように当てはめるのかという問いとなり、福音をこの世界にどのように適切なものとするかではなく、この世界を福音のかたちに神はどのように変えていかれるのかという問いとなるようにと迫るものである。まさに、本書は、私たち読者の発想とものの見方を大転換させ、「神の宣教」という焦点をもって聖書の壮大な物語を読み解く手引書と言えよう。聖書をさらに理解したいと願う方々に、平易でありながら深遠な本書を心からお奨めしたい。

二〇一二年三月

はじめに

「今、何に取り組んでいるのですか?」 本書に取り組んできたここ数年間は、よく交わされるこのような質問に端的に答えることに窮した。たいていの場合は、「聖書と宣教に関する本です」と答えていたが、聖書と宣教のどちらを先にするかについては確信がなかった。私は聖書に照らして宣教への理解を深めようとしているのだろうか、それとも神の宣教に照らして聖書を理解しようとしているのだろうか。あるいは、本書は宣教に関する聖書神学なのだろうか、それとも宣教的に聖書を読む試みなのであろうか。序文で説明することではあるが、本書の完成版は、おそらく両者の側面を持ちつつも、より後者に強調が置かれていると考えてよいであろう。宣教の聖書的基礎への理解を築くような良書は、すでに数多く出版されてきた。私の主要な関心は、神の宣教（およびそのことへの神の民の参与）を聖書全体への枠組みとして読む聖書解釈のアプローチを提示することである。私の視点では、宣教は聖書正典全体の物語を読み解く主要な鍵である。その意味で、本書が宣教に関する聖書的考察としてのみではなく、聖書神学としても読んでいただけると期待している。

聖書神学的に宣教を扱う本は、たいてい旧約聖書を扱う部分があって、それに（多くはより長い）新約聖書の部分が続く。そして、各セクションにおいては、福音書、使徒パウロなどの各著者の宣教の神学を、正典の順序に沿って、あるいは個別に扱っていく。しかし、本書では、異なったアプローチを採用した。すなわち、聖書全体の根底にある大きな物語（グランド・ナラティブ）に織り込まれているいくつかのテーマに焦点を当てた。それらは、聖書の世界観を構成し、それゆえに聖書の神学の骨子となる以下のようなテーマである――唯一の神、創造、人間、選び、贖い、契約、倫理、将来への希望。それぞれのテーマが新約聖書においていかに展開され、成就あるいは進展していくかを見る前に、それら一つ一つの背後にある旧約聖書のルーツに注目した。したがって、ほとんどの章において、旧新約聖書の双方を考察し、時には両者を行き来しつつ、これらのテーマを扱った。

三十年来、関心を持って学んできた私の専門領域が旧約聖書であることから、旧約のテキストとそのテーマにより多くのスペースを割き、そこに議論がより深く及ぶことは避けられなかった。いったんは、本書を旧約聖書の宣教の神学(そのようなジャンルに当てはまる著書はあまり見られないが)としてはどうか、と考えたこともあった。ところが、キリストを信じる神学者として本書を書き、学んだことに忠実で、かつ自分の言葉で捉えつつ旧約聖書を読み、それに耳を傾けようと努めるならば、キリスト者として読む以外のことは考えられない。このことを私は次のように理解する。すなわち、焦点を当てるべき存在で、旧約の成就者であると宣言されている大いなる方、イエス・キリスト――新約聖書に照らすと、この方が証言され、その使命(mission)が弟子たちに付与された――を拝しつつ旧約聖書を読むということである。しかしながら、最終的に新約聖書より、旧約聖書により多く言及することになったとしても、結局のところ、聖書自体においても同様のことが見られると言うことができよう。

宣教的理解に基づく聖書神学的アプローチを目指していることから、テキストとして選んだ箇所の解釈をめぐる学術的研究などに関する注に多くのスペースを費やすことは避けた。議論の内容に重要な鍵となる聖書箇所については、それに十分と思われる釈義とその背後の議論に言及した。それ以外の多くの部分では、注解書や研究誌でどのように議論がなされているかに関心がある学者や学生のために、参照先を明示した。

一人の著者が、その思索が形成される中で、いかに多くの方々に負うているかは、すべての著者の知るところである。本書においても同様で、長期間あるいは短期間私と歩みを共にした多くの方々に心からの感謝を表したい。それらは、以下の方々を含んでいる。

二十年にわたって関わったインドのプネ（Pune）にあるUnion Biblical Seminaryや英国のオール・ネイションズ・クリスチャン・カレッジ（All Nations Christian College）の学生で、特に、聖書と宣教の関係を見いだすことに、思い出すかぎりの誰よりも多く共に取り組んできた学生たち、また実際に今も世界各地の宣教の課題に苦闘している者たち。

リサーチと執筆のプロジェクトのために、繰り返し心からのもてなしをもって支えてくださったコネチカット州ニューヘブンにあるOversea Ministries Study Center（海外ミニストリー研修センター）責任者ジョナサン・ボンク（Jonathan Bonk）と前責任者のジェラルド・アンダーソン（Gerald Anderson）、また共に働いておられた素晴らしいスタッフやその関係者たち。

このプロジェクトのために、私のことを覚えて常に励まし祈ってくださり、またウェールズの西海岸にあるホークセスという、執筆のためのリトリートハウスをしばしば貸してくださったジョン・ストット。

一つの仕事を提供するのみならず、世界宣教の現実に触れると同時に、年毎に学びと執筆への特別な時間を与えてくださったランガム・パートナーシップ国際協会（Langham Partnership International Council）。

原稿を読み、多くの箇所で、表現を変えて、言いたいことがよりはっきりするように、建設的な批判やコメントを下さった、エクハード・J・シュネイベル（Eckhard J. Schnabel）、M・ダニエル・キャロル・R（M. Daniel Carroll R.）、ディーン・フレミング（Dean Fleming）、およびダン・レイド（Dan Reid）。

そして、私の妻と長男ティムと彼の妻ビアンカは、以前のすべてのプロジェクトと同様に、この執筆プロジェクトにおいても、喜びとヨハネの手紙三、四節の祈りをもって支えてくれた。神がイスラエルに対してそうであったように、いつも（忍耐をもって）励まし続けてくれた彼らに本書を献げたい。

クリストファー・J・H・ライト

目次

序文

今も非常に鮮明に覚えている子どもの頃の記憶がある。北アイルランドの宣教師大会会場で壁に張り巡らされた垂れ幕に、堂々と書かれた文字。私はUnevangelized Fields Mission（未伝地宣教協会）のブースで父の手伝いをするのが常だった。父は二十年間ブラジルで仕えた後、この協会のアイルランド主事になっていた。「全世界に行って、すべての造られたものに福音を宣べ伝えなさい」と、垂れ幕の文字は私に迫った。ほかにも似たような命令が、格調高い飾り文字で書かれていた。十二歳になる頃には、私は垂れ幕の重要な聖句はすべて暗唱することができた。「だから、あなたがたは行って、……わたしの弟子にしなさい。」「……どうして聞くことができよう。」「（あなたがたは）地の果てに至るまで、わたしの証人となる。」「誰を遣わすべきか。……わたしがここにおります。わたしを遣わしてください。」私は宣教師に関わる聖句をそらんじていた。これらの聖句の大半についての心揺さぶる説教には、すでに何度となく応答していた。

二十一歳にして、私はケンブリッジ大学で神学の学位を受けたが、この大学では不思議なことに宣教師の聖句は話題にならなかった。少なくとも、今の私にとって、そのことは不思議に思われる。当時、学者や私の頭の中ばかりか、私の知る限りにおいて神の頭の中にも、神学と宣教との間の接点はほとんど存在しなかったようだ。神学はあくまで神に関することだった。神はどのような方か、神は何を言い、何をしたか、そしてこの三点について、大半はすでに亡くなっている人たちは何を考えていたかを学ぶのが神学だった。宣教は私たち、生きている人間に関することで、ウィリアム・ケアリ以来、私たちがしてきたことに関することだった（ケアリはもちろん最初の宣教師だった。少なくとも、当時の私たちはそう誤解していた）。

「宣教は私たちがすることである。」これが前提であり、もちろん明らかな聖書の命令に基づいていた。「主は私を遣わす／そのことを私は知っている／なぜなら聖書にそう書いてある」（Jesus sends me, this I know, for the Bible tells me so）〔英語圏ではよく知られている「主われを愛す」の歌詞 "Jesus loves me, this I know..." をもじった表現〕。何年も後、その間に私自身、インド宣教師として神学を教えたこともあったが、私はイギリス南東部の国際宣教訓練大学および大学院であるオール・ネイションズ・クリスチャン・カレッジで「宣教の聖書的根拠」という科目を教えていた。この講義の名称自体、上記と同じ前提を言い表している。宣教は名詞であり、既存の現実である。それは私たちが行うことであり、私たちは基本的にそれが何なのかを承知している。聖書的という言葉は形容詞で、私たちが行うべきこととしてすでに承知している内容を正当化するために使う言葉だ。私たちが宣教を行うべきことをなぜ承知しているかという理由、そして私たちの知識を正当化するための基盤、土台、または根拠は、聖書に存在しなければならない。キリスト者として、私たちはあらゆる行いについて聖書的基盤を必要とする。では「宣教の聖書的根拠」は何か。聖句を次々に繰り出し、まだ誰も思いつかなかった聖句もいくつか追加し、統合的な神学を少々展開しようではないか。そこに意欲をそそるような熱烈な表現を加えるならば、学生たちは心温まる感謝の意を表すだろう。これで、学生たちはそもそもすでに信じていたことについて、いっそう強固な聖書的裏づけを得たことになる。何しろ彼らはオール・ネイションズの学生だ。彼らは宣教を行う決意をしているからこそ、このカレッジに来たのだ。

このやんわり風刺したような言い方は、軽蔑を意図したものでは全くない。宣教は私たちが行うべきことだと、私は心底から信じているし、聖書はそのことを裏づけもし、命令もしていると信じている。しかし、その科目を教えれば教えるほど、私は講義の冒頭で学生たちに、講義科目の名称を「宣教の聖書的根拠」から「聖書の宣教的根拠」に変更したいと述べるようになった。私が学生たちに理解してほしかったこと、それは宣教努力に対する根拠をたまたま提供するような聖句が聖書には多数含まれているということにとどまらず、聖書全体がそれ自体、「宣教的」現象であるということだった。今日の聖書を構成する書簡はそれ自体、神の究極的宣教の産物であり、それを証しするものである。聖書は私たちに、神の宣教のストーリーを描き出してくれる。神の宣教は、神の被造物全体のために、神の民が神の世界と関わる中で、神の民を通して行われるのだ。聖書は、明確な目的を持っておられる、この神のドラマである。この目的を普遍的に達成するという宣教使命（ミッション）に従事するのは神である。そして、過去・現在・未来、イスラエルの民と諸国民、「生命、宇宙、あらゆるもの」を包み込む、この壮大なドラマの中心、焦点、クライマックス、完了はイエス・キリストご自身にほかならない。宣教は、単に一連の話題の一つとして、ほかのいくつかの話題より少しばかり切迫感をもって聖書が語っている話題ではない。宣教は、非常に月並みな表現ではあるが、「聖書の肝心要（かなめ）」なのである。

用語の定義

ここで、本書における「宣教（mission）」の定義、ならびに関連用語である「宣教師（missionary）」、「宣教的（missional）」、「宣教学的（missiological）」の定義を記しておくのが良いかと思う。

宣教――上記の私の回想記からただちに明らかなように、私は「宣教」（アメリカでは複数形の missions が通例）という語の一般的用法に満足していない。一般的には、宣教という語は人間のさまざまな企てにだけ関連して使われている。私はもちろん、キリスト者が活発に宣教に携わることの正当性には全く疑問を持たないが、神の宣教の神学的優位性を、本書全体にわたってぜひ主張したいと考えている。根本的に、私たちの宣教とは（聖書的に裏づけられ、正当化されているならば）、神の招きと命令を受けて、神の世界の歴史において、神の被造物の救済のために、神ご自身の宣教に神の民として献身的に参画することである。私が「宣教」の定義を尋ねられたら、こう答えるのが通例だ。私たちの宣教は神の宣教に源を発し、神の宣教に参画するのだ。

さらに、mission の語源である、「送る」という意味のラテン語の動詞 *mitto* だけを強調し、送り、送り出されるという動きに第一の意味を見いだすような説明法にも、私は不満足である。繰り返すが、これは、私が聖書における宣教の主題の重要性に疑問を抱いているからではない。ただ、「派遣」という意味合いでだけ宣教を定義すると、神の宣教についての理解と私たち自身の実践に、直接間接に影響を与えるその他の数々の聖書の教えの側面を、関連資料のリストから必然的に除外してしまうように思われるから不満足なのだ。

全般的に、私は宣教という語を、比較的一般的な意味、すなわち複数の類似の目標および計画された行動を通して達成される、長期的な目的または到達点という意味で用いる。この広義の宣教においては、（何らかのグループや組織に適用された場合）狭義の宣教を内包する余地がある。狭義の宣教とは、個人またはグループに割り当てられる具体的な仕事であって、広義の宣教に向けての各段階として成し遂げられるものである。巷では「ミッションステートメント」がもてはやされているようだ。レストランでさえ（その目的はごく明白だと思われるだろうが）、店先の窓にミッションステートメントを掲示しているものがある。顧客に食事を提供するという仕事を、もう少し包括的な使命感と結びつけようという努力の表れだ。企業、学校、慈善団体、果ては一部の教会までもが（その目的は、ミッションステートメントより明白であるべきだが、教会員に対してでさえも）、組織の存在目的、および達成したいと願う事柄をまとめたミッションステートメントを掲げることは、組織の役に立つと感じている。聖書は私たちに、紛れもなく目的を持ったお方として神を描き出している。聖書全巻を通じて歴史という道筋を歩む神は、その途上、すべての道標にミッションステートメントを貼りつけている。本書の使命（ミッション）は、その神の宣教使命（ミッション）と、その背景にあるものとそこに端を発するあらゆるものとを、神ご自身、神の民、神の世界との関連において、みことばを通して私たちに啓示されている範囲内で探ることであると言うことができよう。

宣教師（missionary）――この語は通常名詞であり、通常自分の出身文化ではないところで宣教に携わる人を指す。

この語は宣教という語より、いっそう「送り出される」という意味合いが強い。したがって、宣教師は通例、教会または団体から送り出されて、宣教施設で働く人、または宣教のわざに携わる人のことである。この語は形容詞としても使われる。たとえば、「missionary mandate（宣教命令）」、「a person of missionary zeal（宣教の情熱を持った人）」などだ。残念ながら、この語は風刺的な表現も生み出した。「宣教師の典型」がそれで、十九世紀から二十世紀における欧米の教会の大いなる宣教努力の、悔やむべき副産物を表す。宣教師という語が喚起するイメージは、いまだに白人の欧米諸国出身者が、はるか遠い国の「地元民」の間にいるというもので、さらに残念なことには、いまだに教会においても喚起されるイメージは同じである。教会はもう少し状況をわきまえているべきで、異文化宣教に携わる人の過半数はすでに、全く欧米人ではなく、マジョリティ・ワールド（世界の過半数の人々が暮らす南側の国々）の成長しつつある土着教会の出身者だということを、教会はきちんと知っているべきであるのだが。このため、多くの宣教団体は、今日マジョリティ・ワールドの教会や団体とネットワークやパートナーシップを構築するにあたり、宣教師という語を避ける傾向がある。理由は、いまだに古いままのこうした脳内イメージがあるためで、代わりに働き人のことを「宣教パートナー」と呼んでいる。

宣教師（missionary）という語には、送り出すという行為や、福音を異文化の中で伝えること、つまり、全般的に外側に向かう宣教の動きという連想が深くつきまとう。このため、私はこの語を旧約聖書と関連づけては使わないようにしている。私の見解では（誰もがこれに賛同するわけではないが）、イスラエルの民は他の諸国に宣教師を派遣するよう神から命令されなかった。そこで、もちろん旧約聖書を宣教学的に読んでいるということが、本書ではきわめて明らかに示されるものの、私は「旧約聖書が伝える宣教のメッセージ」（the missionary message of the Old Testament 一九四四年刊のH・H・ローリーの初期の名著の題名[1]）については本書であえて語らない。宣教師派遣に関するみことばではなく、宣教という語の最も広い意味（特に神の宣教という意味）での理解を大いに深めさせてくれるような聖書の箇所は、旧新約双方に多数存在する。したがって、こうした箇所や主題を「宣教師／宣教の（missionary）」という語を使って表すのはおそらく不適切である。[2] 不運なことに、最近までこの missionary という言葉は、宣教（mission）という語から派生する英語の形容詞として唯一のものと見られていた。しかし、もう一つの語が今、正当な歓迎を受けて広く使われるようになってきた。

宣教的（missional）――宣教的とは単に、宣教に関連する事柄、または宣教により特徴づけられる事柄、あるいは宣教の性質、特徴、または動きの特性を持つ事柄を表す形容詞である。宣教的と宣教の関係は、契約的と契約、あるいは虚構的と虚構の関係と同様だ。したがって、出エジプトの記事の宣教的な読み方について語ると言う場合、イスラエルの民とこの世に対する神の宣教において、出エジプトが歴史・民族的にいかに重要なものであるか、そして今日のキリスト教宣教に出エジプトがどんな関連性を持つかを探る読み方を意味する。あるいは、イスラエルの民は諸国民の中にあって宣教的役割を持っていたと述べる場合、諸国民を祝福するという神の究極的意図に結びつくような固有性と役割を、イスラエルの民は持っていたということを暗示することができる。したがって、私の主張はこうなる。イスラエルの民が宣教師として諸国に出て行けとの命令を受けていると示唆することなしに、その民族そのものが宣教的な存在理由を持っていたということである（ただし、諸国の中での教会の宣教師的役割については、もちろん議論するに値する）。

宣教学（missiology）**および宣教学的**（missiological）――宣教学とは宣教についての研究である。その内容は聖書的、神学的、歴史的、現代的、および実践的な考察および調査である。したがって、こうした神学的または考察的側面が意図される場合には、私は通常宣教学的という語を使う。上記の二つの例を引き合いに出せば、出エジプトの「宣教的な読み方」を「宣教学的な読み方」に置き換えても差し支えないだろうが、イスラエルの民が諸国民の中で「宣教学的役割」を持っていたことについて語るのは、やや妥当性に欠けるであろう。それどころか、この後者の例では、「宣教師的（missionary）役割」と「宣教学的役割」のいずれの表現も適切とは思われないため、宣教的（*missional*）という語がいっそう有用なのである。

本書の構成

ここで本書の構成についても述べておきたい。私の個人的回想に戻れば、「宣教の聖書的根拠」を私は何年も教え続けた。ある時点で私は、先に余談のようなコメントの中で触れた具体的問題点、つまり聖書自身の宣教的根拠について、冒頭で問題提起するように初回の講義で取り入れた。これは一つには、オール・ネイションズ・クリスチャン・カレッジ全体を包む神学的気風に由来する。それは、カリキュラムにあるすべての科目に、意図的に宣教学的視点からアプローチするというものだった。たまたま私は聖書教理と聖書解釈に関する科目も教えていたので、ごく自然に次のような問いかけをした。聖書とはそもそも何か、聖書がどのようにして今の形になったのか、一読者として聖書にアプローチする際の解釈上の前提や原則は何か、という諸点についての理解に宣教学的視点はどう影響するのか。私の思考は、この両科目が互いに他方を豊かにする中で、この両科目の間を行きつ戻りつしがちであった。聖書的宣教と聖書解釈は、予想外ではあったが非常に興味深い形で、互いに他方の姿に変身していくようだった。

しかし、聖書の宣教学的解釈についてもっと注意深く調べる必要も出てきた。というのも、別の学校の同業者が具体的な問題提起をしてきたのだ。一九九八年、私はロンドン・バイブル・カレッジ（現在のロンドン・スクール・オブ・セオロジー［LST］）でレイン（Laing）講義をするよう招かれた。私が付けた演題は「『そのとき彼らは私が主であることを知るようになる』――エゼキエルのミニストリーとメッセージについての宣教学的考察」である。当時、私はバイブル・スピークス・トゥデイという注解シリーズのエゼキエル書の執筆に取り組んでおり、この講義は、私の考察を友好的批判にさらす良い機会だった。そして、まさにそのとおりの批判を受けたのである。

アンソニー・ビリントン（LSTの「解釈学」講師）は私の講義への応答の中で、講義内容に熱心に感謝する一方で、エゼキエル書（あるいは聖書の他のどの書物でも）の解釈の枠組みとして宣教学を用いることの妥当性について疑問を呈した。もちろん、テキストを読むための枠組みはたくさんある（フェミニスト的、心理学的、ディスペンセーション主義的など）。枠組みを持つことは本質的に誤りではない。誰でも何らかの枠組みを持たなければ始まらないのだから。しかし、問題は次のことだ、とビリントンは述べた。

> あれとかこれといった特定の枠組みは、聖書的―神学的文脈におけるテキストの主眼を正当に捉えることができるのだろうか。それとも、枠組みはテキストを歪曲するのだろうか。言い換えれば、テキストに枠組みを持ち込むことが、それ自体必ずしも悪いのではなく、枠組みを持ち込んだ場合にテキストに重要な形で光が当てられることを否定するのでさえない。事実、光が当てられることはよくある。問題はむしろ、枠組みがテキストにどのような支配力を行使するか、そしていずれかの時点でテキストがその枠組みを批評することを許すかどうか、ということだ。(3)

ビリントンの応答は、全くもって正当な問題提起だった。それで私は、聖書の宣教学的解釈とは実際何を意味するか、また枠組みというものはテキストを正当に捉えるのか、それとも深刻に歪曲してしまうのかについて、さらに思い巡らした。これが、第Ⅰ部「聖書と宣教」において私が取り組もうとする課題である。本書の目標は、キリスト教宣教が聖書に全面的に根拠を置いていることを示すこと（これはほかにも多くの人がしてきたことだが、私は、同じ主題の大部分の書物よりも多くのページを旧約聖書の根拠に意図的に割く）だけでなく、神の宣教についての確かな神学は聖書全体を読むための有益な解釈上の枠組みを提供すると示すことである。

そういうわけで、第一章では、宣教学的解釈に向けてすでに取られてきたいくつかの段階について概説した上で、これらを超える、さらに徹底的な努力が必要だと主張する。第二章では、聖書の宣教学的解釈として私が考えているものの輪郭を描写する。仮に解釈上の枠組みがすべて聖書の領土マップのようなものであったら、そのマップの唯一の試金石は、旅人が自分の旅について理解するために、領土について旅人が知りたいこと、または知る必要のあることをどれだけ忠実に旅人に提供できるかである。本書の残りの部分では、神の宣教という視点から聖書全体にアプローチすることにより提供されるマップが、本書の副題が示すごとく、「聖書の壮大な物語」の躍動的な動きを私たちに把握させてくれるかどうかが試される。

本書の第Ⅱ部から第Ⅳ部までは、旧約聖書のイスラエルの民の世界観における三つの重要な焦点を順を追って取り上げる。これらはキリストとの関連において理解される場合に、キリスト教的世界観にとっても根本的に重要である。

- 宣教の神（第Ⅱ部）
- 宣教の民（第Ⅲ部）
- 宣教の舞台（第Ⅳ部）

第Ⅱ部では、聖書的唯一神論の宣教学的意味合いについて吟味する。イスラエルの神ヤーウェとは誰か、その独自性および普遍性（第三章）、ならびにこれらと直接的に関連する主張であって、新約聖書がイエスについて主張する内容（第四章）は、宣教について途方もなく大きな意味合いを持つ。実にキリスト教宣教は、イスラエルの民とキリストを通してこの世に知られることを意図する、唯一無二の生ける神についてのこれらの聖書の主張を別にしては、全く何の根拠も持たないであろう。しかし、人が造った諸々の神々や偶像について、聖書では相当量の表現とインクとを費やしているが、これらの神々や偶像との対立の構図において唯一の神を理解するのでなければ、聖書的唯一神論をきちんと取り扱ったことにはならない。偶像崇拝との対立は、聖書の主題の中でどちらかというとなおざりにされてきた。第五章ではこの主題について分析し、宣教学的考察を加える。

次に第Ⅲ部では、神の宣教の第一の媒体、すなわち神の民について考察する。聖書の記述の順序に従い、まず旧約聖書のイスラエルの民と歩みを共にする。イスラエルの民はアブラハムにおいて選ばれ、エジプトから贖い出され、シナイで契約関係に入れられ、他の諸民族からは倫理的に際立って違う生き方へと招かれた。これらの重大な連続する主題はどれも、豊かな宣教的意義を持つ。そこで、本書では以下について検討する。

- 選びと宣教（第六～七章）
- 贖いと宣教（第八～九章）
- 契約と宣教（第一〇章）
- 倫理と宣教（第一一章）

第Ⅳ部では、この世界そのものという広い舞台を取り扱う。つまり、地球、人類、文化、そして諸民族である。そこで最初に、被造物が良いものであるということ、そして被造物の保護とキリスト教宣教との間の関連性は、宣教的にどういう意味合いを持つかについて吟味する（第一二章）。人間の尊厳（神のかたちに似せて造られたゆえに）と人間の堕落（神の権威に対する反逆にはまり込んでいるゆえに）という矛盾は、宣教に対して深遠な意味合いを持つ。このことを一三章で探り、合わせて、悪の全方位的攻撃に対して福音宣教が行わなければならない全方位的応答についても考察する。旧約聖書の知恵文学の伝統は、すべての聖書文書の中で最も国際的である。この文書を思い巡らすことは、聖書神学に対しても、また、人間文化に関する宣教学に対しても、豊かな情報源となっている。聖書の世界は、神の創造の意図に従い、多くの諸国民が存在する世界である。この諸国民は、神の贖いの意図にどう関係するのだろうか。諸国民に関する旧約聖書の終末論的展望は、あらゆる宣教的文言の中でも、最も心躍るものであり、この点を第一四章で探る。次に第一五章で、新約聖書の宣教の神学と実践とが遠心的な広がりをもっていることに眼を向けよう。

こういうわけで、本書の概略を図解すると次頁のようになる。

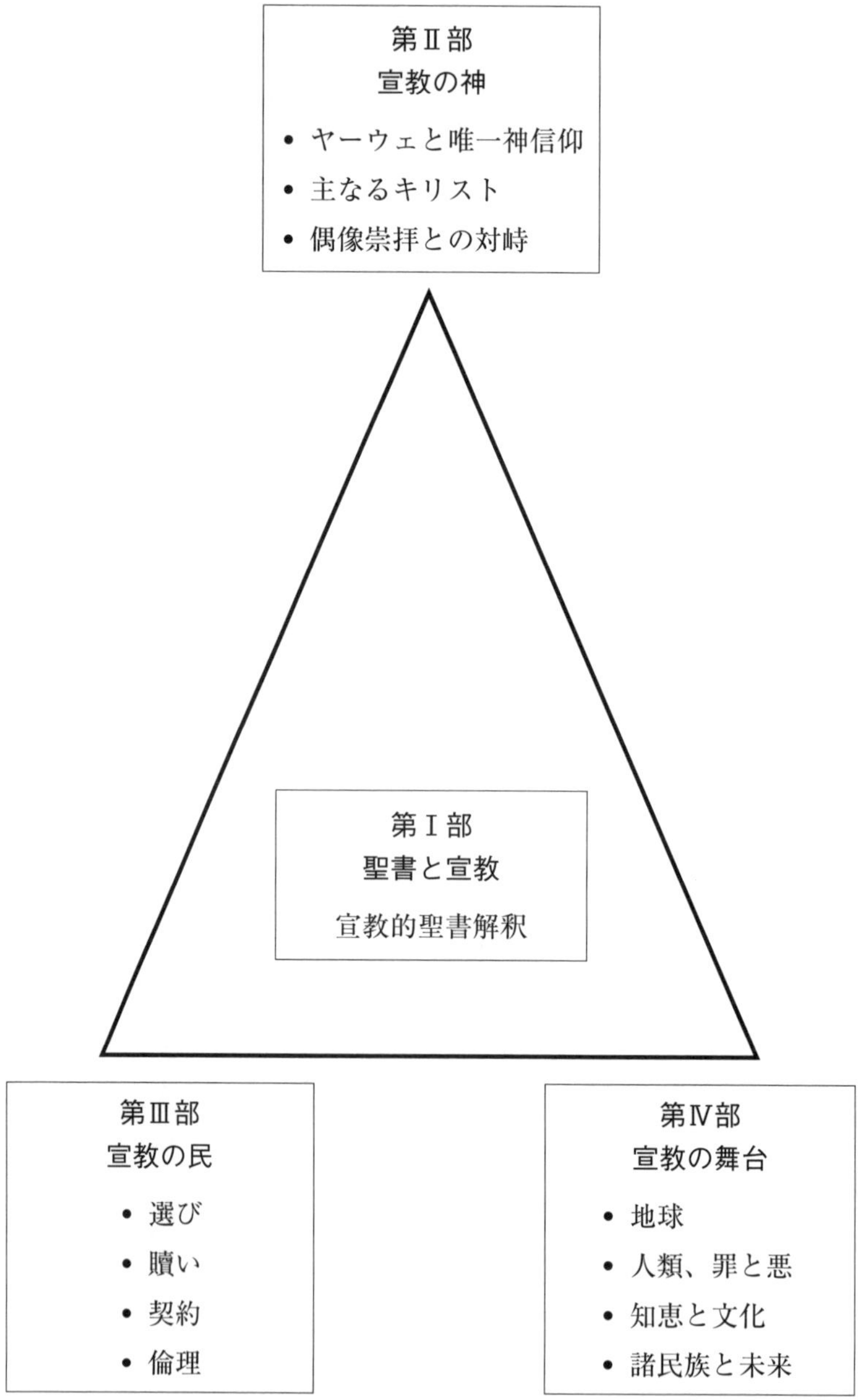
第Ⅱ部
宣教の神
• ヤーウェと唯一神信仰
• 主なるキリスト
• 偶像崇拝との対峙
第Ⅰ部
聖書と宣教
宣教的聖書解釈
第Ⅲ部
宣教の民
• 選び
• 贖い
• 契約
• 倫理
第Ⅳ部
宣教の舞台
• 地球
• 人類、罪と悪
• 知恵と文化
• 諸民族と未来

図 0-1

第Ⅰ部　聖書と宣教

宣教は聖書の使信の中心である。聖書の基盤としての宣教について語ることは、宣教の聖書的基盤について語ることと同様、有意義である。これは、勇気ある宣言である。しかし、逆に、「宣教の聖書的基盤について語ることは、聖書の基盤としての宣教について語ることでもある」と言うことはできないと思われるかもしれない。たとえば、結婚についての聖書的基盤はあったとしても、聖書の基礎としての結婚などというものはあり得ない。労働についての聖書の基本的教えはあり得ても、労働が聖書の語るすべてでは決してあり得ない。宣教についてはそうではないという私の主張は、行き過ぎで、絵空事でさえあるのだろうか。実際のところ、聖書の内容は計り知れないほど多様であり、聖書の各書の文学類型、著者性、文脈、思想、著作年代、編集、歴史に関する大小のテーマについての莫大な学術的研究がなされてきたが、それは聖書が全体として何について語っているのかを明らかにしたのだろうか。

しかし、ルカ二四章に記された復活の主イエスの言葉に勇気を得て、冒頭の主張を展開してみたい。[1] イエスは、まず初めにエマオに向かう二人の弟子に、そして最後に残りの弟子たちに、ご自分がメシアであり、それが今日私たちが旧約聖書と呼ぶ、ヘブライ語聖書正典の中心的使信であることを明らかにされた（ルカ二四・二七、四四）。キリスト者は、聖書の中心はキリスト論であると言うことが常である。それは、聖書全体がキリストを中心として回っているからである。

イエスは、旧約聖書の中心が救い主メシアにあると言われただけでなく、旧約聖書が宣教という主題によって貫かれていることも明らかにされた。[2]「そこで、イエスは、聖書を悟らせるために彼らの心を開いて、こう言われた。『次のように書いてあります。キリストは苦しみを受け、三日目に死人の中からよみがえり、その名によって、罪の赦しを得させる悔い改めが、エルサレムから始まってあらゆる国の人々に宣べ伝えられる』」（ルカ二四・四五〜四七、新改訳）。

イエスは、この教え全体を、「次のように書いてあります」と始める。ルカは、イエスが旧約聖書のある特定の聖句を引用したとは言わず、イエスの御名によって罪の赦しを得させる悔い改めをあらゆる諸国民に宣べ伝える宣教こそが、「次のように書かれて」いる内容であると主張していることになる。それはあたかも、（今日私たちが旧約聖書と呼ぶ）聖書全体は、イスラエルのメシアの生涯と死と復活において、また同時に、その出来事の結果として遂行されるすべての諸国民への宣教において成就した、と言うかのようである。[3] イエスは二人の弟子たちに語り、「聖書を悟らせるために彼らの心を開い」たと、ルカは記す。別言すれば、イエスは聖書解釈上の方向性と主題をそこで定められた、と言えるかもしれない。十字架にかかり復活したイエスの弟子たちにとっての、ふさわしい旧約聖書の読み方は、メシア論的であると同時に、宣教的でなければならないのである。

パウロは、エマオ途上の弟子たちのようにイエスから聖書解釈のふさわしいあり方を学んだわけではない。しかし、復活の主に出会い、イエスをメシアであり主であると認識することによって、聖書解釈上の抜本的な変革を経験した。パウロの聖書解釈においても、今や焦点が二つになった。総督フェストゥスの前での証言で、彼は次のように言う。「ところで、私は神からの助けを今日までいただいて、固く立ち、小さな者にも大きな者にも証しをしてきましたが、預言者たちやモーセが必ず起こると語ったこと以外には、何一つ述べていません。つまり私は、メシアが苦しみを受け、また、死者の中から最初に復活して、民にも異邦人にも光を語り告げることになると述べたのです」（使徒二六・二二〜二三、傍点著者）。この旧約聖書の二つの焦点こそ、諸国民に仕えるために選ばれた、メシアなるイエスの使徒としてのパウロの生涯を決定づけるものであった。

しかし、それ以後何世紀にもわたってキリスト者は、旧約聖書をメシア論的に読むことにおいては優れていたが、宣教的に読むことに関しては（全く配慮しない時もあるほどに）不十分であったと言っても過言ではないだろう。私たちは、旧約聖書をキリストの光のもとにメシア論的、または、キリスト論的に読む。すなわち、旧約聖書が描くメシアと終末に関する教説の全体がナザレ人イエスにおいて成就したとみなす。そうすることは、イエスご自身をはじめ、最初から彼に追従した者たちや福音書記者たちの聖書解釈の例に従うことであった。しかし、私たちはただ旧約聖書における、いわゆる、メシア待望に関する諸聖句が「成就した」ことを確認して満足してしまい、その先に行かなかったことがしばしばであった。その先に行けなかったのは、メシアの到来が宣教という目的を持っていたことを把握していなかったからである。

メシアは彼自身、イスラエルを代表する者、王、指導者、しもべとして、イスラエルのアイデンティティとミッションを体現する方として、待望されていた。油注がれた代行者としてのメシアを通して、イスラエルの神ヤーウェは、ご自身がイスラエルに対して意図しておられたこと全体を実現される。では、イスラエルのミッションとは何であろうか。それは、「諸国民の光」となること、すなわち、最初にアブラハムとの契約における中心箇条において約束された、神の救いの祝福を世界の諸国民にもたらすという手段以外の何ものでもないのである。

それゆえイスラエルの神は、諸国民に対して意図しておられたことを、メシアによって実現される。終末における救いとイスラエルの回復は、諸国民の結集をもたらす。イエスをメシアと信じることとの真義は、神がイスラエルに与えられた諸国民の祝福というミッションとの関わりでイエスの役割を認識することなのである。このように、旧約聖書をメシア論的に読むということは、ちょうどイエスがルカ二四章でその関係づけをしているように、宣教的に読むことにつながらざるをえないのである。

聖書の焦点がキリスト論にあることは、いろいろな形で——ある箇所では直接的に、ある箇所ではより間接的に——示されている。聖書すべてがキリストについて語っているという場合に、必ずしも聖書の一節一節に想像力を駆使してナザレのイエスを探し出そうとすることではないし、またそうすべきではない。むしろ、意図するところは、キリストの人性とわざが、私たちが旧新約聖書のテキストの包括的な意味を理解する際に主要な解釈上の鍵となるということである。すなわち、キリストは聖書全体を読み解く基盤なのである。

同じことが、聖書の焦点は宣教論であることにも当てはまる。聖書のすべてが宣教について語っているといっても、聖書のあらゆる箇所から伝道に関わる使信を探すということではない。聖書全体と関わる、もっと広大で深遠な真実について語っているのである。そこで、聖書を宣教論的な視点から読む際には、次のことを考慮に入れなければならない。

- 聖書が存在する目的
- 聖書において私たちに啓示される神
- 聖書によって招かれて私たちが加わる、民としてのアイデンティティとミッション
- 聖書が、この神とこの民と実に世界全体とその未来について語る物語

この物語は、過去、現在、未来にまたがり、「いのちと宇宙とすべて」についての物語である。聖書全体を通して語られる物語と聖書的な宣教との間にはきわめて密接な関係がある。それゆえ、聖書の宣教的解釈は、次のように問うことを意味する。キリスト者が聖書全体を宣教という視点から読むことは、可能で、妥当で、有益であろうか。また、そのように聖書を読むとき、何が起こるだろうか。宣教を、私たちが聖書全体を理解する上での枠組みとして受け入れられるだろうか。

これらの問いに肯定的な答えを出すアプローチの輪郭については第二章で描くとして、第一章ではまず、聖書を宣教との関係で理解する最近のいくつかの研究について考察したい。これらの研究は、それぞれ大きな貢献であり、意義がある研究であるが、私が本書で展開しようとする、さらに包括的な宣教の聖書解釈を表現するには不十分であると思われる。そこで、第一章では近年提案された聖書の宣教的解釈を目指す試みのいくつかを紹介したい。それぞれの主張について、私はさらに発展させる必要があると考えている。

第一章　宣教的な聖書解釈を求めて

キリスト教の宣教を支持する聖書的根拠を列挙する著作は数多い。[1] しかしながら、それらがすべて同質のものとは言えないのも事実である。すでに信仰者である者向けで、すでに宣教に献身している読者向けに、その宣教のわざの妥当性を訴えるものもある。批評的な学問を全く参考にしていないものもあれば、その逆の場合もある。また残念なことに、聖書の大きな部分を占める旧約聖書にほとんど触れていないものがいかに多いことか。[2] これらの著作が意図するのは、明らかに、教会が諸国民に対する宣教を遂行するための聖書的根拠と権威を探し出すことである。すでに宣教に携わっている人々にそのわざが聖書に基礎を置くものであることを確証するか、いまだ関わっていない人々に聖書の教えに従って生きていないと警鐘を鳴らすことを意図したものだと思われる。

「宣教の聖書的根拠」のアプローチを超えて

宣教の聖書による弁証

「宣教の聖書による弁証」と呼ぶことができるこのような書物は、たいへん重要である。結局のところ、もし二千年にわたる宣教の働きに何の明確な聖書的な基盤もないとしたならば、それ自体驚愕に値する。もちろん、時として、そのような否定的な議論がなされたこともあった。事実、ウィリアム・ケアリが「異教徒の改心」に関する聖書からの弁明を展開し、近代の宣教運動に先鞭をつけたのは、諸国民に宣教することは聖書的にも神学的にも善良なキリスト教市民には求められていないという否定的な声に対抗してのことであった[3]。

とはいえ、ケアリの例は、「宣教の聖書的根拠」を示す書物に共通する本質的課題を浮き彫りにすることになる。ケアリは、一つの聖句、すなわち、マタイ二八章一八～二〇節の大宣教命令だけに基づいて宣教を擁護して、次の議論を展開した。宣教命令は、使徒時代だけでなくケアリの時代にも有効であり、キリストの弟子たちに対する命令は、海外宣教の反対者たちが主張するのとは違い、第一世代の弟子たちだけで終息したのではない。彼の結論には賛同でき、その聖句選択は称賛に値するが、聖書の根拠としては薄弱であるとの批判は免れない。ケアリを弁護するとしたら、たとえ一つの聖句からであっても、彼の時代に宣教の根拠を聖書から示したという意味で大きな貢献であったと言える。しかし、今日に至るまで多くの宣教団体が、まちまちな精度で、この一つの聖句の釈義の上にキリスト教宣教団体という巨大な建造物を建て続けていることは弁明の余地がない。それはあたかも、一つの聖句という籠に、宣教を弁証する解釈という卵を数多く入れ過ぎてしまうようなものである。もし取っ手が壊れたら、どうするのだろうか。

たとえば、動詞「行って」は、世界宣教を促す言説では大いに強調されるが、それが実は命令形ではなく、前提を示す分詞、または、その行為が当たり前であることを示す状況の分詞に過ぎないと知ったら、どうであろうか。イエスは弟子たちに、第一義的には「行きなさい」ではなく、「弟子にしなさい」と命じられた。それも、（公生涯にあっては、それまでイスラエルの境界線の中だけでの宣教に限定されていたが）「すべての民をわたしの弟子にしなさい」と命じられたのである。諸国民のところに行くことは、この中心的な「弟子にしなさい」という命令に従うための前提条件であった。

また、この聖句はキリストの再臨への道筋を示している。すなわち、あらゆる諸国民に福音が宣べ伝えられるとすぐにキリストは再臨する、と一般的に考えられている。しかし、それを疑うとどうであろうか。つまり、弟子とすることは、その完成を見ることが可能な務めなのだろうか。（テキストは、「宣べ伝えなさい」ではなく、「弟子にしなさい」と言っていることに注意していただきたい。）　歴史上、すでに福音化された国々で若い世代の人々を新しく弟子とする必要はないのだろうか。大宣教命令は、常に拡大し、自己増殖する務めとしての宣教を命じているのであり、終わりの時に向けて時を刻む時計では決してない。

それでは、マタイ二八章一八〜二〇節にギリシア語で書かれた言葉をイエスが実際に（もちろん、アラム語で）発したことを疑う批判的な学者の声に聞き従ったとしたらどうであろうか。[4] そのような挑戦に対しては、いくつかの弁証が可能であろう。

- マタイのこの聖句の真正性を懐疑論者たちに対して弁明すること。そうする正統な根拠は確かに存在する。[5]
- たとえこのテキストがイエスの語った言葉をそのまま反映していないとしても、この言葉は、復活の後、宣教を繰り広げた教会が理解したイエスの生き方とわざを必然的に表現するものであると論じること。
- このテキストを支持する多くの聖句を探し、マタイは聖書の証言の本質を実際把握しており、それを正しくイエスに結びつけたと示すこと。イエスご自身、彼と弟子たちの宣教が、徹頭徹尾聖書に基づくものであるとみなしていた。

最後のものが、最も広く用いられる論法である。宣教の聖書的根拠を提示する書物の多くが、宣教の企てを命じているか、または、間接的な仕方で、宣教を支持する聖句をできるだけ並べることでよしとしている。しかし、こうした試みはある部分、重要である。確かに、聖書を限定的に読む傾向にある諸教会にあっては、宣教に関する多くの聖句を浴びせられる必要がある。

一般論として、自分の救いや守りについて語る聖句や、苦難のときの慰めとなり、神の御心にかなった生き方を示す聖句をめでる敬虔な信仰者は多い。だが、全世界と諸国民に対する神の大きなご計画について語る数多くの聖句があること、さらに、福音の本質が多文化に開かれており、教会の本質に宣教的要素があることを知ると、彼らは驚くかもしれない。しかし、そのような驚きを乗り越え、聖書の使信に聞く必要があるのである。

同様に、多くの神学者や神学生は、聖書学、歴史学、実践神学の伝統的なカリキュラムの枠組みに縛られて神学をしており、そこでは宣教の要素が全くと言えるほど欠如している。しかし、私が信じるところでは、キリスト教宣教と密接に関わる箇所やテーマが聖書には驚くほど多く存在すると示すことができる。とすると、宣教学は、神学の領域において尊重されなければならないことが自明になるであろう（事実、そのような兆候はすでに見え始めている）。

不適切なプルーフテキストの危険

しかしながら、一つの聖句であれ、多くの聖句であれ、宣教を擁護するために聖句を集めるというプルーフテキストの危険は常に伴うものである。すでに、本書において論証しようとすること（すなわち、宣教の根拠は聖書にあること）は明示した。宣教を支持する聖句が数多く存在する事実をとっても、このような仕事は妥当ではある。そこでは、聖書は「宣教に関する聖句」という宝を掘り出すことのできる鉱山とみなされる。これらの聖句は確かに輝きを放つであろう。しかし、ただそれらの原石を糸に通しただけでは、聖書全体についての宣教学的解釈と呼ぶことはできない。それだけでは、聖書全体が宣教の基盤となっていると示すことはできないのである。

このような聖句を集めて並べるだけのアプローチについて、デイヴィッド・ボッシュの次の考察は傾聴に値する。

私は、このようなアプローチが不適当であると言っているのではない。それ自体、価値があることには疑いがない。しかし、そうしたからと言って、宣教命令の意義を確立するのに大きく貢献するわけではないのである。宣教の意義の確立は、いくつかの個々の聖句や相互に無関係な出来事からではなく、旧約聖書と新約聖書の一貫した使信から導き出されることによらなければならない。今日の教会にとって決定的な意義があるのは、教会が行っている宣教のわざが、相互に関係のないいくつかの聖句の使信と形式的に一致しているというよりは、教会が聖書の本質的

使信とどう関わっているかということなのである。(6)

ある人は、ボッシュが実際には必要である二つのことを誤って対比しているかのような印象を持つかもしれない。教会が行うことと聖句が示していることに、形式的ではあれ、一致する必要は確かにある。また、宣教に関わる聖句が相互に無関係であるとは決して言えない。ある課題に関して、関係する聖句を、もっともらしい解釈をして薄く散りばめるようなプルーフテキスト的な読みは不適当であると指摘したからといって、聖句を綿密に研究することで宣教の重要性を論証しようとする努力を否定するわけでは決してない。ボッシュからの引用に戻るが、「聖書の一貫した使信」や「聖書の本質的使信」を表現することこそ、まさに私たちが本書で取り組もうとしている課題なのである。聖書に一貫する本質的な使信は「宣教」であるという主張が可能となるには、ただ関係する聖句を並べる以上のことをしなければならない。

関係する聖句を列挙するというアプローチの限界は、最終的には、それが循環論法に陥ってしまうという疑いがあることである。大いなる宣教のわざへの献身は、聖なる伝統を背景とし、今日的な方法論やモデルを駆使しつつ、将来的な目標や方策に開かれている。しかし、聖書を読む際、それらのものが持ち込まれてしまう危険がある。私たちは、このような読み方は、聖書的に是認されると考えてきた。しかし、宣教の聖書的根拠を探すために聖書を読むことで見つかるのは、私たちが持ち寄った私たちの宣教観という荷物に過ぎないということになりかねない。それも今度は、聖書の言葉という心地よい花輪飾りのある荷札がついた荷物として。

宣教自体に関する聖書的根拠を探すことは、それ自体妥当であり、必要不可欠なことである。宣教のすべての働きについて聖書的根拠を見つけられるかというと、それは疑わしい。不可能であり、危険でさえあるという意見もある。むしろ、宣教の働きについて聖書的妥当性を探すよりは、私たちの宣教の方策であれ、計画や実践であれ、聖書に基づいて批評され評価されることをよしとすべきなのだ。マーク・スピンドラーの言葉がこの点を見事に表している。

もし「宣教」という言葉が、現代において実際に行われている宣教活動の総体を指すとか、「諸宣教（missions）」の旗印のもとに繰り広げられるすべてのことを指すと理解するとしても、真実な聖書学者はそのような「宣教」という概念は聖書にはないと結論づけるであろう。……それゆえ、現代におけるあらゆる「宣教」活動を聖書に根拠づけること、すなわち、現代の宣教活動内容のすべてについてその聖書的前例や聖書が文字どおり命令していることを探すのは、時代錯誤であるばかりか無意味でさえある。むしろ、今日における宣教は、（イエス・キリストによる救いという福音を携えてなされる）世界に対する神の民の基本的運動という、もっと根本的なことから導き出されるとみなすべきである。……宣教の根拠は聖書にあるという主張の信憑性は、今日における宣教がこの根本的な考えに向かっているかどうかによって転びもすれば、立ちもする。歴史上起こった「宣教」運動はすべて、この視点から再評価されるべきである。繰り返すが、宣教の聖書的根拠を求めることは、現在営まれている宣教の諸活動の正当性を弁明することを目的としない。むしろ、聖書に照らして宣教の諸活動を評価することこそ、その目標なのである。[7]

しかし、そのような評価の務めを実践するためには、私たちは「根本的な何か」、すなわち、聖書における「宣教」の概念、より正確には、聖書神学の宣教学的枠組みを、さらに明確に理解しなければならない。

文化多元主義的な聖書解釈の視点を超えて

グローバルな教会、グローバルな聖書解釈学

欧米の神学界は徐々にではあるが、避けては通れない事実として、世界の他の地域で何が起こっているかに気づき始めている。欧米の神学者たちは、これらの地域で展開される神学的、解釈学的に豊かな視点の中には、過去の何世紀かの宣教の結実と見ることができる例があることを、宣教学から知るようになった。宣教がキリスト教の世界地図を塗り

替えたのである。二十世紀冒頭には世界のキリスト教人口の約九〇パーセントが北と西（特に、ヨーロッパと北米）に住んでいたのに対して、二十一世紀の冒頭には、キリスト者のおよそ七五パーセントが南と東の諸大陸――南アメリカ、アフリカ、アジアと太平洋地区のいくつかの地域――に住んでいる。世界のキリスト教の重心は南に移行したのである。この現象は、必ずしも適切ではないが、「次のキリスト教世界[8]」と呼ばれる。または、「グローバル・サウス」や「マジョリティ・ワールド」という表現も用いられている。

私たちの時代は、複数の民族によって形成される教会と多方向の宣教の時代である。それは同時に、多文化の中でなされる聖書解釈の時代であることを意味する。人々はそれぞれ自分たちのために聖書を解釈するからである。欧米のプロテスタント神学界は、宗教改革という、中世スコラ主義神学の枠組みに捕らわれずに個人が聖書を読む権利があることを主張した人々が主導した聖書解釈上の改革に、その歴史的根拠がある。それにもかかわらず、多様な文化的背景の中で自分たち独自の視点で聖書を読むことを選択した神学者たちの声に進んで耳を傾けようとしてこなかった。しかし、状況は間違いなく好転している[9]。

もちろん、解釈の多様性という現象は聖書自体にまでさかのぼることができる。新約聖書自体が、教会が旧約聖書と呼んでいる聖書の解釈上の改革の産物なのである。そして、初代教会は、そのコンテキストや課題に応じて、旧約聖書の解釈について複数の解釈の方法を採用した。宣教の結果として生まれたユダヤ人やギリシア人のキリスト者が、自分たちのアイデンティティを聖書に従って多様な仕方で表現した。たとえば、ローマの信徒への手紙一四～一五章でパウロは、このようなキリスト者の人種的・文化的アイデンティティが相違していることから生まれた課題を扱う。パウロは、まず自分の神学的立場が、「強い」と呼ばれる人々と同じであることを明らかにする。しかし、聖書の規定の解釈と実践において異なる人々を責めたり侮蔑したりすることなく、キリストの教えとその福音のゆえに互いを受け入れるべきである、と主張する。

それゆえ、宣教の解釈学にとって、次の点を認識しておくことが最低限必要である。すなわち、人々はさまざまなコンテキストの中で多様な視点を持って聖書のテキストを読むということである。聖書のテキストとその著者たちの歴史的、救済史的文脈が、テキストの意味と今日的意義を考察する際に、第一義的で客観的な重要性を持つことは堅持されるべきである、と私自身は考える。そうであったとしても、グローバル化する教会において多様な視点から聖書のテキストを読むということは、聖書解釈の豊かさを生み出すという点できわめて重要な要素である。ある文化の人々が聖書のテキストを読む際に、その文化において解釈をするが、その読みは、他の文化の人々でははっきりと見ることができなかった、テキスト自体が示す意味の広がりや含蓄された意味に光を当ててくれる。[10]

このような状況を踏まえてジェームズ・ブラウンソンは、聖書解釈の多様性は聖書に根拠がある現象で、積極的に受け取られるべきであり、全世界で展開する宣教活動の現実から生まれたことであると論ずる。

私が展開しているモデルは、聖書の宣教的解釈と呼ぶことができる。それは新約聖書に関する次の基本的考察から導き出されたものである。すなわち、新約聖書を生み出し、それを正典とみなした初期キリスト教運動は、明確に宣教的な性質を持ったものであった。初代教会の最も明らかな現象の一つは、この運動が文化の境界を越えて、新しい場所に移植されたという特徴である。新約聖書の各書の半数以上が初代教会におけるこのような宣教の活動に携わっている人々によって書かれた。文化の境界を越えて進むという初期キリスト教運動の特質を基礎にして、聖書解釈のモデルを発展させることは豊かな実りをもたらす。それは特に私たちの目的にとって重要である。なぜなら、そのような特質は、聖書解釈の第一の課題はキリスト教と多様な文化の関係にあることを示すからである。ここに注目することは、私たちが今日取り組んでいる、聖書解釈における多様性という問題に答える上で大いに助けとなるだろう。……私が提案している聖書の宣教的解釈は、キリスト教世界の現実と多様な聖書解釈の不可避性を認めるところから始まる。[11]

一貫した聖書解釈の焦点としての宣教

しかしながら、聖書の宣教的解釈が、世界中でさまざまな教会と宣教のコンテキストにおいてなされている聖書テキストへの可能な解釈すべてを統合することである、と考えるのは不適切であろう。もちろん、そのような企ては魅惑的で、かつ有益であることに変わりはない。異文化にいる他者の視点から聖書を読むことはやりがいがあり、非常に刺激的で、かつ非常に教育的な特権であることは、私自身を含め、異文化の中で働き生活したことのある者ならば誰でも共通して認めるところである。しかし、そのような働きによって、多様な聖書の解釈が生まれることになる。もしそうであるなら、いかなる評価をも拒む相対主義に同調することになるのであろうか。聖書のテキストの解釈について、正邪の判断ばかりか、優劣の判断についての基準もないのだろうか。そして、どのように判断基準や区別を定義したらよいのだろうか。

ここでの「聖書解釈の多様性」は、解釈学上のイデオロギーとしての多元主義を指すのではないし、相対主義に特権を与えることでもない。私の理解では、聖書のテキストの解釈は、まず文法的・歴史的方法論を注意深く適用して、該当するテキストが話され書かれた文脈において著者なり編集者が意図した意味を探るところから始めなければならない。このような方法論を用いて、聖書のテキストの重要性と意味を私たち自身の文脈に適用するわけだが、そこでは文化的多様性が重要な役割を演じることになる。しかし、この多様性には方法論上と神学上の限界が伴う。

ブラウンソンは、宣教的聖書解釈の多様性から論じ始めて、「聖書解釈の一貫性」の必要を訴える。解釈における立場が多様になると、私たちは互いに尊敬と愛をもって互いに語り、聞き合う必要がある。それは同時に、私たちが共有する人間性と、聖書の同じテキストに対する等しい献身を確認することでもある。「しかしながら、ひとたび互いの多様性を認めたなら、聖書がどのような焦点、すなわち、多様性の中で方向性を指し示すポイントを提供しているのかについて検討しなければならない。愛をもって真理を語るとはどのようなことなのであろうか。[12]」ブラウンソンの答えは、聖書自体が提示する福音の形式と内容とその主張にある。彼はまず、福音に関して聖書が用いるさまざまな表現の中には、中心的で、変わることのない宣言があるとする学者たちに賛同し、その中心的福音の宣言こそが、聖書のテキストに関して主張されるあらゆる解釈を評価する聖書解釈上の枠組み、または、鋳型となるべきであると主張する。

> 聖書解釈で福音が果たす役割を理解することは、聖書解釈の多様性と一貫性に関する健全なアプローチを確立するためには不可欠である。解釈は異なるコンテキストから生まれるのが常である。いろいろな解釈者が異なる伝統に従って多様に聖書を解釈する。……しかしながら、この多様性の中で、聖書解釈に一貫性と共通性の意識を造り出す役割を演じる枠組みは、福音なのである。[13]

この点については心から賛成する。しかし、さらに一歩進めて、（ブラウンソンが新約聖書の枠組みだけで論じる）福音は、実際には（ガラテヤ三・八のパウロによると）創世記から始まることを指摘したい。そこで、ブランソンが「聖書解釈の一貫性」と呼ぶ課題に関して、私は聖書全体からの視点を導入しよう。

このことは、ルカ二四章に記された、ヘブライ語聖書のメシア的、宣教的解釈によっても示唆されている。ルカは、パウロと共に生活し働き、教会が遭遇した最初の激しい神学上の諸論争を使徒言行録に書き記したが、イエスの道に従った初代キリスト教徒の中で、旧約聖書がいかに多様に解釈されているかをよく知っていた。しかし、イエスは「聖書を悟らせるために彼らの心の目を開」かれた（二四・四五）。別言すれば、イエスご自身が、弟子たちに一貫性をもって旧約聖書を解釈するための鍵を示された。それは、キリストに至る物語（メシア的解釈）とキリストから始まる物語（宣教的解釈）である。これこそ、すべての民族のために神の御心とご計画から出て、聖書で展開する物語なのである。これは、聖書全体の宣教的解釈と言えよう。

コンテキスト（文脈）の神学と代弁者としての聖書解釈を超えて

コンテキストと利害・関心

聖書のテキストをコンテキストに即して読むアプローチは多様であるが、その中には解釈者の利害や関心を明確に表明するものも含まれる。それらは、特別なグループに属する人々の中でなされ、彼らを代表して、彼らの利害や関心を反映するような聖書の読みである。啓蒙主義以来の西洋で発展した神学は、自らを科学的、客観的、理性的であり、信条的前提やイデオロギー上の利害や関心からも自由であると主張するような特殊な神学理解を反映するものであった。しかし今では、そのような利害・関心を反映しない客観性を主張する神学は神話に過ぎず、覇権的な主張を隠蔽するに過ぎないという意味で危険である、という神学的主張がされるようになった。このような神学では、聖書を読み解釈する上でコンテキストが重要であると主張される。読者が誰なのか、彼らはどこにいるのか、どのような人々の中にいて聖書を読み、解釈しているのかといった問いによって、聖書の解釈が異なってくるというのである。聖書は、その使信が聞かれ、実行に移されるコンテキストにおいて、また、そのコンテキストのためにこそ読まれなければならないのである。

聖書と神学に対するこのようなアプローチは、欧米の神学界では「コンテキスト（文化脈化）の神学」と呼ばれるようになった。この用語自体、欧米の神学界の傲岸な民族的優越感の表れである。なぜなら、他の地域はコンテキストであり、その神学者たちはそれぞれのコンテキストのために神学をしているのに対し、私たち欧米の神学者はコンテキストに左右されない、客観的で、本来的な神学を営んでいると想定しているからである。このように想定することの非は正当にも指摘されている。欧米自体も固有な文化をもったコンテキストであり、聖書を読み、神学が営まれるコンテキストという意味では、他のコンテキストと違わないのである[14]。しかし、欧米こそ、キリスト教信仰の一形態が生まれ、何世紀にもわたって育まれてきたコンテキストであり、そのキリスト教は、おもに宣教活動の結果、全世界で主要な位置を占めるようになった。そして、このコンテキストが、啓蒙主義から始まる「近代」というバベルの塔を築きあげたのである。バベルの塔としての近代は、創世記に記された原型と同様、今やポストモダンという、まとまりを失った多様性の中に分裂してゆく過程をたどっている。

上記のような、神学の新しい潮流に共通して見られることとして、それらが代弁者の立場をとる点が挙げられる。すなわち、聖書信仰にとって根本的なのは、いかなる形であれ非正義の犠牲となっている人々の側に立つことであるという確信である。そこでは聖書は、解放者の視点からなされる解釈によって、つまり抑圧と搾取から人々を解放するという関心を持って、読まれることになる。二十世紀の欧米における神学思想に最初のインパクトを与えたのは、ラテンアメリカの解放の神学であった[15]。神学は、まず書斎で考究されてから社会に適用されるものではない。むしろ、貧困と抑圧の中で苦しむ人々のために、彼らに代わってなされる行動にこそ第一義的重要性があり、そのことへの献身と実践から神学的考察がなされるべきである。このような考えは、欧米における神学の営みに関する基本的なあり方を本質から問うものであった。同様の例としては、インドのダリットの神学、韓国の民衆（ミンジュン）神学、アフリカやアフリカ系アメリカ人による黒人の神学などがある。フェミニストの神学の聖書解釈上の影響も広範なもので、欧米における影響は他の神学潮流に比べて、はるかに大きなものである。これらの神学潮流における聖書の解釈は、意識的に「利害や関心」を反映するものである。つまり、貧者や、アウトカースト、黒人、女性など、自分たちが代表する人々の利害や関心を代弁して聖書を解釈するのである。

典型的な宣教者像の打破

聖書の宣教的解釈は、宣教師たちや宣教学者たちにとって解放のための神学となり得るだろうか。このようなことは、冗談半分に議論されている。一般に、宣教師は欧米による植民地主義の付属品とみなされ、あたかも欧米の傲岸さや文化的覇権主義と同義語であるかのように理解されている。その意味では、宣教師たちからの解放を謳う神学を提案した方が自然かもしれない（事実、非欧米の神学の急進的な潮流の中では、そのように主張されている）。

しかしながら、グローバルな教会における文化の多様性から新しい現実が生まれているが、そのことは欧米の教会においてはほとんど知られていない。それは、一般文化やメディアにおいても同様である。この現実は、たとえば、今日、世界で働く宣教師の過半数が欧米以外の出身の非白人であることに顕著に表れている。それは、マジョリティ・ワールドが、異文化世界における宣教の働きのために大多数の働き人を送り出していることを意味する。それゆえ、アフリカで英国人宣教師に出会うのと、英国でアフリカからの宣教師に出会うのとは同じ確率なのである。それは、北アメリカでブラジル人宣教師に出会うのと、白人がほとんど行かない西アフリカの地域でケニア人宣教師に会う確率についても同様である。さらに、韓国からの宣教師は、世界のあらゆる地域で働いている。確かに、世界の他の地域に宣教師を最も多く派遣しているのはアメリカ合衆国であるが、二番目に異文化の中で宣教する人々が多いのがインドである。[16] インドでは、欧米からの宣教師の三倍に及ぶ国内からの宣教師が異文化圏での宣教に携わっている。

世界宣教におけるこのような新しい現象に関して、これらのキリスト教の宣教師たちが抑圧的な植民主義の列強の幹旋人であるとも、政治的、経済的な帝国主義を宗教の隠れ蓑で覆う働きをしているとも言うことはできない。逆に、マジョリティ・ワールドの諸教会が行っている宣教活動は、政治権力や富とは無縁であるだけでなく、その多くが被抑圧や迫害の中で実践されている。それらの宣教師たちは必ずしも、ラテンアメリカの貧者やインドのダリットのような抑圧された社会階層の出身ではないかもしれない。（だが、多くのインドの宣教師たちはダリットの出身である。）しかし彼らは、彼らの召命を取り巻く典型的な抑圧的状況と非正義というカリカチュアからの解放だけでなく、多くの教会で宣教が重要でないとみなされてきたことや、宣教学が神学界の主流では軽視されてきたことからの解放をもたらしていると言える。

それゆえ、聖書の宣教的解釈は「利害や関心」を反映する読みである。それでは、諸国民に対する神のご計画について記された聖書の物語に自らの人生を献げた人々の利害や関心を通して、聖書が読まれ、聖書解釈が展開される。それも、宣教に献身することは、すべての教会にとって当然のことである、というさらに強い確信に基づいてなされる読みである。なぜなら、聖書によって導かれる教会は、聖書とそこに啓示された福音が一貫して命じている宣教を、避けては通れないからである。

聖書の宣教的解釈は解放を包含する

しかしながら、聖書の宣教的解釈には、もう一つの特徴がある。それは、単なる解放のための神学や、弁護者の神学や彼らの関心を反映する神学の一種で終わるのではない。たとえそうであったとしても、固有の存在意義を有し、その正当性を伸張し、弁明し得る聖書解釈であると、私は言いたい[17]。本章でその概要を示そうとしている広義の宣教論的聖書解釈は、解放の神学的側面を包含するものである。では多様な神学潮流に息吹を与える正義と解放に対する情熱はどこから来るのであろうか。それはほかでもない、終末における完成に至るまで、歴史の中で非正義と抑圧と拘束と戦われる神の啓示の書としての聖書からである。また、人類により、歴史的で、また宇宙論的な広がりを持つ邪悪と悪そのものに対して、御子イエス・キリストの十字架と復活において究極の勝利をおさめられた神からでなくて、どこから来るのであろうか。別言すれば、神による派遣からでなければ、どこからであろうか。

聖書によれば、真の解放も人類にとっての最善の利益も、すべて神から来る。それも、ただの神ではなく、旧約聖書においてヤーウェとして啓示され、ナザレのイエスとして受肉されたこの神から来るのである。聖書は全人類と全被造物の解放を成し遂げようとする神の熱意とそのわざ（派遣・宣教）を物語るのであるから、聖書の宣教的解釈には解放という神学的側面が必ず含まれる。繰り返しになるが、宣教の神学の根拠は、神の派遣（とその実践）と神の実在とわざのすべてに対する応答としての礼拝に置かれなければならない。この原則の重要性を再認識する必要がある。この視点からすると、私たちは人々の代弁者となる前に、神の代理人なのである。

三位一体論的基盤に立って、教会よりも神こそが宣教の主体であり源であることを明確にしなければならない。支持することこそ、地上における神の代弁者である教会の務めである。それゆえ教会は、宣教を神に栄光を帰すこと（頌栄）から始めなければならない。そうしないなら、すべては単なる社会活動や目的を失ったプログラムへと堕するであろう。(18)

ポストモダンの聖書解釈を超えて

多様性の是認と相対主義の否定

コンテキストの神学が生まれ、西欧のいわゆる「標準的な」神学であろうと、あらゆる神学はコンテキストに即していることが認識されるようになった。このような時代は同時に、ポストモダンの思潮の到来とそれが解釈学に（他の学問領域と同様に）大きな影響を与えた時代でもある。今日の西欧の神学界は、啓蒙主義以来の近代の世界観を前提としており、客観性を重要視し、普遍的な神学概念の形成を追求してきた。当然ながら、このようなアプローチは、それぞれ歴史的に異なるコンテキストに適合する形で営まれる神学には当てはまらないという困難を抱える。しかし対照的に、ポストモダンの時代への移行により、そのような地域やコンテキストによる多様性は受け入れられるばかりか、称賛されるようになってきた。

ポストモダンの思潮では、地域性や文脈性や特殊性が称賛されるだけでなく、そのような状況こそすべてであると主張されるまでになっている。すべてのことを説明する大きな物語（メタ・ナラティブ）はもはや存在しない。世界とその意味の全体を包括する真理があると主張するならば、他者を抑圧する権威を行使することであるとみなされる。それゆえ、極端なポストモダンの解釈学は、読みの多様性や視点の多様性を称賛する一方で、真理の唯一性や包括的な一貫性の可能性を否定する。(19)

他方で、新約聖書の時代以来二千年にわたるキリスト教宣教の歴史において、教会は多様な文化的コンテキストという課題と取り組んできた。そして、コンテキストの多様性のただ中にあって、あらゆるコンテキストにある人々に向けて語られ、受け入れるよう要求する、福音という客観的な真理があることを主張してきた。さらに進めて、旧約聖書のイスラエルは、同様のダイナミズムすなわち、変化する文化的・宗教的な諸コンテキストにヤーウェの神に対する信仰をどのように関係づけるかという課題と千年を超える歴史を通して取り組んできたことを指摘したい。キリスト教宣教にとって、文化的多様性は何ら新しいものではない。文化的多様性こそ、宣教活動と宣教学的考察の対象である。ポストモダンの時代に生きることで挑戦を受けたとしても、私たちにはそれに対処できる奥深い知識の蓄積があるのである[20]。

マーサ・フランクスは、興味深いが、難解な論文で、二十世紀におけるキリスト教の宣教の神学の歴史を掘り起こしている。初期には、聖書の使信の簡潔な解説に過ぎなかったのだが、（フォン・ラートの聖書神学のような）さらに歴史的な考察を加えた理解を通して、（セニオールやシュトゥールミューラーのような）聖書の中にも宣教の現場にもコンテキストの多様性があることを認識する神学へと発展してきた。たとえば、フランクスは、レスリー・ニュービギンに触れる。ニュービギンは、選びという特殊性と、諸文化の中に存在するあらゆる諸国民について聖書が示すヴィジョンとがどのようにバランスがとれるのかを繊細に扱った。それだけでなく、異文化への宣教という相互作用を通して、福音の十全性が示され、神の栄光がさらに明らかに現されると指摘した。フランクスは、このことをポストモダンの状況と関連づけ、キリスト教の宣教は、ポストモダンの時代よりはるか以前に、福音が本来語られるべき文脈として多様なコンテキストがあることの意義を認識してきた、と主張する。

キリスト教宣教は「ポストモダン」が投げかける挑戦を長く経験してきた

フランクスが指摘するように、宣教はある客体をある主体から別の主体に移すことではない。福音は、歴史的根拠が旧新約聖書とキリストの出来事にあるという点で、その根幹は変わることはない。しかし福音は、その生き生きとしたダイナミズムのゆえに、通時的には歴史を通して、また、共時的にはあらゆる文化の中で、理解され、解釈され、受容されて、キリスト教信仰として根づいてきた。

ニュービギンは、多様性の世界における宣教の働きには「相互方向性」がある、と論じる。新しい文脈にキリストの使信が持ち込まれるとき、福音は新しい意味を持って受け取られるが、それはキリストの主権が意味することの全体を知る意味で重要である。宣教の働きを通して得られたこの洞察は、人と人のコミュニケーションは、それが書物を通して行われるときも、「相互方向性」があるという、テキストの解釈の可能性に関するポストモダンの主張と類似している。……さらに、ニュービギンによる宣教の理解から明らかなことは、ポストモダンの状況よりもはるか以前に、キリスト教宣教学においては、あるコンテキストから別のコンテキストに言語や概念を移植するときに、その意味が全く新しいものになる可能性が認識されていたことである。ポストモダンの人類が直面した課題を、幾世紀にもわたって経験してきたキリスト教は、ポストモダンの主張に対して反感を持つよりは、助言できる立場にある。私たちはこれらの課題について知っているのだから、何かの役に立てるはずである。[21]

この課題に関するキリスト教からの貢献は、聖書の宣教的解釈である、と私は言いたい。ポストモダンの状況が生まれるはるか以前に、聖書はこの課題を扱っていた。聖書自体に多様性があり、人類の種々の文化が反映されている。聖書は、全くの特殊な状況に基づいて、時としてきわめて地域的な出来事に基づいて、きわめて高尚な神学的主張をしている。聖書は、すべてのことを抽象的ではなく、相関的な仕方で見ている。そして、聖書は、その大部分を物語という伝達手段を用いて語っている。

聖書が示す、文化性、地域性、相関性、物語性という特徴は、ポストモダン的思惟の特徴でもある。聖書の宣教的解釈が、急進的なポストモダンの思想と袂を分かつのは、聖書はこのような文化性、地域性、特殊性、多様性を示すと同時に、全体として一つの物語であるという点である。聖書が語り、その将来における完結を描くこの物語において、神は創造から新しい創造に至るまでその使命（ミッション）を遂行する。これこそ神の宣教（ミッション）の全物語なのである。それは、普遍性を主張する一貫した物語である。しかしそれは同時に、人類が特殊で、かつ、多様な文化の中にあることを是認する物語でもある。それは、あらゆる小さな物語にその場所があることを認める、普遍的な物語なのである。[22]

第二章　宣教的聖書解釈の形成

第一章では、これまですでに試みられてきた宣教的な聖書の読み方を紹介し、どれも私たちの直面している課題に正面から答えていないことを示した。他の方法について不足を指摘する以上、何かよりふさわしい方法を提示する責任は避けられない。聖書解釈学に血を通わせる枠組みとしての宣教学を構築する仕事は、私にはまだまだ建築中といった段階なので大胆な提案は控えたいが、少なくともその足場となるものを本章でいくつか提示させていただきたいと願っている。

神の宣教の産物としての聖書

宣教的聖書解釈は聖書の存在そのものから始まる。聖書のテキストと創造主なる神の自己啓示との間になにがしかの関係があると考える者には、聖書正典の全体が存在すること自体が、ある特殊な現象である。すなわち、その被造物に対して、そして今はわがままで気まぐれであってももともと神のかたちに造られた人間である私たちに対して、神が自らの働きとしてご自分をお与えになっていることを証しする宣教的現象なのである。私たちが今聖書として持っている著述は、それ自体が究極の神の宣教の産物であり、またそれを証しするものなのである。

神は、ご自分に反逆する被造物を捨て去ることを拒否し、むしろ、彼らを贖う。また神は、その堕落した被造物の本来意図された姿への復興を断念することをも拒否される。聖書の存在そのものが、これらの明確な証拠である。……このような著述がまとめられている書が存在すること自体が、神が人類に向かって神の側から突破してこられ、ご自分をあらわにし、暗闇の中にある人類を照らさないままで去ることのないお方であり、……私たちとの破れている関係を神ご自身の方から修復しようと乗り出してくださっていることを雄弁に証明している。(1)

さらに、聖書のテキストが書かれるようになった状況の背景には、決定的な宣教的事情があることが多いのである。神の民には、この世にあって神の自己啓示と贖いのみわざを理解し、またふさわしく生きていくという、常に新しい使命がある。聖書の多くの文書は、神の民がこの使命に取り組む中で出くわす事件や、危機、葛藤や奮闘というものを背景にして書かれた。葛藤は時として神の民の内部的なものであり、また時として周辺世界の諸宗教や世界観との高いレベルの教理論争的なものであった。したがって、宣教的な聖書の読み方は、①客観的釈義により本文の「真の」意味を探り、その後で初めて②本文を補う「宣教学的な含意」を取り出すということでは断じてない。そうではなく、神の民がその宣教的文脈の中で取り組まざるを得なかった主題、必要、論争、脅威というものがほとんどの聖書テキストの執筆の源流であると認識することが、聖書の宣教学的な読み方である。聖書テキストそのものが宣教の活動から生み出されてきた産物なのである。

これまで述べてきたことは、新約聖書に当てはめると容易に理解できる。(2) パウロの手紙のほとんどは宣教の努力のさなかに執筆された。異邦人は救いに含まれるのかという神学的な基礎的課題と格闘し、ユダヤ人と異邦人がキリストにあって教会で互いに受け入れ合う必要があることを力説した。パウロはまた、ギリシア的多神教世界に福音が根づく過程で、若い教会を攻撃する多種多様な新しい課題と真っすぐに向き合わなければならなかった。そこでは、たとえば教会の初期から存在する異端に対しては、イエス・キリストが主権者であり、また全きお方であることを明言した。手紙はそのようにして執筆された。

なぜ福音書は、福音書と呼ばれるのであろうか。それは福音書が福音、すなわちナザレのイエス、特にその死と復活についての良い知らせを説明するために書かれたからである。この福音の確信は、教会が宣教の使命を果たし拡大するため不可欠であった。新約聖書の中で最大の分量を書いたルカは、キリストを諸国で証しする人になるように、という弟子たちへの宣教命令が、その第一巻巻末のクライマックスと、第二巻巻頭にくるように設計した。

ハワード・マーシャルは、この点が新約聖書神学の焦点であると考える。つまり、新約聖書の全文書を一つにしているのはナザレのイエスが救い主であり主である、という認識であることは明白だと言うのである。

新約聖書が宣教的な文書である、ということをこれまで以上に特定的に認識すると、新約聖書の理解に大きな助けになる。新約聖書の主題は、救い主として、また主としての役割を持つ方としてのイエスであって、それはイエスご自身であったり神ご自身ではない。新約聖書神学は本質的に宣教的神学である。それは新約聖書が以下の二つの宣教的使命の結果として成立していることを意味する。第一は、人々に祝福を運ぶ神の国を創始するため神に遣わされたイエスの使命と、これに応えるように人々を召す使命のことである。第二は、イエスに従う者が、イエスの働きを受けついで、イエスを主であり救い主であると宣べ伝える使命と、人々をイエスへの信仰とイエスへの継続的応答へと促し、その結果として教会が成長していくようにするという使命である。……このように、新約聖書は、宣教の物語を語り、特に宣教者たちによって語られてきたメッセージを明瞭で詳細に説明することに格別な強調点を置いている(3)。

同様のことが旧約聖書においても言える。旧約文書の多くは、イスラエルの歴史と、神との契約関係の中で彼らが知っていた神に照らして見た周辺諸国との絡み合いが舞台となっている。人々は、神が彼らの世界の中でこれまで彼らにしてくださったこと、その時してくださっていたこと、その後してくださるであろうことを文書に著した。トーラーの出エジプト記は、自らの神性を主張して自分たちへの服従を強要したファラオとそのライバルたちに対して全面的に対決し、それを打ち負かしたヤーウェ（ＹＨＷＨ）の働きの記録である。そこには、メソポタミア地方の多神教的な創造神話と鮮やかな対照となっている、創造の神学が展開されている。そこにはカナンの文化や宗教に囲まれて経験した、長く悲しいイスラエルの葛藤の物語、後の捕囚期前の預言者たちにも影響を与えた歴史物語が語られている。捕囚期と捕囚期後の文書は、近隣の大国がイスラエルを敵視したり寛容に見守ったりする多様な環境の中でイスラエルの残された共同体がどのように信仰の共同体として自らのアイデンティティを定義するかという課題に取り組む中で書かれた。知恵の書は、一神教的な強力な殺菌フィルターを駆使しつつ、周辺文化のさまざまな知恵の伝統と交流する中で誕生した。そして礼拝祭儀と預言書には、イスラエルの神ヤーウェと他の諸国の民との間の、ある時は否定的、ある時は肯定的な関係や、ヤーウェがイスラエル人を他の諸国の間で祭司の民に選んだことからくる、自らの役割の特徴を思い巡らしたイスラエルの思想が反映されている。

すぐ前の段落で述べたことは、それ自身で一つの章を構成する価値のある事柄である。その中のいくつかの主題については後の章で取り上げることにしよう。ここで確認しておきたかったことは、さまざまな意味において聖書は宣教的な現象である、という単純な事実である。聖書のそれぞれの書には、この世の文化や宗教的圧力の中で、宣教の使命を担う民として葛藤する人々の様子がしばしば描かれている。聖典を読む読者の内に次第に確信となっていくのは、これらの書を用いて神は神の民として召された人々を、記憶と希望の共同体として、また、宣教の使命を負う共同体、失敗と努力の共同体として育ててこられた、という認識である。確かに、デイヴィッド・フィルベックが指摘したように、全体として、また旧約と新約の関係において、聖書に神学的一貫性を与えているのは宣教的な主張であると言えよう。

旧新約聖書を結びつけ、登場する多くの主題を一つのモチーフに束ねて調和させるのは、この宣教的側面であるが、これは現代の神学的解釈において見事に無視されている。実はこれこそ多くの現代の神学者らが見いだすことをあきらめてしまった、旧約と新約を論理的に結びつける結合子である。……要約すれば、宣教的側面こそが聖書全体の解釈に構造を与えている。したがって、聖書の神学的研究はどの分野でも、この構造を保持しつつ作り上げられなければならない。新約聖書は旧約聖書を宣教的側面から解釈し引用するが、宣教的側面以外の神学的主題研究にこのような例を見ることはできない。(4)

要約すると、宣教的解釈学は、聖書のすべては、神の民による神の世界への関わりを通してすべての神の被造物のために繰り広げられる神の宣教の物語である、という前提から始まるのである。(5)

聖書の権威と宣教

大宣教命令と呼ばれるとき、それが命令であり指令であることが暗示されている。さらに、その命令を発する者に権威があることが前提とされている。大宣教命令に類似した宣教の命令は聖書の各所に見いだされる。したがって、私たちが宣教に携わるということには、私たちが神の言葉として認めている聖書の権威に対する私たちの服従という側面があると言えよう。ここで第一章で取り扱った一つの区別を例に挙げて説明しよう。

宣教の聖書的土台は、聖書の中で宣教を命じている箇所を探す。聖書には権威がある、という前提に立っているからである。

しかし、聖書の宣教的解釈は、聖書の権威そのものの性質を、宣教との関連で検討する。聖書の宣教的な解釈は、聖書の権威が持つ意味を探る助けになるであろうか、と問うのである。

命令としての権威

聖書の権威に関する教理のすべてをここで検討するつもりはない。議論の目的に重要と思われる一側面の取り扱いにとどめる。権威という概念を取り扱うとき、無意識のうちに多くの人は聖書の権威を理解するのに軍事的概念を持ち込んでいることが多い。権威は上官に命令を発する権利を与えるものである。命令には服従しなければならない。聖書は私たちの権威である。聖書は私たちに何をすべきで、何をすべきでないか、と命じる。すなわち、単純に言えば、権威とは命令であり服従である。

宣教師たちの「大宣教命令」の理解には、よくこのような軍事的イメージが伴う。この聖書箇所によって、たとえば行軍命令に始まって、戦闘、兵士動員、新兵補充、戦略、標的、一連の軍事行動、十字軍、前線、要塞、兵力（すなわち兵員力）など、軍事上の全イメージが教会に持ち込まれると言われてきた。このように権威にまつわる言葉は、軍事的イメージを機能的な接合点としながら、宣教に関する言葉にいとも簡単に変換されてしまう。

しかしながら、聖書の言う権威を全面的に認めるにしても、その権威がまず軍事的な命令と連結して説かれることは、実際には聖書の他の箇所と調和していない。聖書の中に多くの命令があることは当然である。詩編の記者は神の命令を神のすばらしさや祝福のしるしとして喜んでいる（詩編一九、一一九編など）。詩編の言葉を借りると、神からの命令を私たちは道の光、導き、安全、喜び、自由として大切にする。しかし、それでも聖書の大部分は、直接の読者や私たち自身を含む後世の読者に対して、直接に発せられる命令で構成されてはいないのである。

聖書の多くの部分は、語りや詩、預言や歌、嘆きや幻、手紙などである。そこにどのような権威が隠されているだろうか。詩や物語や、誰かが誰かに書き送った手紙が、この私が何かをするべきだと命じるのだろうか。著者はそのような意図をもって書いたのだろうか。ここで私たちに重要なのは、もし宣教を第一義的に命令に対する服従と捉えるならば、聖書の非命令調な箇所がどのように宣教に結びついているのか、ということである。私たちの宣教理解は、ついイエスの宣教命令（これが重要であることに疑う余地はないが）と限定的に固く結びついてしまう。しかしこのことが、それ以外の多くの箇所、すなわち必ずしも明白に、あるいは命令的に宣教と関連していない聖書の大部分と宣教とを関連づけられないでいることの一つの原因なのではないだろうか。私たちが権威を感じるのは、命令を受けるという場面ぐらいなので、このような非命令的な聖書箇所から宣教に関する神の権威を読み取れないのだ。

権威と現実

「権威」という言葉について、私たちの理解の枠組みを相当広げなければならない。オリヴァー・オドノヴァンは福音主義の聖書的倫理を堂々と弁証した好著、『復活と道徳的秩序』の中で、権威は人の現実行動を促す十分で有意義な土台としての一面を持つ、と述べた。客観的現実としてすでに存在している神の創造した秩序そのものが、私たちがその中で特定の行動を許され、一定の行動の選択肢が与えられるという、行動の自由の範囲を規定する枠組みとしての権威構造となっている[6]。権威は単に積極命令のリストではない。権威は許可する事柄の筋の通った説明を含むものである。権威はある事柄を正当と認める。境界線の内側で行動する自由を与える。私が持っている運転免許証は、私に毎日指定された所を運転するように命じるものではない。また、私の持つ英国国教会の被按手長老としての主教免許証は、どの礼拝式を導くかという指示をするものではない。むしろ、それらの免許証は、自分の好む時に好む所へ運転していくことができ、自分の選ぶ時に礼拝を導き、説教し、洗礼を授けるなどの自由と権威を私に与えるものである。私は免許証を発行する権威を持つ道路交通法や教会法に基づく当局の権威のもとにありながら、許可された事柄を行うことを権威づけられたもの、ということになる。

権威はこのように私たちに自由を与える源であり、またその自由の境界線を与える。私たちの存在の基本的な現実構造となっているオドノヴァンが論じた神の創造した秩序そのものは、同時に権威の構造ともなっている。たとえば、ここに煉瓦の壁があるとして、この壁の存在という単純なことが権威を形づくるのである。壁のこちら側かあちら側では私たちは自由がある。しかし、その壁を高速で突き抜けようと試みるときに私たちは自由を失う。壁の権威がそこで突如顔を出す。重力という力は自然界において宇宙の成り立ちに組み込まれた権威である。私たち人間にとって、重力は私たちの地球上の行動に大きな自由を与えてくれる。同時に、私たちは重力によって行動の制限も受けている。あなたは崖から一歩踏み出す自由を持つ。しかし重力の権威はそれがあなたにとって最後の自由な選択であったという判決を下すであろう。ここで現実が私たちに迫ってくる。自然界は現実に存在している、という事実が、自然界の法則の権威の土台である。宇宙はそこにある。この単純な事実を認めないで行動する自由は私たちにはない。

さて、以上のような議論は、私たちが聖書の権威を理解するためにどのような助けになるであろうか。聖書の権威は、私たちをまず神ご自身の権威の現実、すなわち自然界の諸権威さえをも下支えしているという現実に向き合わせる権威である。聖書は、さまざまな権威が結合して存在するという現実を私たちの眼前に示す。聖書を読み、聖書を知る私たちは、それによって「現実に関わる」。私たちはそうすることによってこの世にあって行動する権威を授かり、その自由の制限範囲を示される。本書の目的に添ってさらに言えば、このような現実が私たちの宣教における行動を権威づけているのである。神ご自身の権威の現実によって、宣教が私たちが取り組むのにふさわしいこと、道理にかなったこと、さらに必要であり避けて通ることのできないことだと知る。私たちの宣教の権威の源流は聖書である。なぜなら宣教の土台である現実を聖書が私たちに啓示しているからである。

旧約聖書でまず語られ、新約聖書で確認された三つの現実がある。これらの聖書の箇所を通して私たちはこの神の現実、この物語の現実、そしてこの民の現実に出会う。

この神の現実――神論の議論の中で、私たちが誰について語っているのかを明確にすることがいっそう重要になっている。私たちが用いている神（God）という言葉は、そもそも北ヨーロッパの初期定住者たちの間で神的存在を総称して一般的に複数形で呼ばれていた神々（the gods）がアングロサクソン族によって単音節化されたものである。一方、聖書は非常に特定された名前を持ち、そして特定の物語を持つヤーウェ（ＹＨＷＨ）、イスラエルの聖なる方、またその他の呼び方で知られる神を紹介する。この神が、イエスがアッバ（父）と呼んだ神である。この方が、イスラエル人が主として礼拝し、またキリスト者が父、子、聖霊として礼拝した神である。この方は一般的な神（a god）ではない。

確かに聖書は、この神が私たちを取り巻く神の被造物である自然界によってもご自身を現されると語るのであるが、私たちがこの神を知るのは基本的に旧新両約聖書という正典聖書の本文を通してである。ヤーウェは「聖なる方として王位に就いた方」、「イスラエルの賛美」（詩編二二・四）であると共に、イスラエルの唇と筆を用いて私たちに語られる方である。[7]したがって、権威はヤーウェにある。ヤーウェの「現実」に私たちは聖書以外の方法で接することはできない。すなわち、ヤーウェは旧約聖書が証言する「現実」であり、旧約聖書は仲立ちとなって私たちにヤーウェの権威を示すのである。

旧約聖書の「語られる神」の姿は、この神のアイデンティティとご性質の両方を示す。ここで言わんとしていることは単純である。聖書本文を通して私たちに語るヤーウェの神が本当に神であるならば、この現実、またはこの神の現実は、広範囲の私たちの応答をふさわしいこと、道理にかなったこと、そして命じられていることとして権威づけるであろう。それは私たちの礼拝の応答にとどまらないで、私たちが神のご性質やその御心にふさわしい倫理的生き方をし、諸国や自然に対して神が持っておられる目的達成に向かう大きな物語に私たち自身の生きる物語を重ね合わせていくという、私たちの宣教的な応答を促すのである。宣教は、聖書の神である「この神の現実」から流れ出る。別の言い方をするなら、宣教は「この神の現実」に権威づけられているのである。

この物語の現実——旧約聖書が一定の物語を語っているということには異論がないであろう。ここで議論したいのは、もっと大きなことである。旧約聖書が語る物語は、究極の物語である。旧約聖書は、いずれすべての被造物、時間、そしてその中に存在する全人類を巻き込む究極の普遍的な物語の一部を語っている。別の言葉で言うなら、旧約聖書の本文を読むとき、私たちは大きな物語を把握するように導かれる。そして、この包括的な物語の土台は、他のすべての世界観や大きな物語もそうであるように、世界が今どのようなあり方で存在しているのか、どうしてそのようになったのか、そしてやがてどうなっていくのかを説明する、独自の世界観なのである。[8]

私たちを巻き込んでいく旧約聖書の物語は、世界の他の宗教や哲学にとっても基本的な、以下の四つの世界観の課題に答える。(9)

- 私たちは**どこ**にいるのか（私たちを取り巻く世界の性質は何か）

答え——唯一の生ける神、人格的存在であるヤーウェの造られた被造物の一つである地球に、私たちは住んでいる。

- 私たちは**誰**なのか（人間の本質的な性質は何か）

答え——私たちは、この神によって神ご自身の像にかたどって造られた人格を持つ人間である。私たちは神の被造物の一つであるが、霊的な関係性や道徳的責任性において他とは違う独特の存在である。

- 何が**間違って**いるのか（なぜ世界はこのように混乱しているのか）

答え——私たちの創造主である神に対して私たちが反抗し不服従であったことが、私たちを取り巻く生活、諸関係、環境のすべてのレベルで見られる混乱を作り出してきた。

- 何が**救い**か（このために私たちは何ができるのか）

答え——私たちの内で、また私たちによって、できることは何もない。しかし、解決は神から発せられている。神は一つの民、イスラエルを選んで造られ、彼らを通して神は最終的に地上のすべての民に祝福をもたらし、さらに究極的には全被造物を新しくしようと意図されている。

この物語の現実には宇宙大の未来と地上のすべての民が視野に入っている。それはすなわち、私たち自身もその物語に組み込まれていることを意味する。この物語が新約聖書においても取り込まれていることには一点の疑いもない。この物語が創世記からヨハネの黙示録までを貫くのである。これは漠然としたあこがれではなく、また古典的な叙事詩でもなく、私たちが住む宇宙と、私たちの将来に定められた再創造についての**現実**を語る根本的に重要な物語である。そして私たちは、この物語のさ中にある宇宙に住んでいる。

このような現実を語ることには、それ自身の権威が伴っている。というのは、この物語の語る現実理解、過去理解、未来理解が真実であるならば、私たちが個人として、また集団として、この現実にどう対応するのかを諸方面から検討しなければならないからである。すぐに礼拝、倫理、宣教等の分野が思い浮かぶ。すなわち、この物語の現実は、宣教を含めたさまざまな分野で私たちに応答を迫る権威を持っているのである。

この民の現実――旧約聖書が私たちに語る第三の現実は、イスラエルの民の現実である。古代イスラエルが持っていた彼ら自身の選民意識、歴史観、彼らの神ヤーウェ（ＹＨＷＨ）との関係の理解は、イスラエル以外の人類全体の歴史にとって特筆すべき意義のある歴史的現実である。[10] 諸国へ宣教する、というキリスト者の宣教理解は、イスラエルの民への神の召命と、その民が自分たちとその物語をどう理解したか、ということに深く根ざしている。旧約聖書の世界では、物語は過去と未来を併せ持つ。そのどちらもが倫理的応答と宣教的応答の両者の形成のために重要である。教会もイスラエルと同様に、記憶と希望の共同体なのである。

イスラエルが自分たちの過去を祝うさまは実に芸術的である。実に過去の祝いがイスラエルにとって彼らの存在そのものなのである。なぜなら、彼らの過去は、自分たちのアイデンティティと使命だけでなく、彼らの神であるヤーウェのアイデンティティと使命をも語る物語だからである。

主に向かって歌え、その御名を賛美せよ
主のみ救いを、来る日も来る日も宣言せよ
諸国の間で主の御栄えを告げ広めよ
すべての民の間でそのすばらしいみわざを。（詩編九六・二～三、私訳、傍点著者）

ヤーウェの御名、救い、栄光は、その「すばらしいみわざ」に結びついている。ヤーウェはそのなされたみわざによって知られてきた。イスラエルがヤーウェのアイデンティティを保つためには、イスラエルに対するみわざと、（旧約聖書の当時はその理由はまだ謎であったが）諸国に対してなされた主のみわざのこの物語を、イスラエルが語り続けなければならないことを彼らは知っていた。イスラエルの民がこの物語を語るとき、そこに神が主人公として立ち、また語っておられるからである。だからイスラエルは偶像に対抗して物語を語ったのである（申命四・九～四〇）。律法の解説として、また、律法遵守の勧めとして物語を語った（同六・二〇～二五）。自分たちへの戒めとして物語を語り（詩編一〇五～一〇六編、ミカ六・一～八、アモス二・九～一一）、またヤーウェに詰め寄るときにも物語を用いた（詩編四四、八九編）。慰めとして、また希望の錨として物語を語った（エレミヤ三二・一七～二五）。イスラエルの全神学はその記憶に依存しており、その記憶はイスラエルの人々の成り立ちそのものである。私たちもこの物語の記憶を持つ神の民としての同じアイデンティティを持っている。このアイデンティティが私たちの宣教の権威を形づくっているのである。

しかし、イスラエルが語った物語にはその最初から期待される未来が含まれていた。神のご計画の中でイスラエルの民は、将来を持った民であった。アブラハムの召命には、その子孫によって神が地上の全国民に祝福をもたらすという約束が含まれていた。このようなメッセージはイスラエルの歴史の諸段階で、あるときは明瞭になり、あるときは曖昧になりながら見え隠れしていたが、多くの場面で諸国の民はイスラエルと神の関係に注目していたのである。神はイスラエルの中で、またイスラエルのために行動なさり、イスラエルは時には積極的に、また時には消極的に神に応答したのであった（申命四・五～八、二九・二一～二八、エゼキエル三六・一六～二三）。究極的にはイスラエルは諸国のために存在していたのであった。この点について、次の章以降でさらに深く取り扱う。

イスラエルの存在には、物語を語り未来に心を向ける民として歩む、という目的論的な勢いがある。ここに使命を帯びた神、使命を帯びた民がいる。イスラエルの使命は諸国の光となることであった。それは最後には「主の栄光がこうして現れるのを／肉なるものは共に見る」（イザヤ四〇・五）ようになるためである。イスラエルの民には自分たちの存在の目的に従った応答が湧き上がる。神は確かに約束の未来をもたらされるのである。それがイスラエルの歩みに何の影響も与えないことがあろうか。同じ質問が私たちにも権威をもって迫っている。なぜなら、将来について私たちにもイスラエルと同じ見通しが与えられているからである。それは信仰の目にはまさに現実なのである。「信仰は望んでいることがらを確信する」（ヘブライ一一・一、私訳）。光の中に住む私たちにとって、そこには生き方を示し具体的任務を指令する神の権威がある。

旧約聖書のテキストによって私たちに語られたこの民の現実は、神がイスラエルに対して過去になさったことを感謝して生きる倫理と、神が人類に対して将来に持っておられる宣教的（missional）意図に参与していくように導く権威を私たちにもたらすのである。

権威とイエス

神、物語、民という、旧約聖書のこれらの三つの特徴は、新約聖書のキリスト者たちにとっても確かな現実である。その三つの権威と宣教的妥当性は、キリストにある者にとっては、新約聖書において単に保持されるばかりか、イエスを焦点にしつつ拡大され変革されている。ここで私たちは旧約聖書、新約聖書の両方を取り扱うという意味で、真に聖書的な宣教的神学を取り扱う。

イエスにおいて、私たちはこの神に出会う。本書第四章で見るように、新約聖書はナザレのイエスがヤーウェのアイデンティティと特徴を持ち、究極的にはヤーウェ以外にはできないことを成し遂げる方であることを主張する。[11] イエスを救い主として、また主として知ることは、生ける神の現実を知ることである。それは道であり、真理であり、命であり、ことばであり、万物の創造主であり保持者であり、相続者である方を知ることである。私たちがイエスを知ることは、ちょうどイスラエルにとってヤーウェを知ることに相当する。イエスの現実を知ることは、神の世界の中で私たちがどのように生き、また行動していくべきかを示す権威者を知ることなのである。

イエスは、その物語のクライマックスであり、またやがて迎えるその終結の保証である。パウロによれば、私たちがキリストにあるならば私たちはアブラハムの子孫であり約束の相続人であるから、この物語は私たちの物語である。私たちの将来は、神がアブラハムに約束した将来であり、イエスがすべての国、種族、民族、言語に属する人（黙示録七・九～一〇）からなるすべての贖われた人々のために完成してくださった将来である。私たちの生涯は神が、約束してくださったことを振り返って見ることによる感謝と、これから神が成し遂げてくださることを仰ぎ見る宣教の使命によって形づくられるのである。[12]

イエスにあって私たちは、この民が持つアイデンティティと責任を共に担う一員になる。十字架と救い主イエスの福音によって、私たちは神の民の市民となり、神の家族の一員となり、神の住まいに住む身分をいただく（エフェソ二・一一～三・一三）。このようなアイデンティティと帰属は、私たちが教会や社会において、新約聖書に詳しく示されている倫理的、宣教的責任を担って生きるように導く。

私たちの宣教の使命は聖書の権威に源流を持つ。その権威は、大宣教命令という、その中の一つの命令には集約され得ないほど、はるかに深く豊かなものである。むしろ、このような権威の現実の中に、宣教命令への服従、いや、大宣教命令そのものが置かれている。大宣教命令は、私たちの生き方に特別付加されたり、ロマンとして一部の者が求めるというものではない。むしろ、大宣教命令自身の権威は以下のものを土台としている。

- 大宣教命令の権威は、天地一切の権威がイエスに与えられているという神の現実を土台にしている。
- 大宣教命令の権威は、大宣教命令が前提とし、また未来想定している物語の現実を土台にしている。
- 大宣教命令の権威は、すべての国々で弟子の共同体として自己増殖していくべき民の現実を土台にしている。

これが私たちが礼拝する神であり、これが私たちがその一部とされている物語であり、さらにこれが私たちの属する民である。それでは、私たちはいかに生きるべきであろうか。それでは、私たちに託された使命は何なのだろうか。

宣教について聖書の直説法と命令法

この課題に取り組む上でのもう一つの視点を紹介しよう。それは、聖書神学でしばしば取り上げられる事柄であるが、聖書的命令法は特徴的に聖書的直説法を土台にしている点に焦点を当てることである。直説法では現実や現実と主張することを単純に述べる語法がとられる。これはこうである、物事はこうなっているのである、といった断言や声明、あるいは叙述である。聖書では、先に述べたように、このような直説法の文脈に命令法の文章を入れることによって、聖書の権威が描写されている現実を土台としていることを見事に描き出している。

このダイナミックな事柄の良い例として、旧約聖書の律法が物語の叙述の文脈で与えられていることが挙げられる。「あなたの歴史においてこのようなことが起こりました、あなたの神、ヤーウェはこのようなことをなさいました」というように直説法で語られる物語に応答する形で、律法が命令形で語られるのである。「ですから、神がこれらのことをなさったという事実に鑑みて、あなたはこのような態度で生きなければならないのです。」出エジプト記一九章三～六節には上記のような古典的な順序が見られる。

あなたがたはわたしがなしたことを見てきた……（直説法）
もしあなたがわたしに心から従い、わたしの契約を守るのならば、そうすれば……（命令法）

同様に、十戒もいきなり命令の付与から始まるのではなく、その前に神がどのようなお方であり、これまでイスラエルの物語とどのように関わってこられたかを直説法の文章で述べている。「わたしは主、あなたの神、あなたをエジプトの国、奴隷の家から導き出した神である」（出エジプト二〇・二）。言い換えれば神の恵みという直説法は、律法や、応答としての服従という、命令法の権威に先行するものであり、またその土台となっている。

このような、律法に先行する恵みの基本的な優先性は、息子が尋ねるとき父が答えるよう指導されている応答文の中で明らかにされていたことである。（以来、どれほど多くのキリスト者の父親たちがこの父親の応答文を用いて、神学的労苦が軽減したことであろう。）「このすべての律法の意味は何ですか。」この質問を受けた父親は、「つべこべ言わずにただ命令に従いなさい」と命令法で強く息子に迫る代わりに、物語を、それも出エジプトの物語を語る。それはおなじみの、ヤーウェの物語であり、またヤーウェのその民に対する愛の物語である。それは直説法の贖いの物語である。律法の意味は、歴史の中で示された神の救いの恵みの福音をその土台としている（申命六・二〇～二五）。

さて、大宣教命令に話を戻そう。大宣教命令というタイトルは福音書記者たち自身が与えたものではない、ということが時として指摘される。イエスはこれとは別の大いなる戒めをさまざまな言葉で命じておられる。当時よく論じられていたテーマであろうが、最も大切な律法はどれですか、と尋ねられて、イエスはあの崇高な申命記のシェマーによって、心と思いと力を尽くして神を愛するようにと命じつつ、それと共にレビ記一九章一八節の、自分自身と同じように隣人を愛するようにという命令をも示された。ここで注目したいのは、この戒めは両方とも、まずヤーウェの神としてのアイデンティティ、独自性、唯一性、そしてきよさを語る直説法をその土台としている点である。

聞け、イスラエルよ。我らの神、主は唯一の主である。（申命六・四）

あなたたちは聖なる者となりなさい。あなたたちの神、主であるわたしは聖なる者である。（レビ一九・二）

イエスが、律法と預言者の全体がかかっている、と言われたこれらの重大な戒めに権威を与えているものは、ヤーウェの現実であった。

そして、その上で私たちは、自分の存在のすべてをもって神を愛すること、自分自身のように隣人を愛すること、という非常にはっきりした命令形を見る。この戒めは、人がどのような歩みに召されていても、その生活のすべてに関わる戒めであるのだから、聖書テキストから見ると、もしかするとこの戒めこそ大宣教命令よりも、神の大命令と呼ぶにふさわしいのではないだろうか。私たちは神を愛し隣人を愛することなしに諸国の人々を弟子にすることはできないのであるから、この双子の本質的な命令が、「大宣教命令」と呼ばれているものに先立ち、その根底から支え、またその手綱を握っていると言えよう。

大宣教命令が、例に洩れずまず直説法があり、命令法がそれに続くという方程式に従っていることは驚くに足りない。イエスは、「わたしは天と地の一切の権能を授かっている」という、まるでモーセによるヤーウェの描写（申命四・三五、三九）を連想させるような記念碑的な宇宙的スケールの宣言をする（マタイ二八・一八）。これが大命令の背後にある現実、命令法の前の直説法である。十字架にかけられ、またよみがえられたナザレ人イエスの神としてのアイデンティティと権威は、宣教の命令法を権威づける宇宙大の直説法なのである。

しかし、イエスが語るそれらの直説法の主張を理解するために、私たちには聖書全体の理解が必要である。イエスご自身も聖書全体を土台にしておられることは、たとえばルカによる福音書の場合は「次のように書いてある」（ルカ二四・四六）という大胆な直説法をもって、ご自分のメシアとしてのアイデンティティの重大さや教会の宣教の将来への期待を聖書の言葉をもって裏づけておられることからもわかる。すなわち、私たちには聖書全体の宣教的解釈学と、たとえば大宣教命令のような主要な命令法にしっかり服従することの両方が必要とされているのである。[13]

宣教的解釈学とは、大宣教命令について、それに服従することを命じるだけでは十分でない（もちろん服従は議論の余地のない当然の重要なことではあるが）。また、宣教的解釈学は、神の大命令の宣教的な含意を検討することで十分でもない。なぜなら、両者の背後には、神がどんな方であり、世界で何をなす方であるかを、また、全被造物の救いを意図する神の目的を私たちに啓示しようとする、神の大伝達とも言うべきものがあるからである。そして、その伝達を十分に知るために、私たちは神がお与えくださった聖書のすべての部分、すべての文学ジャンルの箇所を含めた聖書すべてを必要とする。宣教的解釈学は、聖書啓示に見る直説法と命令法を同じ真剣さで受けとめ、互いの光に照らしてそれぞれを読み取るのである。

つまり、直説法と命令法をそれぞれ互いの光の中で相互に解釈すると、そこには一方で、聖書宣教学が（聖書神学や組織神学の場合と同様に）、直説法の大きな主題と聖書的信仰の伝統を新たに探索して、それが非常に複雑であるにもかかわらず実にすっきりとした一貫性を持つものだと確認する知的な喜びがある。しかし他方で、聖書宣教学は、もしこの直説法の神学が現実の描写であるならば、その直説法はこの世界観を自分のものと主張する人々にとって巨大な宣教的命令法を意味すると知ることになる。もし、直説法で語られていることが神、人、世界の現実であるならば、教会や信徒個人の実際の生活にどのようなメッセージを発しているのか、と迫力をもって迫ってくる。

聖書全体を見る宣教的解釈学は、大宣教命令のような特定の大きな宣教の命令法のみに束縛されることはない。また、たとえば伝道、社会正義、解放、教会の組織のどれか一つを唯一の本来の宣教とするように、宣教の定義に限定的主題を優先させることもない。むしろ、私たちは宣教の大きな命令法を、それらの土台を形成する直説法の文脈の中に位置づけて理解をする。聖書が神、被造物、人間のいのちという主題を語るときには、威厳をもってつくられた人間の創造、罪への堕落、そして贖罪による回復という、一連のパラドックスを、すべてに及ぶ神の栄光や、やがて神がご自分の民と共に住まわれる場所を新しく創造されるという文脈を背後に意識しつつ、語っているのである。

宣教学的解釈学では、聖書の直説法を、その中に含意されている命令法を無視して読むことはしない。また、聖書の命令法を、聖書全体にある直説法から隔離することもしない。すなわち、宣教学的解釈学は、聖書テキストの包括的（ホリスティック）な読み方を通して宣教を包括的に見ることを常に追求するものである。

聖書の持つ神中心の世界観と神の宣教

しかしながら、本書序文において記したように、イエスはメシアに焦点を当て、そして宣教を促進させるような聖書の解釈学的方向性を私たちに示している、と私たちが認めたとしても、私たちはまだ、たとえば「詰まるところ聖書は宣教の書である」というように、全聖書を宣教的に読み解く解釈学があり得るのではないか、と問うてしまう。この釈然としない考えは、私たちがほとんど無意識的のうちに、宣教は第一義的には、基本的に私たちがすること、人間が担うべき教会的な使命である、と考えているところに起因するのであろう。この傾向は、私たちが宣教という言葉を、限定的にも一般的にも、伝道という言葉の同義語として使う縮小主義的な習慣に陥っているときに、特に顕著である。確かに、伝道は私たちに託された、聖書的宣教の基本的な使命であるとはいえ、全聖書が伝道についてのみ語っているのではないことは非常に明確であるし、私も本書でそのように主張しようとは思っていない。伝道は、私たちがなすべきことであり、それは聖書の明確な命令によって根拠づけられている。しかし、だからといって、全聖書を宣教的視点から解釈できるという主張は、あまりにも乱暴なものである。

「聖書の宣教的土台」を適切に語るためには、私たちが持つ宣教のパラダイムを変革しなければならない。

- 私たち人間という働き手から、神ご自身の究極的目的へ
- 私たちが遂行する諸事業という意味のミッションから、永遠から永遠の中で神が意図し実現してこられた神のみわざとしてのミッションへ
- 人間中心的で教会中心的な発想から、根本的に神中心的な世界観へ

私たちの視点をこのように変革し、私たちが宣教と呼ぶものを聖書的な定義に変革していくとき、私たちは実際には、

そもそも誰の宣教であるのか、と問うている。私にとって、その問いに対する答えは、新しく創造された贖われた者たちの歌った、「救いは、御座に座っておられるわたしたちの神と、小羊とのものである」（黙示録七・一〇）という歌に要約されていると思われる。黙示録四〜七章で、御座を取り囲む大勢の民に壮大で人を魅了して離さない幻として示されたように、全聖書はこの神、すなわち「私たちの神」が、ご自身の救いをどのように全宇宙にもたらされたか、という物語なのである。だからこそ、私たちは同様の確かさをもって「宣教は私たちの神のものである」と断言することができる。宣教は私たちのものではない。宣教は神のものである。確かに、神の宣教は、そこから私たちが関わる宣教の働きが流れ出る先行的な現実である。または、すでに端的に語られているように、神は世にある神の教会のために宣教の働きをなさるのではなく、世におけるご自身の宣教の働きのために教会をお持ちになっている。宣教が教会のために作られたのではない。教会が宣教のため、神の宣教のために作られたのである。[14]

聖書の宣教的解釈学は、「神の宣教」から始まる。そこを中心とし、起点として、人間の歴史に影響を与えながら、宣教の他の全分野に流れ出ていく。

宣教の使命を持つ神

ミッシオ・デイ、「神の宣教」という用語は、長い歴史を持つ。[15]歴史をたどっていくと、ドイツの宣教学者カール・ハーテンシュタインまでさかのぼるようだ。彼は一九二八年の講演で、宣教と三位一体の教理を結びつけたカール・バルトの教えをその言葉で要約した。バルトとハーテンシュタインは、宣教が三位一体の神の内在論的運動に根ざしており、宣教は神の歴史支配の力を表現するものであるとする。[16]ミッシオ・デイという言葉のもとの意味は、父なる神が御子を、また父と御子が聖霊を遣わされる、という意味合いの「神が遣わされること」であった。この視点では、人の宣教のわざはすべて、神の遣わされるみわざへの参与であり、またその拡張である。

ミッシオ・デイという言葉は、ゲオルク・ヴィーセドムが一九五二年のウィリンゲンでの世界宣教会議において紹介してから、エキュメニカルの陣営で一般的に用いられるようになった[17]。ミッシオ・デイには、宣教と三位一体の教理を結びつけるという力があり、それは神学的進歩であった。宣教は神の位格間のダイナミックな内的運動から流れ出ているものなのである。ところが、あるグループでは宣教の意味が弱体化して、教会の特定の働きを意味するものではなく、単に神の全歴史過程への一般的な関わりを意味するものと理解されるようになってしまった。宣教は神のものである、という確信は、宣教が私たちのものではなかった、というメッセージになってしまった。このような歪んだ神学は、事実上伝道を閉め出すことになるので、断固とした批判を受けることになった。そして、その批判は正しかった。

このような用語の誤用があったが、ミッシオ・デイには、聖書の重要な真理を表現するものとして正しく用いる価値がある。本書のタイトルを「神の宣教」としたのにも、この意図がある。聖書でご自身を顕しておられる神は、人格的で、目的を持ち、目標志向的な方である。天地を創造された記事で始まる聖書には、目標に向かって行動し、その完成に満足し、その結果を喜びつつ休みをとられた神の姿がある。また、神がアブラハムに創世記一二章一～三節で与えた大いなる約束から、この神がアブラハムの民という取次人を用いて諸国を祝福するという宣教的使命に、徹頭徹尾、契約的に、永遠に専心される方であることを私たちは知る。創世記三章から一一章の軌跡を見ると、これはパウロがガラテヤの信徒への手紙三章八節で「福音の予告」としたような、人類にとっての良い知らせである。この時点からの神の宣教は、世代を重ねていく人々の間で、「この年も来る年も、神が目的に向かってお進みになる」こととして要約できるであろう[18]。

聖書は基本的に私たちに物語を語る。それは、一つのレベルにおいては、歴史的物語であり、また、他のレベルにおいては、それは大いなる物語である。

- 目的を持つ神の、天地創造から始まる
- この目的に人間が反逆することで起こってきたさまざまな葛藤や問題が語られる

- 神の贖いの目的が人間の歴史を舞台に繰り広げられる物語をおもな内容として聖書は進んでいく
- 歴史の地平の向こう側に新しい創造という終末論的な希望を見ながら終わる

これは創造、堕落、贖い、将来の希望という四つの焦点を持つ物語と言われてきた。この全体的な世界観は目的論的一神論に基づくものである。つまり、ひとりの神が世界と人類の歴史を支配し、この神が目標地点と目的を持ち、神はこの目的を最終的に神の言葉の力によって御名の栄光のために必ず達成する使命を持っている、という理解である。これが聖書の神の、宣教の使命なのである。

これはもちろん、支流のない川のように一つの方向にだけ流れる、単一の物語ではない。むしろ、大きなデルタ地帯のように、おのおのがそれ自体で成り立っていて、たくさんの要素が埋め込まれている、いろいろな小さな物語が複雑に混ざり合った豊かな物語である。しかしその流れには、上述したような、明確な方向性がある。リチャード・ボウカムによると、「聖書には古典的な小説に見られるような、注意深く計算された単一の筋書きはない。それはまるで規則性なく広がっている小さな物語の集まりのよう」である。そこには、大きな物語が他の物語をすべて攻撃的に蹴散らして真ん中に居座っている、とポストモダン主義者が批判するような様相は見られない。むしろ、

> 物語として成立するための避けられない特徴的形式は聖書の物語に見られるが、それはそれぞれが統合性を持っていて、すぐさま全体を覆うテーマのようなものに圧迫されるものではない。聖書はある意味でそのすべての内容を貫く総合的な物語を語っていると言えるが、その物語は、すべてを小さく限定された統一的な内容に縛る拘束服のようなものではない。むしろそれは、緊張や挑戦や、時には自己矛盾とも思えるものさえも含む、相当な多様性を受け入れるものである。[19]

全聖書を、神の宣教という全体を包み込む大きな視点に照らして読むことは、すなわち、聖書の正典を構成する無数のより糸のすべてをたぐりつつ読むことであり、私の見解では、これこそが聖書の宣教的解釈学の鍵となる前提である。それは、生ける神の宣教を裏地とする宇宙の物語のただ中に私たちがいるという世界観を受け入れることである。

父と、御子と、聖霊に、
はじめにそうであったように、
今も、そして世々に限りなく
栄光があるように。アーメン

これは伝統的に祈りや賛歌の後に歌ってきた式文の一節であるが、それはとりもなおさず宣教的な視点で歴史的な過去、現在、将来を見る見方そのものであり、実に全被造物がいつの日か口にする歌なのである。

宣教の使命を持つ人間

宣教の使命を持つ神という、神中心の開始点に注目し、そこから聖書を貫いて流れている宣教の主要なもう一つの側面を見ていきたい。この側面に関する詳細は、本書の残りの部分で扱うことにする。最初の数章では宣教の使命を持つ人間について取り扱う。人間がこの惑星に現れたとき、そこにはすでに果たすべき目的が用意されていた。地を満たすように、という命令、そして地を従えて他の被造物を治めるように、という命令である（創世一・二八）。人が被造世界の秩序の中で与えられている権威は、それに並行して補足的に与えられた「そこを耕し、（園を）守る」（同二・一五）という役割によって日常化された。被造物の世話をし、それを守るということが人類の使命なのである。人は、神ご自身の創造的な目的からくる一つの目的を持って、この惑星上に存在する。このように、私たちの神論が目的論的であるのと同様、私たちの人間性理解も目的論的である。そして、このような人間性理解から私たちの環境に関する責任、経済活動に関わる仕事、生産性、両替や貿易など、すべての文化命令が出てくるのである。人間であるということは、神の被造物の中で目的を持った役割に生きることである。本書第一二章、第一三章でこのテーマをさらに掘り下げたい。

宣教の使命を持つイスラエル

そして、創世記三章から一一章にある人類の罪と反逆を背景にして、私たちは創世記一二章のアブラハムの召命を起点とする宣教の使命を持つイスラエルに出会う。イスラエルは、神が諸国を祝福するという、より広い目的のために、神より委託された使命を持つ民として現れた。イスラエルの選びは他の諸国の拒否を意味するのではない。むしろ、明白に、他のすべての諸国のための召命である。神が道具として特定のものを選ぶことと、しかもそれが神の普遍的な目的に沿うことであるというテーマは、イスラエルの人々にとっても、現代の神学者にとっても、繰り返し頭をもたげる神学的なチャレンジである。もちろん私たちはイスラエルと共に同じ船に乗って聖書の航路を旅する。そこには、召命、贖罪、契約、礼拝、倫理、そして終末論という、宣教学的考察を要する大きなテーマがすべて私たちを待ち受けている。これらは本書第Ⅲ部で取り扱うことになる。

宣教の使命を持つイエス

聖書の語る歴史と希望を握って神を待ち続けるこの人々のただ中に、宣教の使命を持つイエスが歩み入る。イエスは何の目的もなく現れたのではない。イエスは、ご自分が遣わされた者であるというはっきりとした確信を持っていた。イエスの洗礼の折に御父が語った言葉は、イザヤ書の受難のしもべ（イザヤ四二・一の用語が用いられている）のアイデンティティと、ダビデのような救い主の王（詩編二・七が再確認されている）のアイデンティティを、イエスにおいて結合させる言葉であった。イエスのこれらのアイデンティティと役割の両面は、どちらも宣教的な意味合いにおいて強化されていく。イエスの主のしもべとしての使命は、ヤーウェのためにイスラエルを再建することと、神の使者となって地の果てまで神の救いをもたらすこと（イザヤ四九・六）の両方であった。そして、メシアの性質を持つダビデ的王としてのイエスの使命は、預言者の語った多くの預言に基づいて贖われた民イスラエルを治めていくことと、地の果てまでの諸国をご自分の嗣業として受け継ぐ（詩編二・八）ことの両方であった。

イエスの宣教認識――記録されたイエスの言葉と行動の背後にある目的、動機および自己理解――は、学術的に厳密に取り上げられてきた。確かなことは、イエスが課題として取り組んだことが御父にとっても課題であろう、とイエス自身が捉えたことであった。イエスの意志は、御父の意志と深く関わっていた。だから、彼は、神の使命が自分の使命を決定すると述べたのである。聖書における宣教の根本的な神中心性は、イエスの中に最も明確に見いだすことができる。神の宣教は、死さえもいとわないイエスの服従において、その頂点に達する。「神はキリストによって世を御自分と和解させ」（IIコリント五・一九）られたからである。

宣教の使命を持つ教会

最後に、聖書の物語は、私たちが一つの使命を帯びた教会であることを教える。ルカによる福音書二四章四五～四七節で、イエスは教会に一つの使命を託している。その使命は、直接にイエスご自身のアイデンティティや、十字架にかけられてよみがえられた救い主としての熱意や勝利に根ざすものである。イエスはこの箇所のすぐ後で、「あなたがたはわたしの証人である」と言われた。同じ命令が、使徒言行録一章八節では「あなたがたは……わたしの証人になる」と繰り返されている。ルカは、イザヤ書四三章一〇～一二節で、ヤーウェがイスラエルに語られた言葉を私たちがやまびこのようにして聞くことを狙ったのであろう。

わたしの証人はあなたたち

わたしが選んだわたしの僕だ、と主は言われる。
あなたたちはわたしを知り、信じ
理解するであろう
わたしこそ主、わたしの前に神は造られず
わたしの後にも存在しないことを。
わたし、わたしが主である。
わたしのほかに救い主はない。
わたしはあらかじめ告げ、そして救いを与え
あなたたちに、ほかに神はないことを知らせた。
あなたたちがわたしの証人である、と主は言われる。
わたしは神。……

イスラエルは、まことの神、生ける神のアイデンティティがヤーウェであることを知っていた。そして、彼らは諸国の民やその神々に、まことの生ける神を証しする使命を担っていた。弟子たちはついに、十字架につけられてよみがえられたイエスの本当のアイデンティティを知った。そして、彼らは地の果てまでイエスが誰であるかを証しする使命を担っているのである。(20) 教会の使命は、神とそのキリストから流れ出ている。神が誰で、イエスが誰であるかを知るとき、その事実を証しする使命を帯びることは避けられない。

さらに進んでパウロは、自分の使命を主のしもべの国際的な使命と一致するものと受け取っている。イザヤ書四九章六節を使徒言行録一三章四七節で引用しながら、パウロは素朴にも次のように語る。

主はわたしたちにこう命じておられるからです。
「わたしは、あなたを異邦人の光と定めた、
あなたが、地の果てにまでも
救いをもたらすために。」（傍点著者）

これは、旧約聖書の宣教的解釈学と言うことができよう。ＮＩＶ〔New International Version〕の脚注が示すように、パウロはテキストにある単数形の「あなた」を、自分自身と教会開拓者の仲間たちを示す複数形の「わたしたち」と受け取ることに何ら問題を感じていないようである。教会の宣教の使命が神の宣教の使命と神の命令への従順から流れ出していることを、ここでも私たちは見るのである。

つまり、宣教の使命とは、聖書の言葉づかいから見ると、そこに計画を立てて実行していくという私たちの関わりが避けられないとはいえ、第一義的には私たちの活動であったり、私たちが主導権を持つものではないのである。人間の努力の側面から宣教の使命を見るならば、それは全被造物の贖いのための神の目的に神の民が専心的に関わっている、ということであろう。宣教は神のものである。驚くべきことに、神がその働きに私たちを招いておられるのである。

宣教は神ご自身の御心から生じる。そして神の御心から私たちの心に伝わる。宣教は世界の神の、世界の人への、世界的広がりのみわざである。[21]

これらの視点を合わせると、宣教的解釈学は、私たちが聖書のどの部分を読むときにも次の項目に光を当てて読むことである。すなわち……

- 全人類の贖いと、新しい天と新しい地の再創造を含めた、全被造物創造の神の目的
- 人の地上における人生や、人類の文化、相互関係、倫理、そして態度に関して聖書が教える神の目的
- 神が歴史的にイスラエルを選んだこと、諸国の間でイスラエルが持つアイデンティティや役割、また神が彼らに命じた礼拝、社会倫理、また持つべき世界観
- ナザレのイエスの中心性、イスラエルと諸国の関係の中での救い主としてのアイデンティティと使命、その十字架と復活
- アブラハムの契約の広がりの中に加えられたユダヤ人と異邦人の信仰者の共同体としての教会が、主イエス・キリストの御名と栄光のために諸国の祝福を持ち運ぶ器となるように与えられた神の召し

解釈学的な地図

聖書解釈や聖書神学のためのどんな枠組みであっても、その妥当性を保つためには、常に批判に対して開かれていること、またそのような枠組みの提唱者には、究極的には聖書テキストが枠組みを支配しているのであってその逆ではないことを認める謙遜さが求められる。この点をアンソニー・ビリントンは大切にした。「人々はさまざまな枠組みを用いて解釈し理解するが、その際、聖書的神学的な文脈を無視せずテキストの主張を忠実に再現させるものか、それともテキストを歪曲させるものかが問われるべきである。[22]」私もここでビリントンへの同意を表したい。ここで読者に問うてみたい。本書で提案している宣教的理解の枠組みは、機能的な有効性を持っているだろうか。この枠組みは聖書正典が全体として主張していることを忠実に再現できるだろうか。聖書正典の理解を促進し、その内容を鮮明に示しているだろうか。聖書の全体を貫くメッセージを有効に把握する道を示しているだろうか。これらの問いには、本書のこの先に待っている聖書の旅を私と共にたどる読者のみが答えることができるであろう。

しかしながら、いかなる枠組みであっても、テキストをいくらか歪曲してしまうことはいたしかたない。全く歪曲し

ないためには聖書テキストをそのまま反復する以外にはないであろう。より良い理解のために、要約したり、系統立ったパターンを用いたり、内容を組織的に再構築するような試みは、テキストの持つ本来の現実を歪めずには達成できないのである。

その意味では、聖書を読むための解釈学的枠組みというものは、聖書神学のスキームのように、一つの地図のように機能する。地図の作者は、地図が描こうとする現実を必然的にある程度歪曲して作成されることを承諾している。世界地図を例に取るとわかりやすい。三次元の地球を、何の歪曲もなしに二次元の平面に再現することは単純に不可能なのである。つまり、すべての世界地図は、大陸の形状や面積、経線緯線、両極での歪曲や方位などにおいて、避けられない歪みに妥協せざるを得ない。そして、どのような歪曲を認めるかの選択は、その地図が誰のため、何の目的で作成されるのかに依存している。

狭い地域を大きな縮尺で示す地図の場合、(たとえば、田舎道の散歩のために用いたり、市街地の路地道を探すなどに用いる地図の場合)、地図は本来現地の象徴を載せているものであるので、何を載せ、何を省くか、という課題にぶつかることになる。現地の地形のすべてを地図に載せることはできない。ここで再び鍵になるのは、この地図を用いる目的である。この地図を使う人が、目印に何を探すだろうか、という焦点である。逆に言えば、地理上はそこにあるものでも、地図を使う人がその現実を見る特定の見方に優先的に合致するものでなければ、目的に沿った目印を際立たせるために思い切って省略するのである。おそらく、ロンドンの地下水道の地図というものがあるのだろうが、それは市当局の技術者にとって仕事に不可欠な地図であるはずだ。しかしその地図は、ロンドンの観光客には役に立たない。その地図には彼らの知らなくてもよい種類の詳細が掲載されている。観光客にはロンドンの地下鉄路線地図は非常に有用であろう。しかしそれは地下鉄利用に限ってのことで、地上の道路上で道を探すときには役に立たない。地下鉄路線地図はさまざまな記号を使って見やすくレイアウトされている。そのため、地下鉄のシステム全体をすぐに把握することができる。それは、実際の距離や方角、路線のカーブなどを忠実に再現した地図よりも、必要な情報をはるかにすばやく、たやすく見つけることができる優れたものである。目的がデザインを決定する。その地図は地下鉄利用者が目的地まで簡単に安全に到達できるよう助けることが目的である。だから実際の縮尺とはほど遠く単純化されたり、歪曲化されているにもかかわらず、そのような変更を不当な虚偽だとして責め立てる人はいないばかりか、むしろ便利なツールとして重宝される。このように、文脈に沿って変形処理を施されていても、その地図は不正確なものとはならないのである。それ自身の価値から、ロンドンの地下鉄路線地図は、ある意味で正確なもの、ということができる。

解釈学的枠組みと地図の比較という類比には、何らかの価値があるように思う。解釈学的な枠組みに与えられている現実は、言わば聖書それ自身のテキストである。どんな立派な枠組みも、テキストの細部に至るまで解説することはできない。それはちょうど、どんな地図も風景のすべての詳細を表示することができないことに似ている。解釈学的枠組みは聖書テキストの全地形を見る一つの見方を提供するもので、自分の行く道の針路を確認させ、途上で出会う重要な事柄を見極める視点を与える。地図が旅人にこれから遭遇する地形を示して注意を促すように、解釈学的枠組みは聖書テキストが示す現実において遭遇することになる課題を示すことで、私たちにその課題への取り組み方を示してくれる。

私が示してきたような宣教的解釈学は、地図に課せられた条件を満たしていると思っている。その役割は聖書のすべての特徴を残らず解説することではなく、また特定の聖書箇所の釈義を不要にする解釈学的前提となることでもない。たとえば、あなたがハイキングをしていて地図に記されていない風景に出くわしたとしたら、あなたは自分の地図に載っていないからといってその事実を否定はしないだろう。むしろその地図があるおかげで目前の風景の位置を周辺の地形との関連の中で地理的に特定することができるのだ。

神がもともと宣教的方向性を持っておられる方であるという、聖書の宣教的な地図を示そうとすればするほど、またそのように人に勧めれば勧めるほど、聖書の主要な風景がより鮮やかに目立って見えてくるであろう。そればかりではなく、これまであまり馴染みのなかった小道や、学問的名所旧跡に入っていなかった風景も、そこに聖書の全景との驚くばかりに実り豊かな関連があったと気づくことになるのである。

第Ⅱ部　宣教の神

見よ、天とその天の天も、地と地にあるすべてのものも、あなたの神、主のものである。（申命一〇・一四）

イスラエルの神、主よ。あなただけが地上のすべての王国の神であり、あなたこそ天と地をお造りになった方です。（列王下一九・一五）

見よ、わたしは生きとし生けるものの神、主である。わたしの力の及ばないことが、ひとつでもあるだろうか。（エレミヤ三二・二七）

あなたを贖う方、イスラエルの聖なる神
全地の神と呼ばれる方。（イザヤ五四・五）

全世界を裁くお方は、正義を行われるべきではありませんか。（創世一八・二五）

神は、全地の王（詩編四七・八）

旧約聖書正典のどこを見ても、ヤーウェ、イスラエルの主なる神は全地に、全世界に、そして、全人類に対してあまねく唯一の神であるという宣言を見いだすことができる。ヤーウェがすべてを造り、すべてを所有し、すべてを統べ治めている。上述のテキストは、律法書、史書、預言書、および詩篇から、このことの例証として引用されたものである。ヤーウェの唯一性と普遍性は旧約聖書の信仰の基軸なのであり、さらには、新約聖書の信仰、礼拝、そして宣教の基軸なのである。そこで私たちは、第Ⅱ部の三つの章において、聖書的宣教の理解に深く関わるものとして、このように聖書的信仰の基軸となっている唯一神信仰の世界観におけるいくつかの側面を概観することにする。

もし、ヤーウェのみがイスラエルにおいてご自分を知らしめ、そして、地の果てまでご自分を知らしめる唯一真の生ける神であるなら、私たちの宣教として、それ以下の目標を想像することはできない（第三章）。

もし、ナザレのイエスがヤーウェのアイデンティティと宣教の具現者で、天においても地においてもすべての権威を与えられた方、そして、やがてすべての者がその御前に膝をかがめて、すべての舌が「彼こそ主」と告白するまさにその方であるなら、私たちの宣教全般にわたるキリスト中心の鼓動と証言とは交渉の余地なく、当然のことである（第四章）。

もし、一方で生ける神とキリスト、そして、他方で他の神々や偶像の形をとって起こり来るすべての人間的悪魔的企て、という両者の間での格闘が聖書の物語の壮大な宇宙的ドラマを構成しているとすれば、私たちの宣教は、神の宇宙大の統治に反抗するすべての勢力に神が究極的に勝利するということを確信させられつつ、偶像崇拝との格闘に取り組ませるものでなければならない（第五章）。

これらの課題に取り組む前に、二つの点についてあらかじめ述べておきたい。

第一に、古代イスラエルにおける唯一神信仰の歴史的起源をめぐる諸問題がここでの私たちの関心事ではない、ということである。これは、長年にわたって、広範囲に及ぶ学問的・批判的な探求において焦点の当たってきたことであり、それを深く扱うことは本書の範囲を超えている。ヘブライ人の正典として、また、キリスト者にとっては旧約聖書として私たちの手の中にあるものは、言わばイスラエルの「正規の」信仰を代表する人々によって正典的伝統の中で保存され、手渡されてきたものであるが、その中であっても多くの混乱が生じてきたと述べる以外には、イスラエルの歴史のどこにおいてもイスラエルの平均的な宗教心に近づくことは難しいのである。イスラエルの正典が描いている範囲の中でさえも、私たちは、唯一神への契約的信仰の提唱者と民俗宗教との間に何世代にも及ぶ長い葛藤があったことをあからさまに知らされる。この契約的信仰をヤーウェのみ礼拝することへの要求と理解した人々がいた。しかし、また、さまざまな理由で、ヤーウェの代わりに（あるいは、おそらくより多くはヤーウェと共に）他の神々を礼拝することをよしとする人々がいた。なるほど、ホセア、エレミヤ、エゼキエルといった預言書の示すごとく、（アシュトレトのような、女神信仰を含めて）多神教的民俗宗教による混乱がイスラエルの土壌で行われてきたという印象を確かにする考古学的証拠が、現在見られるように多数出土している。(1)

イスラエル宗教史の学者たちは、イスラエルが真に唯一神教的になっていった段階のありさまをさまざまに再構成して、私たちに示してくれている。それらによれば、かなり初期の段階から、イスラエルの民であるためには自分たちの神としてのヤーウェへの排他的従属が要求されてきたという確信を、イスラエルが持っていたことは明らかなようである。これは、時折「拝一神的ヤーウィズム」(mono-Yahwism) と呼ばれる。こうしたヤーウェへの忠誠が、そもそもヤーウェこそ現実に唯一の神であるという確信を含むものであったかどうか、そして、もし最初から含まないとすれば、いつ、どの段階でそういう確信がついに大勢を占めるに至ったかについては、いまだ結論が出ず、引き続き議論される事柄である。(2)

しかし、ヤーウェの唯一性と普遍性についての宣言がイスラエルの信仰文書のすべてのジャンルに浸透した程度を考えると、民俗宗教の実践においては曖昧で妥協的であったにせよ、イスラエルの信仰にとってはかなり初期の段階から徹底的な唯一神論的核が存在したと信じる余地はあると思われる。(3)

しかし、第二に、この文脈において「唯一神信仰」とは何を意味するかについて問わなければならない。もし、唯一神信仰について定義以前の仮説を抽象的哲学的術語で定義して私たちの議論に持ち込むなら、そして、私たちの定義でイスラエルを評するなら、私たちはイスラエルの唯一神信仰について相当に省略されてしまった概観を得るだけであろう。事実、ネイサン・マクドナルドやリチャード・ボウカムが示してきたように、唯一神信仰を定義するための枠組みとして啓蒙主義的範疇へと至る西洋の神学研究一般の量りを用いるなら、一方では、ヤーウェについてのイスラエルの核心的主張を深刻な形で誤解させる方向が導き出されてくるだけであるし、他方では、本質的には妥当性もなく、聖書テキスト自体の証言との整合性もないイスラエル唯一神教の進化という憶測的再構築物が導き出されてくるだけである。[4]

その代わりに、もし、「ヤーウェこそ神であって、他にはいない」という宣言がイスラエルの民によってなされるとき、イスラエルは何を意味するのかを問うなら、私たちは、イスラエル自身の動的な信仰に寄り沿っていく形で唯一神信仰を理解するに至るであろう。すなわち、私たちは、イスラエルの宗教的神学的世界を私たちの範疇のふるいにかけてひねり出すのではなくて、イスラエルの内側から理解するように追求していくべきである。

あるいは、もし私たちが「主を知ること」によってイスラエルは何を意味したのかを問うなら、私たちは、聖書的な唯一神信仰の豊かな鉱脈を開くことになるであろう。この驚くほど融通の利く術語には、いくつかの重要な側面がある。ヤーウェは、知られることを意図する神としてご自身を顕す。この自己伝達的動力は、創造、啓示、救済、審判において神のなさるすべてのことに含まれている。つまり、人間は、自分たちが神を知ることができるということと、自分たちは神を知るべきであると神が意図しているということについての明らかな主張において、ヤーウェを神として知るように召されているのである。選びと契約という神との関係に立つ者たちは、この知識に信頼して、それに沿って生きる。しかし、究極的には、ある方法、または別の方法で、すべての人がヤーウェこそ真の神と知るであろう。したがって、神を知らせることが、知られることを意図する神の宣教に参与するように召された人々の使命の一部である。それゆえ、「ヤーウェを知ること」とは、イスラエルが唯一神信仰と呼ばれるものを表現してきた旧約聖書的・動的な表現の一つである。そして、このことこそ、今から私たちが発見へと乗り出していく探検の主題なのである。いったい、どのようにしてイスラエルはヤーウェのみ神と知るようになったのであろうか。どのようにして彼らは他の人々も同じ知識を持つようになると心に描くことができたのであろうか。

そこで、これからの三つの章を貫く筋道は、次のようになるであろう。第三章において、私たちは、どのようにしてイスラエルが神の贖いの恵みを、特に、出エジプトとバビロン捕囚からの帰還という鍵となる出来事において経験し、ヤーウェの唯一性を知るようになったかについて記していく。しかし同時に、私たちは逆のことも留意することになる。すなわち、どのようにしてイスラエルと他の諸国とは神の審判の開示を通してヤーウェを知るようになったのかということである。そして、第四章では、旧約聖書から先へ進んで、どのようにして新約聖書がナザレのイエスを主、そしてキリストと認識することによって神に関する知識を満たしたのかを見ていこう。その後、これら二つの章を貫く一筋の線を描きつつ、なぜ聖書的唯一神信仰は宣教的であるのかについて、あるいは、この本の目的に沿って別の言い方をするなら、どのようにして宣教的な解釈学がヤーウェとイエス・キリストについての偉大な聖書的唯一神信仰の宣言の読み方を照らし出すのかについて、私たちは問うであろう。しかし、私たちは、唯一神信仰と宣教の暗部（すなわち、神々や偶像との格闘）に注意を払わずして、この概観を終わるわけにはいかない。そこで、第五章において、こうした対極化についての表面的で馴染み深い誤解に関して旧約聖書が言わなければならないことは何か、を分析しよう。そして、最後に、私たちは、使徒パウロの宣教活動と書簡に見られる微妙な戦術について描きつつ、どのようにしてキリスト者の宣教が継続する偶像崇拝の現実に対して語りかけるべきかについて、省察を加えることにする。

第三章　イスラエルに自らを知らせる生ける神

聖書において神のわざと言葉を通して神が知られるということは、ある種、自明の理である。それゆえ、神の力強いわざと、そうしたわざを期待させ、説明し、祝わせる神の言葉の組み合わせが、旧約聖書文学の大部分にとって二重の核を形成するのだと言える。特に、旧約聖書におけるイスラエル史の両端に位置する二つの力強いわざ（出エジプトとバビロン捕囚からの帰還）は、イスラエルが神を知るようになった、まさにその機会として記録されている。したがって、本章では両者の場合において、イスラエルの民がこれらの出来事に関連して捉えた鍵となる真理のいくつかと、どのようにして彼らがそれら真理内容に関連してヤーウェの唯一性と普遍性とを捉えたのかについて、考察する。そして、このことが神の宣教（ご自身が誰であるかを知らせるというご自身の意思）についての私たちの理解を助け、形成するであろう。

神の恵みの経験を通して神を知る

出エジプト

ヘブライ人の正典において、出エジプトは、ヤーウェの力、愛、真実、そして、ご自分の民の解放のための介入を決定的に示す偉大な出来事として打ち立てられている。したがって、それは、神の自己啓示の主要な行為であり、イスラエルにとっては神についての多大な学習体験であった。なるほど、それ以前の段階においてでさえ、モーセを通して語られた預言の言葉が、神について知ることを出エジプトの主たる目的として、期待を込めて強調している。

ヤーウェは知られることを意図する――出エジプト記五章二二節～六章八節は、出エジプト物語の展開の中で軸となるテキストである。モーセのエジプト帰還とファラオに対するヘブライ人奴隷の解放要求は、自体をますます悪くしてしまった（出エジプト五・一～一四）。抑圧がさらに厳しくなるにつれ、ヘブライ人の長老たちはモーセに不平を言い、そして、モーセは神に不平を言う。モーセは、燃える柴のところで与えられた救済のレトリックが失敗したとして神に訴える（同一五～二三節）。それに応えて、神は、ご自分が誰であるか改めて明確にして（同六・二～三）、贖いの意図を簡潔に、しかし、理解できる形で更新した（同六～八節）。出エジプト記六章六～八節は、この物語全体の中で、神の宣教についての宣言となったのである。

ここにおいて、ご自分の名と性格の証拠として（「わたしは主である」という句が六節と八節で繰り返されている）、神はイスラエルのために三つのことをなすと約束している。

- 彼らをエジプトのくびきから解き放つこと
- 彼らと相互契約の関係に入ること
- 彼らを先祖たちに約束した地へと導き上ること

この全体のシナリオの中でイスラエルがなす唯一のことは、彼らがこれらの出来事を通して最終的にヤーウェを神として知るようになることである。「そして、わたしはあなたたちをわたしの民とし、わたしはあなたたちの神となる。あなたたちはこうして、わたしがあなたたちの神、主であり、あなたたちをエジプトの重労働の下から導き出すことを知る」（出エジプト六・七）。続く年月、イスラエルは、学びのための険しい紆余曲折を通るであろうが、ついには彼らの世界観は永遠に変わってしまうのである。すなわち、彼らは、エジプトで（また、他のどこででも）誰が真に神であったのか知るようになるのである。

したがって、出エジプトにおいて期待された結果とは、イスラエルがヤーウェを神として知るに違いないということ、また、神の性格と力についていくつかの基本的真理を知るに違いないということであった。なるほど、これこそ、申命記がこの世代における偉大な出来事を顧みて語る、語り方なのである。この出来事が、イスラエルの神、主のアイデンティティと唯一性についての未曾有、かつ無比の啓示を構成するのである。そして、それはまさにこの目的のために計画されてきたものであった。

あなたに先立つ遠い昔、神が地上に人間を創造された最初の時代にさかのぼり、また天の果てから果てまで尋ねてみるがよい。これほど大いなることがかつて起こったであろうか。あるいは、そのようなことを聞いたことがあろうか。火の中から語られる神の声を聞いて、なお生きている、あなたと同じような民があったであろうか。あるいは、あなたたちの神、主がエジプトにおいてあなたの目の前でなさったように、さまざまな試みとしるしと奇跡を行い、戦いと力ある御手と伸ばした御腕と大いなる恐るべき行為をもって、あえて一つの国民を他の国民の中から選び出し、御自身のものとされた神があったであろうか。あなたは、主こそ神であり、ほかに神はいないということを示され、知るに至った。（申命四・三二〜三五［三六〜三九節にも繰り返される］、傍点著者）

それでは、イスラエルが出エジプトを通してヤーウェについて知るようになったことは何か。三つの教訓に注意が向けられるべきであるが、その中でも二つは出エジプト記一五章に見いだされる。すなわち、（1）ヤーウェは無比の方である。（2）ヤーウェは統べ治める。そして、もう一つは、申命記四章に見いだされる。すなわち、（3）ヤーウェは唯一である。

モーセの歌（出エジプト一五・一〜一八）は、旧約聖書でも最も初期の韻文としてほとんどの学者によって認められている。それは、神がイスラエルをエジプトから導き出して、無事に紅海を渡らせて解放したときになしたことから引き出される二つの互いに共鳴する結論を祝い、歌っている。

ヤーウェは無比の方である――「あなたのような方が誰かあるでしょうか」とは、ここにも出てくるし、他のテキストにも響いている、修辞的な反語的質問である。

主よ、神々の中にあなたのような方が誰かあるでしょうか。
誰か、あなたのように聖において輝き
ほむべき御業によって畏れられ
くすしき御業を行う方があるでしょうか。（出エジプト一五・一一）

ヤーウェは、出エジプト記の最初の八章を占めている偉大な力の顕示によって、ご自分が「エジプトのすべての神々」に勝っていることを証明した。ヤーウェについて唯一神信仰と呼ばれるものとの関連で何が信じられてこようが、すなわち、これがヤーウェの唯一神としての主張であろうがなかろうが、それはここでは問題ではない。大切なのは、イスラエルの神が明らかに最も力強い神なのだということである。ヤーウェは、神々の間での意志や力の相克の中で、比較を超えている方である。エジプトの神々が誰であろうが、何であろうが（語り手はそれらを名指すことに、すなわち、それらの一つと自ら主張してきたファラオを名指す以上のことにすら抵抗を覚えていない）、イスラエルの神は、それらすべてを合わせたよりも偉大な方なのである。

旧約聖書の他のところでも、同様の表現がヤーウェを比類なき神として崇め畏れる表現として用いられている。ヤーウェのような神はいない（「彼のような方はいない」、あるいは「あなたのような方はいない」）という断定は、ヤーウェを次の点において比類なき方と宣言している。

- 約束を守り、成就すること（サムエル下七・二二）
- 特に、創造において見られるような力と知恵（エレミヤ一〇・六〜七、一一〜一二）
- 天上の集会（詩編八九・六〜八）
- 諸国を支配すること（エレミヤ四九・一九、五〇・四四）
- 罪、咎を赦すこと（ミカ七・一八）
- ご自分の民のために救いのわざをなす力（イザヤ六四・四）

そして、ヤーウェのような方はいないのであるから、ついにはすべての国々が唯一真の神としてヤーウェその方を拝みに来るであろう（詩編八六・八〜九）。これが、この偉大な真理の宣教的側面であり、本書の第一四章と第一五章で私たちが取り上げ、展開しようとしていることである。

このように、出エジプトを通してイスラエルがヤーウェについて知るようになった重要な真理とは、ヤーウェが他の神々に対して比類なく偉大な方だということである。そして、このことは、より真に唯一神信仰の主張に等しい。しかもその主張は、最高の強調をもってなされる。言わば、ヤーウェは比類なきお方だという単純な理由は、現実にヤーウェと比べられるものはないということである。すなわち、ヤーウェが立っているのは、まさにご自身の領域にほかならない。

ヤーウェは王である――モーセの歌のクライマックスは、圧倒的勝利の宣言である。「主は代々限りなく統べ治められる」(出エジプト一五・一八)。このヘブライ語の動詞は、未完了形である。すなわち、主はご自分が王であること、現に統べ治めていること、そして、これからも統べ治め続けていくことを明確に示してきたということで、意味に融通性を持たせた形となっている。[1] そして、これこそ、聖書の中で神の国について最初に語られた重要な瞬間であり、それは、ご自分の民を抑圧して、ご自分を知ることを拒んできた者たちに対するヤーウェの勝利という特別な文脈の中にある(同五・二)。したがって、ヤーウェは王であるという宣言には、対決的で対極的な側面がある。すなわち、ヤーウェが王であるので、他の王たち(エジプト王であろうがカナンの王たちであろうが)は震え上がることになるのである。

この出エジプト記の記事では、ヤーウェの王性は、紅海徒渉とファラオ軍の壊滅という歴史的文脈の中で記されている。しかし、ヘブライの詩的モチーフには、古代中近東の神話的伝統、特に、エルとバアルについてのカナン叙事詩を用いているものもある。ウガリットでは、バアルは「私たちの王」として、また、「地上の主」として崇められている。バアルは、偉大な神ヤム(海)の作り出す始原的な混沌に勝利して、この立場を勝ち得た。そして、海に打ち勝ったバアルはその上に座し、自らの「永遠の国」を統治する場である聖なる山の上に鎮座する。このような海に対する勝利や、風に対する命令や、海獣(ラハブ)の征伐や、深み(あるいは、洪水)の上に鎮座することや、聖なる山から統治することは、カナン神話の世界から引き出されるものである。[2] しかし、それらは旧約聖書においても(出エジプト一五章のように)見られるもので、王としてのヤーウェの統治を表現し、祝う描写の仕方である。こうしたカナン神話との明らかな対応は、たとえば、詩編二九編一〇節、七四編一二~一四節、八九編一〇~一一節、九三編三~四節、一〇四編三~四節、ハバクク書三章三~一五節、そして、イザヤ書五一章九~一六節に見受けられる。もちろん、カナン的モチーフの利用は、旧約聖書がエルとバアルの神話を裏づけしたということを意味しない。むしろ、逆に、イスラエルの信仰は、これらの神々についてのいかなる宣言もヤーウェの統治の下に位置づけた。旧約聖書は、天においても地においてもすべての統治をヤーウェのみに帰することによって、バアルの王性についての用語をそれに対抗する目的で取り上げたのである。

そして、さらに、こうした神話的モチーフを用いながら、旧約聖書は、ヤーウェの統治を十全に実際の歴史の中に見据えた。こうしたモチーフを用いることとは、人間の歴史の舞台で起きた出来事が宇宙的で啓示的な意義を持つことを主張する一つの手段である。この史的出来事の筋道において、イスラエルは、今や、彼らの神、ヤーウェについての真理を認識しなければならない。そして、その真理とは、ヤーウェの敵たちは（それが人間であろうが神と称せられるものであろうが）ヤーウェの勝利に満ちた王としての統治とは比べるまでもないということである。モーセは歌う。「主こそ王なり」と。しかし、そこには、言葉にはなっていないが、次のような明らかな含みがある──「しかし、ファラオも、エジプトやカナンで神々と称せられるものも王ではない」[3]。

けれども、ヤーウェの王の性質、すなわち、ヤーウェが実際に王として機能している様子は、予想と異なるものであった。ヤーウェは、弱い者や抑圧された者のために統治するのである。これは、紅海で歌われたモーセの歌にすでに暗示されたことである。すなわち、そこに歌われ、祝われていることは、まさに、経済的搾取、政治的抑圧、そしてついには国家的規模で行われた大虐殺を被ってきた少数民族の共同体が解放されたということである。抑圧された者の叫びを聞く神として、聞いて、見て、覚えて、関心を傾ける神として、ヤーウェはファラオの領域に踏み込んだのである（出エジプト二・二三～二五）。

しかし、申命記は、私たちが考察している出来事に対して、さらに注釈を加える。申命記一〇章一四～一九節は、ヤーウェの強く特定地域に傾いた憐れみのまさに傍らに、ヤーウェの世界的統治を併置して記すのである。この聖句は賛美歌のような構成で、三つの節それぞれに主要なテーマがあり、それぞれに対応する次の三つの節で同じテーマが繰り返されるという構図が採られている。すなわち、最初に出てくる絵は頌栄（一四、一七節）、二番目がそれに対比される驚き（一五、一八節）、三番目がここで述べられる主張においてイスラエルに要求される実践的倫理的応答（一六、一九節）である（表3-1参照）。

表3-1　申命記一〇・一四～一九

14 見よ、天とその天の天も、地と地にあるすべてのものも、あなたの神、主のものである。	賛美／頌栄	17 あなたたちの神、主は神々の中の神、主なる者の中の主、偉大にして勇ましく畏るべき神、人を偏り見ず、賄賂を取ることをせず、
15 主はあなたの先祖に心引かれて彼らを愛し、子孫であるあなたたちをすべての民の中から選んで、今日のようにしてくださった。	驚愕	18 孤児と寡婦の権利を守り、寄留者を愛して食物と衣服を与えられる。
16 心の包皮を切り捨てよ。二度とかたくなになってはならない。	応答	19 あなたたちは寄留者を愛しなさい。あなたたちもエジプトの国で寄留者であった。

その中でも最初の頌栄の句は、顕著な二重の主張をなしている。すなわち、ヤーウェは宇宙を所有している神であり（というのは、その全体がヤーウェに属しているから――一四節）、また、ヤーウェは宇宙を統治している神である（というのは、他のすべての力と権威はヤーウェに服するから――一七節）。他の箇所では、神の宇宙的所有の主張は、創造のわざに基づいて主張されている（たとえば、詩編二四・一～二、八九・一一～一三、九五・四～六など）。同様に、神の宇宙的統治の主張は、神の創造者としての力に依拠して述べられる（たとえば、詩編三三・六～一一、九五・四、イザヤ四〇・二一～二六など）。しかし、申命記一〇章では、驚くべきことに、次のことが主張されている。すなわち、第一に、全宇宙を統治する神は、すべての民からイスラエルをご自分の契約相手として選んだこと（一五節）。第二に、人間や宇宙の中の神々や主権者と称される他のすべての力や権威を超えるこの神の力は、やもめや、孤児や、異邦人といった、社会の中でも周縁に押しやられた弱者たちのために発動されるのだということ（一八節）。なるほど、一五節と一八節は

バランスがとれている。すなわち、神がイスラエルをエジプトで異邦人であった頃に受けてきた苦しみから救ったとき、そして、彼らに荒野で衣食を与えたとき、神は単にご自分の性格に基づいて行動したのだということ、つまり、神が他の人々になす典型的なわざをイスラエルのためになしたのだということを暗示している。これこそが、ヤーウェが異邦人一般に対してなすわざである。ヤーウェは愛すべき者を愛する神、特に、貧しい者や異邦の民を愛する神なのである。イスラエルはエジプトでそのような貧しい状況にあったので、ヤーウェの憐れみ深い正義のわざの対象になったのである。今や、イスラエルが王として知ったヤーウェは、憐れみと正義で統べ治める王なのだ。なるほど、「正しい裁きは御座の基、慈しみとまこととは御前に進みます」（詩編八九・一五）と述べられるとおりである。[4]

ヤーウェは唯一である――さて、申命記四章三二～三九節における出エジプトとシナイの出来事とについての申命記的注釈に話題を戻しつつ問いたいことは、贖い（エジプト脱出――三四、三七節）と啓示（シナイ――三三、三六節）の出来事という神の恵みの体験から引き出されると期待された「イスラエル」とは何だったのかということである。そして、ここでのモーセの議論の基底は、「上の天においても下の地においても主こそ神であり、ほかに神のいないこと」（三五、三九節。傍点著者）である。

なるほど、ヤーウェのほかに神はいないという言葉は、これに並べられるべき旧約聖書の中の多くのテキストに見いだされる。たとえば、

聖なる方は主のみ。
あなたと並ぶ者はだれもいない。
岩と頼むのはわたしたちの神のみ。（サムエル上二・二）

こうして、地上のすべての民が、主こそ神であって、ほかに神のないことを知るに至るように。（列王上八・六〇）

イスラエルのうちにわたしがいることを
お前たちは知るようになる。
わたしはお前たちの神なる主、ほかに神はいない。（ヨエル二・二七）

わたしが主、ほかにはいない。
わたしをおいて神はない。（イザヤ四五・五。六、一八節も参照）

こうしたテキストにおいて（イザヤのテキストについては期待できるにしても）十全な唯一神信仰の主張が形づくられたのかどうか、疑問を呈する学者がいる。すなわち、こうしたテキストの言葉は拝一神的ヤーウェ信仰（mono-Yahwism）の範疇に収まるに過ぎない、つまり、これらのテキストすべてはイスラエルによって礼拝されるのはヤーウェのみ〔拝一神論〕で、ほかの神々ではないということを暗示しているに過ぎないという議論がある。他の神々や国々が実在してきたかどうかが問題なのではない。これらのテキストにおいて、それは否定されておらず、むしろ主張されている。なるほど、（学者たちによれば）こうしたテキストにおいて言わんとすることは、他の神々は実在するが、それらはいずれもイスラエルの礼拝や忠誠の対象として主張されることはないということであるという。

しかし、これは、まさに先験的な仮説のように思われる。すなわち、実質的に論駁不可能な仮説のように見える。というのは、イスラエル人がヤーウェの唯一性についていかなる主張をしても、その主張の内容が特定の読者によって縮小された形で理解されるようなものだからである。けれども、ヤーウェはまさに唯一の普遍的な神であるという存在論的な主張を、あるイスラエル人が本当になそうとしたと想定してみよう。そのイスラエル人は申命記四章三九節以上のことを言おうとしたのだろうか。ネイサン・マクドナルドは、申命記が扱っているのは啓蒙主義的範疇や神についての抽象的な定義ではないと、正しくも指摘している。むしろ、申命記は宇宙全体を私たちの眼前に据えて（「上の天においても下の地においても」）、どこを見てもヤーウェが神であって、「ほかにはいない」と主張するのである。ほかのどこに神となすべきものがいるのか。この含みは、イザヤのテキスト（「わたしをおいて神はない」）が明確にしているものであるが、他のテキストの中にも実質上組み込まれているようである。たとえ、多くの言葉で表現されなくても、それは見た目から遠くないところにある結論なのである。

　しかし、この点を明らかにしていくにつれ、旧約聖書がしばしば他の神々についてあたかもある種の存在を暗示するような形で（たとえ、それが「神」としてのヤーウェの範疇として明確な現実に比べられるものでないにせよ）語っていることを知っておく必要がある。ヤーウェと神々と諸国の偶像についてのこの緊張関係については、後に取り扱うことにするが、今の段階では一応、リチャード・ボウカムが用いる「ヤーウェの超越的唯一性」という表現と、それについて注意深く示された議論に従っておく。彼は次のようにこの術語を定義している。

> ユダヤ的唯一神信仰と呼ばれるものの本質的要素、すなわち、それを唯一神信仰たらしめる要素は、他の「神々」の存在の否定ではなく、ヤーウェをご自身の位置に、つまり、たとえ「神々」と呼ばれるものがあっても、そうした他の天的存在や超自然的存在とは全く異なる位置に立たせるヤーウェの唯一性についての理解なのである。私はこれを「ヤーウェの超越的唯一性」と呼ぶ。（単なる「唯一性」ならば、それは、ある集合の中の一つの要素を同一の集合の中の他の要素から区別するものである。しかし、「超越的唯一性」によって示されるのは、ヤーウェをご自身の位置に立たせる唯一性の形なのである。）この超越的唯一性を定義するのに特に大切なのは、ヤーウェを現実全体との独自の関わり合い方によって他から明確に区別する宣言である。すなわち、ヤーウェのみが創造主であって、他のすべてのものはヤーウェによって創造されたという宣言。あるいは、ヤーウェのみがすべてを統べ治める主であって、

他のすべてのものはヤーウェの宇宙的主権に仕える、もしくは、服従するという宣言である。[5]

ヤーウェの唯一性を理解するこの方法は、上述のヤーウェの比類なき性格の理解に合流する。ヤーウェのような神はほかにはいないという理由は、ほかに「神」(the God)はいないからである。ただ、それだけなのだ。ヤーウェこそが「神(*the* God)」(ハ・エロヒム)なのである。ボウカムが指摘するように、こうした定冠詞(the)の用法は、効果的にヤーウェをご自身の位置に立たしめる。

イスラエルのための行動によってイスラエルがヤーウェについて認識できること、すなわち、ヤーウェを諸国の神々から明確に区別するものは、ヤーウェこそが「神」(the God)であること、あるいは、「神々の神」であることである。このことは、第一に、ヤーウェが持っている力と競合する力は宇宙の中に存在しないということを意味する。地も、天も、天の天もヤーウェに属するのである(申命一〇・一四)。それと比べて、諸国の神々は無能な存在で、自分たちの民さえ救うことも守ることもできないのである(特に、同三二・三七～三九参照[6])。

これは、比類なき存在としてのヤーウェについて語るテキストが、単なる拝一神的ヤーウェ信仰(すなわち、ヤーウェはイスラエルにとっての唯一の神であるとする)以上のものを暗示する、という見方を補強する。そこで、これらのテキストが単に限定された、あるいは、相対的な拝一神的ヤーウェ信仰以上のものを意味することを見ていくために、私たちは次のことに気づかなければならない。すなわち、これらのテキストのいくつかは、ヤーウェの比類なき性格を表すフレーズ(ヤーウェのような方はいない)と超越的唯一性を示すフレーズ(他に神はいない)とが顕著に組み合わさっているということである。この組み合わせの例として、次のものを挙げることができよう。

あなたに比べられるものはなく、あなた以外に神があるとは耳にしたこともありません。（サムエル下七・二二）

わたしは神、ほかにはいない。
わたしは神であり、わたしのような者はいない。（イザヤ四六・九）

イスラエルの神、主よ、上は天、下は地のどこにもあなたに並ぶ神はありません。……こうして、地上のすべての民が、主こそ神であって、ほかに神のないことを知るに至るように。（列王上八・二三、六〇）

この最後のテキストについてのボウカムのコメントを見てみよう。

確かにこのテキストは、ヤーウェこそイスラエルにとっての唯一の神なのだということを地上のすべての民が知るであろうと言っているのではない。諸国の民が認めるであろうことは、ヤーウェのみが「神」（the God）であるということである。他の神々があることを彼らが否定する必要はない。しかし、彼らは、「神」（*the* God）と呼ばれ得る唯一の方としてヤーウェの唯一性を認めるであろう。「ほかに神はいない」とは、こうした範疇にあるのである。[7]

捕囚からの帰還

後ほど、私たちは、捕囚へと遣わされた経験からイスラエルが神について学んだ教訓について考察する。そこでは、神の審判の開示を通して神を知るということにおいて、いかにイスラエルが諸国と共通の認識を得たかについて熟考することになろう。しかし、この時点で着目するのは、捕囚を終焉させ、イスラエルの民を彼ら自身の地に回復し、神ご自身との契約関係を更新するという、恵み深い神の意図についての預言者の言葉が彼らに確信を与えた時、もう一つの学ばれるべき事柄が激烈な形で彼らの前にもたらされたということである。そして、そのプロセスにおいて、ヤーウェの唯一性と普遍性について、それまで以上により多くのことが主張される。ここに再び、聖書とイスラエルの歴史のある部分が私たちのテーマに直接語りかけるのを見いだす。というのは、もし、神が諸国に救いをもたらし、全地を再創造することを自らの使命とするなら、神はそうした巨大な課題を果たす実力を持っていなければならないからである。捕囚について語る大預言者は、神がご自分の約束のどこにおいても欠陥を覚えることはないと確信していた。これから見ていく偉大な主張は、おもにイザヤ書からのものであるが、それは、エレミヤやエゼキエルの見た幻のいくつかと軌を一にするものでもある。

ヤーウェは歴史を統べ治める——イスラエルの神、ヤーウェは歴史の中で活動するという無類の信仰において、イスラエルは古代中近東の諸国の中でユニークであったという考えを、旧約学者たちはかつて共有していたが、それは誤りであったことが判明してきた。すなわち、他の諸国もまた、イスラエルにおいてヤーウェについてなされた主張の視野の広さや耐久力と比較にならないにしても、彼らの神々について同様の主張を持っていた。(8) 特に、軍事的政策に成功をもたらすことを通して、自分たちの国の事柄に関与することが神々の存在意義であった。しかし、問題は、自分たちの神が歴史の出来事を支配していることをどの国が信じているかではなく、むしろ、その主張に関してどの国が正しいのかということ、すなわち、どの国の神が、歴史を支配するという主張について正当性を持ち、妥当なものであるかということである。

捕囚について語ったイスラエル預言者のテキストに繰り返されている主張の中でも注目すべき点は、ただ熱烈で激しいという表現上の特色ではない。（ヤーウェの歴史支配についてのイスラエルの修辞法は、当時、他の国々の神々のために語られた主張について私たちが持っている現存のどのテキストをもしのぐものであるが。）むしろ、顕著なのは、第一に、これらの主張が、与えられた現実の状況の中でなされたものであるという事実である。なるほど、巨大な国家主権がその神の歴史支配を主張することは、十分に自然なことと思われる。しかし、敗北した弱小国家が（ほとんど国家として立ちゆかないであろうが）自らの神のために同じことを主張するなら、それは馬鹿らしいほどに傲慢に思われるであろう。確かに、こういう国民は、自分たちを引きずりおろし、歴史の記録から彼らの神もろとも消し去ってしまう現実を痛ましくも否定しながら、幻想の中に生きていることになる。

しかし、捕囚のユダヤ人に語られた預言者の言葉は、あえて、他国とその神々を法廷に呼び出し、どの神々が本当に歴史支配しているのかを見定め、どれが真の神と呼ぶにふさわしいかを見極めるコンテストへと彼らを引き出して、挑戦するというものであった。

起こるべきことをわたしたちに示し、告げてみよ。
初めにあったことを告げてみよ。
我々はそれを心に留めよう。
あるいは、来るべきことを聞かせてみよ。
未来のことを悟るとしよう。
将来にかかわるしるしは何か、告げてみよ。
お前たちが神であることを悟るとしよう。
良くも悪くも行ってみよ。
我々は共に見せてもらおう。（イザヤ四一・二二〜二三）

わたしは神、ほかにはいない。

わたしは神であり、わたしのような者はいない。
わたしは初めから既に、先のことを告げ
まだ成らないことを、既に昔から約束しておいた。
わたしの計画は必ず成り
わたしは望むことをすべて実行する。（イザヤ四六・九〜一〇）

しかし、イスラエルの神のために主張されたことの第二の顕著な特徴は、ヤーウェがご自分の契約の民の事柄だけでなく、すべての国々の全歴史を支配しているということである。概して、古代中近東の諸国は、自分たちの力を国外に拡大したり、国境や都市を守ったりという出来事に自分たちの神が関与したと主張して、争ってきた。古代中近東の神々が第三者の歴史や政治や運命に関与したと主張する資料を見つけることができるのはまれで、また、そうした主張があったにせよ、それは通常、自分たちの国の機関を通してのこととされる。ところが、まさにこのことがヤーウェのために主張されるのである。ヤーウェは、ご自分を礼拝しない国々の行く末に介入するだけではない。ご自分の契約の民による直接の行動があろうがなかろうが、彼ら独自の関心から独立して、ヤーウェはこうした介入を完全になすことができるのである。捕囚について告げる預言の中で、ヤーウェはバビロンをイスラエルに対する審判の器として用いる、と語られるが、また、キュロスをバビロンに対する審判の器として用いるとも語られる。そして、息もつかずに、諸国に対するキュロスの勝利すべてはヤーウェの統治に帰することができる、と告げるのである（イザヤ四一・二〜四、二五、四四・二八〜四五・六）。これらは驚くべき主張である。

なるほど、これらは先例のない、また、比類なき主張である。サイモン・シェルヴィンは、ヤーウェについての旧約聖書の主張のこうした特徴を、同時代の国々によって語られた彼らの神々についての主張との関連で詳細にわたって比較研究し、旧約聖書の主張が相当に際立っていることを発見した。彼は、歴史的に長い期間にわたって、また、古代中近東の文化について広い範囲の中から史料を集め、概観し、上記のことを見いだしたのである。特に注目すべきは、こうしたイスラエルの対極的見方の特徴は、イスラエルの唯一神信仰の世界観に最もよく絡み合うようだと、彼が議論していることである。彼は、古代中近東の神々についての主張のほとんどすべては領土の拡大・縮小に関するものである、と指摘している。すなわち、遠い過去のことであろうが近年のことであろうが、それは、自分たちのために領土を獲得してくれたのは自分たちの国家の神なのだと諸国民が主張するに等しいことなのである。そして、これら国家の神々の行動は、それらを礼拝する国家の命運に全く焦点を絞るものであった。

しかし、ヤーウェについての主張はこれを超える。ヤーウェは、他の国々においても王たちを任命することができる、と主張する。ヤーウェは、ご自分の契約の民でない諸国をも用いて、他の国々を裁くことができる。ヤーウェは、まさに時の超巨大国家をも手中に収め、それをご自分の目的のために用い、さらに、それを捨て去ることもできる。肯定的に言えば、ヤーウェは、契約の民でない国民にも救いをもたらすことができる。このことは、イスラエル王国やユダ王国の規模、そして、時の政治的世界の中でのそれらの虚弱な立場、さらに、アッシリアやバビロンなどの超大国でさえもそうした主張に至らなかった事実を考えると、たいへんに注目に値する。これについての説明のあり方は、ヘブライ正典の最終形態における唯一神信仰の装いに落ち着くであろう。もし、ヤーウェが唯一の神であり、地の果て果ての創造主であり、「人間の王国を支配する……御旨のままにそれを……与える」「いと高き神」であるならば（ダニエル四・一四、二九、三一）、あるいは、ヨシャファトの言葉によれば、「異邦人の国をすべて支配しておられる方」であるならば（歴代下二〇・六）、ヤーウェがご自分の目的を果たすのにご自分の心にかなう者を用いるのは、まさにヤーウェの支配権の範囲内によく収まることなのである。[9]

ヤーウェはみことばによって統治する――神の言葉の力は、イスラエルの信仰においてすでに確立された事柄であった。創世記においてのみならず、彼らの礼拝においても、主の言葉と宇宙の創造とは関連づけられてきたのである。

御言葉によって天は造られ
主の口の息吹によって天の万象は造られた。……
主が仰せになると、そのように成り
主が命じられると、そのように立つ。(詩編三三・六、九)

そして、同じ詩が、創造における神の言葉の統治から歴史における神の言葉の統治へと、そのテーマを移行している。

主は国々の計らいを砕き
諸国の民の企てを挫かれる。
主の企てはとこしえに立ち
御心の計らいは代々に続く。(詩編三三・一〇〜一一)

しかし、この信仰の告白文は、捕囚の出来事によって新しい傑出した地点へと引き上げられる。そして、その文脈において、神の言葉の能力は、神の民の無能によってより生き生きと強調されるのである。もし、ヤーウェがイスラエルの軍事的勝利を通してご自分の目的を果たし、ご自分の比類なき統治を顕示するという考えがあったとすれば(ある状況、たとえば、士師記五章に祝われているデボラの歌のような場合には真理であったのだが)、それは明らかに、捕虜となって葛藤の中にある民にとっての神に対して用いられる考えではない。いずれにせよ、イスラエルが捕囚となったのは、ヤーウェがご自分の敵を打ち破ることができないからではなく、イスラエルへの審判の道具としてバビロンを用いたからであった。ヤーウェの統治は、ある軍事的勝利を通してではあるが、皮肉にもご自分の民に対決する形で行われたのであった。しかし、ヤーウェは、この後、状況を逆転させて、再びイスラエルをバビロンに軍事的に勝利させることによって、ご自分の統治（と神格）を証明するのであろうか。断じて、そうではない。諸国とその神々に対するヤーウェの優越は、戦場でではなく法廷で、また、武器によってではなくみことばによって、顕示されるのである。

ここで、私たちは前述のことから引き出される含みについて気をつける必要がある。すなわち、統治の仕方が強制的な力から別の方法へ変更したのは、ヤーウェがあたかも他の選択肢がなかったかのようにご自分の無力さに甘んじたという意味ではない。つまり、ヤーウェがあたかも軍事的に敗北してしまい、ご自分の意志を通すのに他の方法を採用しなければならなくなったかのようなことではない。次のヴェスターマンの注釈は、そのような誤解への道を開く危険なものである。「イスラエルは独立国家ではなくなったので、今や、その神は、敵に対する勝利によってはバビロンの神々に対する優越を証明できなくなった。そこで、第二イザヤは、戦場から法廷へとヤーウェの優越性を決する場を移したのである。[10]」

しかし、イスラエルは出エジプトの時点でも独立国家ではなかった。けれども、神は、通常「御手と伸べられた腕」によって成就したと描写される勝利によって、エジプトの神々に対するご自分の優越を決定的に証明したのである。神は、もし、ご自分が選択するならば、人間の行動なしに、強制的な力を行使することができたのである。したがって、次のヴェスターマンの注釈ならば、より受け入れやすいと言える。

戦場から法廷へのこの変更は、いかなる意味においても、神の行為と歴史との間の関係の分断を意味しない。ただ、神の神性、ご自分の民のために軍事的勝利を収める力について従来から受け入れられてきた証明が、他の方法によって、すなわち、神の言うこととなすこととの間の絶え間ない、また、信頼に足る一致によって、取って代わられたことを意味するに過ぎないのである。[11]

ここで視野に入ってきているのは、神の言葉である。出エジプトの出来事での神の力という巨大な画像でさえ、モーセを通して語られる神の預言的言葉や解釈的言葉によって完成したのであるし、それは、また、すぐにシナイでの神の啓示という莫大な言葉の出来事によって引き継がれた。そして、捕囚の出来事においてはさらに鋭く、ネブカドネツァルの軍事的勝利とエルサレムの陥落でさえも、それに先立って預言者を通して語られた神の言葉の力と真理の証明となったのである。ミラード・リンドは次のように註解する。

> 第二イザヤが述べているのは、力づくで支配しようとする政治は共同体の継続性から言って効果がないということと、ゆえにそのような共同体の「神々」は本当の神ではないということである。共同体の継続のために唯一効果的な政治は、軍事力に基づくものでなく、ヤーウェの創造的な言葉とわざの持続力に基づくものである。それゆえ、ヤーウェのみ神なのである。[12]

したがって、出エジプトと捕囚からの帰還という神の贖いの恵みの偉大な顕現を通して、イスラエルは、彼らの神ヤーウェの唯一性の一側面として、ヤーウェはみことばを通して世界史の盛衰を超えてご自分の統治を実行するということを学んだ。イザヤ書四四章から五五章までの主張は、ヤーウェのこの能力が他の神々と呼ばれるものすべてに対するご自分の優越性だけでなく、ご自分のみ神であることの事実をも打ち立てたということなのである。

ヤーウェはご自分の御名のために行動する——本項は二つの質問によって導かれる。第一に、ヤーウェは、何を動機にして、二番目の偉大な贖いのわざ、すなわち、捕囚からの帰還を導かれたのか。第二に、その過程において、ヤーウェがみことばを通して歴史を支配することによってご自分の神性を明らかに主張しなければならなかったのだが、それはなぜ重要なのか。これら二つの質問、両者に対しての回答は、神の御名へのご自身の関心にある。

第一の質問、神の行動の動機について。ヤーウェはご自分の民を捕囚から解放する。というのは、その他の選択肢（現体制の継続を許す）は、神としてのご自分の名声を永遠に損ねるおそれのあるものだからである。ここに古代社会のある原則が働いている。それは、まず、黄金の子牛の祭りにより罪を犯したイスラエルのために神に執り成すモーセの祈りの中に、また、カデシュ・バルネアでの反逆のただ中において明確に見られたものであった。いずれの場合も、モーセは、イスラエルの民を滅ぼすと宣言された神の意図に対抗して訴えている。そこでモーセは自らの訴えの基盤を、神が考慮すべき名声を持っていることに置いているのである。すなわち、もし、ヤーウェがイスラエルをエジプトから救っておいて、荒野で滅ぼしてしまうのなら、諸国の民（特に、この場合はエジプト）はヤーウェをどんな神と考えるであろうか（出エジプト三二・一二、民数一四・一三〜一六、申命九・二八）。おそらく、彼らはヤーウェを無能であるか邪悪であると考えるであろう。ヤーウェが望んでいる名声とはこんなものなのか。諸国民の中でのヤーウェの名（名声）は、ヤーウェがご自分の民のためにないしたすべてのことで成り立っているように、ご自分の民に対抗してないしたことにおいては問題となるのである。

しかし、この原則を最も徹底した神中心主義にまで持ち運んだのは、エゼキエルである。エゼキエル書三六章一六〜三八節で第一に論じられているのは、捕囚とは、何世代にもわたって手に負えないほど頑なで邪悪であると証明されてしまった国への神の審判の行為として倫理的に必須のことだったのだ、ということである。けれども、捕囚の結果は、ヤーウェの名が諸国の間でそしられるということであった。このことは、「ヤーウェ」という名が、バビロンによって征服され、囚われた国々の神々の長い名簿の中にもう一つの敗北神としての名、何の変哲もない普通の名として扱われてしまったことを意味している。これは、ヤーウェにとっては永続する事態として許容できない状況であった。なるほど、エゼキエル書では、ヤーウェが「聖なる名を惜しんだ」と描写される。すなわち、こうした状況は、ご自分の名が侮辱されていることになるのである（エゼキエル三六・二二）。そこで、やはり、ヤーウェは再びご自分の民を救うため行動する。しかし、エゼキエル書の妥協なき神中心的性格においては、その第一の動機は、（まず最初に）イスラエルの民自身のためではなく、諸国の間でのそしりの溝からヤーウェ自身の名を救済するためであった。

イスラエルの家よ、わたしはお前たちのためではなく、お前たちが行った先の国々で汚したわが聖なる名のために行う。わたしは、お前たちが国々で汚したため、彼らの間で汚されたわが大いなる名を聖なるものとする。わたしが彼らの目の前で、お前たちを通して聖なるものとされるとき、諸国民は、わたしが主であることを知るようになる、と主なる神は言われる。(エゼキエル三六・二二〜二三)

イザヤもまた、ヤーウェが第一にはご自分のために赦しと回復のみわざをなすという事実を捉えているが(イザヤ四三・二五)、イザヤは、エゼキエルの関心の最後の部分、すなわち、ヤーウェが本当に誰であるのかを諸国に知らせることを意図するということに、より強調点を置いている。このことは、私たちの二つの質問のうちの第二のものへと導く。みことばを通しての神の支配がはっきりと、法廷の様相を呈してでさえも、開示・実証されるべきであるということが、どうして重要だったのか。イザヤは、この開示の目的とは、生ける真の神の名が普遍的に知られるということなのだ、と繰り返し宣言する。この点について、キュロスに関する預言は明白で、皮肉でさえある。ヤーウェは、みことばの力を証しするため、預言者を通してキュロスの名をまず出しておいて、キュロスの台頭、バビロンへの最終的勝利、捕囚の民の解放とエルサレムの再建における貢献について予告する。しかし、皮肉というのは、キュロスの名前は出てくるものの(同四四・二八、四五・一)、それが地の果てまで知れわたるのではないという事実にある。その栄誉は、キュロスがその時には気づきもしないのだが、ヤーウェに向かうのである。

わたしが主、ほかにはいない。
わたしをおいて神はない。

わたしはあなた（キュロス）に力を与えたが
あなたは知らなかった。
日の昇るところから日の沈むところまで
人々は知るようになる
わたしのほかは、むなしいものだ、と。
わたしが主、ほかにはいない。（イザヤ四五・五～六、傍点著者）

したがって、預言者の展望によれば、神の言葉を通して動かされているこの歴史的出来事は、神であるヤーウェの超越的唯一性を開示するであろうし、ついには、その事実を普遍的に知らしめる結果を生むであろう。そして、この預言の真実さは次の事実によって証しされている。すなわち、今日、古代史の研究者以外の多くの人はキュロスという紀元前六世紀の名前を知らないが、それに対して、今や、御子イエス・キリストを通してイスラエルの神・主を礼拝する人々が何億人もいるのである。

ヤーウェの支配は全被造物に及ぶ――捕囚と帰還の時代には、捕囚前のイスラエルの信仰と礼拝には欠けていたテーマが特に傑出した形で登場するのだが、それは、生ける唯一の神としてのヤーウェの全被造物に及ぶ支配である。詩編三三編は、この主張を直接にヤーウェの世界史支配と関連づけている。また、エレミヤは、創造主としてのヤーウェの力と他の神々の無力さとはかなさとを明確に比較している。

主は真理の神、命の神、永遠を支配する王。……
天と地を造らなかった神々は

地の上、天の下から滅び去る……
しかし神は御力をもって大地を造り……。（エレミヤ一〇・一〇～一二、一部私訳）

しかし、捕囚の民の信仰を刷新するために、創造主としてのヤーウェの支配という見方を最大限に用いているのがイザヤ書の預言である。まさに、それは、捕囚の民がヤーウェの普遍的支配への信頼を回復する必要があったからであった。敗北したのでは全くなく、また、ご自分の民や地を制限したのでもなく、ヤーウェは前からそうであったように依然として全宇宙の主なのである。

しかし、この真理は二重の端緒を持っていた。一方では、それは、いかなる見かけの現状においても、捕囚からの帰還をもたらすべくヤーウェが行動する時には妨げるもの何もなしということを、イスラエルの民が信じ、また、その理由として、地も、天も、深みも、星たちさえも（それらに付随する天体にまつわる神的存在も）、すべてはヤーウェの支配の下にあるからであると受けとめることを意味した。これは、古代イスラエルの創造信仰であったが、彼らにそのことを思い出させたのである。「お前たちは知ろうとせず聞こうとしないのか」（イザヤ四〇・二一～二六参照）と。

このことは、もう一方では、もし、イスラエルの民が救いをもたらす神の手段（すなわち、ヤーウェを知りさえしなかった異国の王、しかし、ヤーウェの「牧者」、あるいは、「油注がれた者」と挑発的に描写される異国の王を通して）に抵抗しようとするなら、彼らは、誰に向かって抵抗しているつもりなのか、宇宙の創造主ではないかと、思い知らされるに至るであろうということを意味した。

あなたたちはしるしを求めるのか。……
大地を造り、その上に人間を創造したのはわたし。
自分の手で天を広げ

その万象を指揮するもの。
わたしは正義によって彼を奮い立たせ……
彼はわたしの都を再建し
わたしの捕らわれ人を釈放し……。（イザヤ四五・一一～一三）

それゆえ、なぜイスラエルの救いのために神が計画した行動が壮大な形で成功に至るのかと言えば、それは、その計画が創造主としてのご自分の宇宙的支配に基づいているからである。そして、この救いの行動の効力は、ヤーウェ独自のアイデンティティと地位とを残りの世界に向かって顕示するものとなるであろう。それに対して、イスラエルは抵抗しないであろう。というのは、彼らは、この神の計画の中で果たすべき役割が与えられるからである。もし、イスラエルの究極の使命が諸国の祝福となり、光となることであるなら、彼らは、賛同しようがしまいが、その目的を果たす神の手段に参与する必要があるのである。

ヤーウェはご自分の唯一性と普遍性をご自分の民の証言に委ねる――どのようにして、選民以外の世界がヤーウェについてのこれらの偉大な真理を知るようになるのであろうか。この宣教学的に本質的な質問は、ヤーウェが諸国に対するご自分の意図の伝達をご自分の民の証言に委ねる、という驚くべき解答を受け取ることになる。もう一度、法廷の隠喩に立ち戻ってみよう。私たちは、諸国が自分たちの神々のものと主張する現実や力を支持しようとして、何でも持ってこようとする様相を眺めるべきではある。しかし、そこで許容され得る証拠とみなされるための判断基準が適用される。それは、神々が偉大な軍事的勝利を主張することではなく、ヤーウェが預言者たちを通してなしたように、歴史を見通し解釈する能力を持っていることである。諸国は、何かこのような証言を彼らの神に対して負うことができるか。それに引き換えイスラエルは、まさにこれらの点においてヤーウェのための証言の数々を豊かに持っている。したがって、ヤーウェの啓示と救済の力、そして、究極的には、唯一の神としてのヤーウェのアイデンティティが世界史という公の土俵に姿を現すのは、イスラエルの証言を通してのことなのである。

国々を一堂に集わせ、すべての民を集めよ。
彼らの中に、このことを告げ
初めからのことを聞かせる者があろうか。
自分たちの証人を立て、正しさを示し
聞く者に、そのとおりだ、と
言わせうる者があろうか。
わたしの証人はあなたたち
わたしが選んだわたしの僕だ、と主は言われる。
あなたたちはわたしを知り、信じ
理解するであろう
わたしこそ主、わたしの前に神は造られず
わたしの後にも存在しないことを。
わたし、わたしが主である。
わたしのほかに救い主はない。
わたしはあらかじめ告げ、そして救いを与え
あなたたちに、ほかに神はないことを知らせた。
あなたたちがわたしの証人である、と

主は言われる。（イザヤ四三・九～一二）

さて、証人の第一の責任は、知っていることを述べることである。ここに、神を知るということの大きな責任がある。これが、申命記四章三五節でモーセがイスラエルに語った言葉に力強い意義を与えたものなのである。イスラエルが主のわざと言葉を証ししたすべてのことを指して、モーセは次のように締め括っている。「あなたは、主こそ神であり、ほかに神はいないということを示され、知るに至った」（傍点筆者）。

ここでの「あなた」という語は、文の中でも特に強調される位置に置かれている。このテキストをさらに広げて言い換えると、以下のようになるであろう。「あなた、すなわち、イスラエルは、ヤーウェこそまさに神（*the* God）であると知るであろう。[13] 他の諸国民はこの知識を持つ特権をいまだ分け与えられてはいないが、それはまさに、彼らが出エジプトやシナイでの神との出会いを通してイスラエルが経験してきたことを経験していないからである。したがって、このユニークな神のユニークな知識を持つことは、今やあなたのユニークな奉仕の職分となるであろう。」

それで、諸国の中でもイスラエルのみヤーウェを知る人々となったのである。他の諸国はまだそれを知らない。諸事の中でも偶像崇拝は、無知の一形態である（イザヤ四四・一八）。諸国は、ヤーウェがイスラエルにのみ授けた律法を知らない（詩編一四七・一九～二〇）。こうして、イスラエルは、生ける神の本当のアイデンティティをご自分の自己開示と救済の行為を通して知っている人々として、諸国民の間でその知識についての証しを携えゆかなければならないのである。とはいえ、イスラエルがこの知識についての証しを携えゆくために物理的に諸国に派遣され旅立つ、という意味での宣教命令を旧約聖書自体に読み込む必要はない。しかし、そうした概念は明確に存在している。すなわちこの知識は諸国に宣言されるべきものなのである。それはちょうど、解放の良い知らせがエルサレムに伝えられなければならないのと同じである。あるいは、より正確に言えば、神がエルサレムのためになしたことについての良い知らせは、諸国へも伝えられる良い知らせの一部を建て上げているのである。そして、その時、「地の果てまで、すべての人がわたしたちの神の救いを仰ぐ」（イザヤ五二・一〇。エレミヤ三一・一〇も参照）。どのようにしてこのことが起きるのかについては、旧約聖書は明らかにしていないが、それが起きることについては、争う余地がない[14]。それは、礼拝と預言において、前々から祝われていることなのである。

新しい歌を主に向かって歌え。
全地よ、主に向かって歌え。
主に向かって歌い、御名をたたえよ。
日から日へ、御救いの良い知らせを告げよ。
国々に主の栄光を語り伝えよ。
諸国の民にその驚くべき御業を。（詩編九六・一～三）

主に感謝し、御名を呼べ。
諸国の民に御業を示し
気高い御名を告げ知らせよ。
主にほめ歌をうたえ。
主は威厳を示された。
全世界にその御業を示せ。（イザヤ一二・四～五）

この項目を締め括るにあたり、ここまでの議論で明らかになったことを確認したい。贖いと救いにおけるヤーウェの恩寵についての主要な歴史的体験を通して、イスラエルはヤーウェを唯一、真の生ける神として知るようになったと信じた。ご自分の超越的唯一性においてヤーウェのような神はほかにはいなかったのである。しかも、イスラエルは、この知識についての奉仕の職分の感覚を与えられた。究極的にはすべての国々がヤーウェの御名と栄光、救いと力あるみわざを知るようになり、ヤーウェのみ神として崇めるようになることが神の目的だからである。

審判にさらされることを通して神を知る

これまでのところで私たちは、イスラエルがヤーウェを唯一生ける真の神（*the God*）として知るための第一の材料は、歴史の中での行為と救済におけるヤーウェの恩寵の体験であることを見てきた。しかし、これら、イスラエルのための救いの行為は、彼らの抑圧者たちへの審判を意味した。こうした敵たちも神を知るようになるであろうが、彼らは、ヤーウェを、罰せられずしては抵抗できない正義の神として知るようになるであろう。また、イスラエル自身も反逆を続けることによってヤーウェの敵たちと同等の歩みをするなら、彼らもまたヤーウェをそのように知ることになるであろう。そこで、私たちは、再び出エジプトと捕囚の出来事に戻ることになる。しかし、今回は、神の審判の対象として、また、深刻に学ぶ主体とみなされるエジプトとイスラエルの視点から見ることになる。その後、私たちは、エゼキエルと共に、さらに先、神の敵たちと神の民への最後の審判に触れていく。そして、そこで神について知られるであろうことを要約することにする。

エジプト

出エジプト物語の主要なあらすじとは、もちろん、ファラオのもとでの抑圧からイスラエルが救出されるということである。しかし、それはまた、その主要な話の伏線として、イスラエルの神ヤーウェとエジプト王ファラオ、そして、エジプトのすべての神々との凄まじい力の衝突をも含んでいる。この伏線の引き金となるのは、自分の領域で支配権を有する方としてヤーウェを認めることへのファラオの宿命的拒否である。イスラエルは彼らの神ヤーウェを礼拝するために解放されるべきであるとのモーセの要求に対して、ファラオは次のように答えている。「主とは一体何者なのか。どうして、その言うことをわたしが聞いて、イスラエルを去らせねばならないのか。わたしは主など知らないし、イスラエルを去らせはしない」（出エジプト五・二）[15]。

この挑戦は、エジプトに対する疫病という生々しい出来事を引き起こす。そして、その出来事の間、私たちは、「それで、あなたがたは知るであろう」という、出エジプト記七章から一四章にかけて繰り返される主題を聞く。イスラエルを救うことによってご自分を知らせる神、ヤーウェは、それと同時に、ファラオの圧政を投げ棄てることによって彼にご自分を知らせるであろう。

表3-2　ファラオが神について学ぶ課程

聖句	内容
エジプト人は、わたしが主であることを知るようになる。（出エジプト七・五、一七）	ファラオが認めることを拒否した神、ヤーウェは真の神である。エジプト人は、「わたしがヤーウェだ」と宣言する方として、少なくともそのような神がいることを認めざるを得なくなるであろう。
あなたは、我々の神、主のような神がほかにいないことを知るようになります。（同八・六）。	軽蔑されたヘブライ人奴隷の神、ヤーウェに並ぶものはない。ヤーウェのような方はいない。ヤーウェの比類のなさは、イスラエルも学ぶべきことであった。
あなたはこうして、主なるわたしがこの地のただ中にいることを知るようになる。（同八・一八）	ヤーウェはエジプトにおいて神である。自分を神とするファラオの主張にもかかわらず、また、他のエジプトの神々の立場が何であれ、ヤーウェはエジプトの在留許可の対象ではなかったし、イスラエル人居住区に閉じ込められていたのでもなかった。

わたしのような神は、地上のどこにもいないことを、あなたに分からせるためである。（同九・一四）。	エジプトにおいてのみならず地上のどこにおいても、ヤーウェに並ぶものはない。（a）
わたしは、あなたにわたしの力を示して私の名を全地に語り告げさせるため、あなたを生かしておいた。（同九・一六）	ファラオの気まぐれや好き嫌いに服するどころか、ヤーウェは、全地にご自分の名を広めるという、ご自分の普遍的な目的のために、ファラオを用いる方である。（b）
エジプトのすべての神々に裁きを行う。わたしは主である。（同一二・一二）	ヤーウェは、エジプトで神々と思われていたすべてのものへの審判者である。たとえ、それらがこの巨大帝国の力と栄光の神々であっても、そうである。
わたしがファラオとその戦車、騎兵を破って栄光を現すとき、エジプト人は、わたしが主であることを知るようになる。（同一四・一八。四、二五節も参照）	ヤーウェは、たとえ人間の媒体がなくても、ご自分の敵を破ることでご自分の民を守る力を持っている神である。

（a）ここでの *kōl hāʾāreṣ* は、おそらく、単に（エジプトの）「全土」だけではなく、「全地上」を意味すると考えられる。

（b）ここに、キュロスとの関連で見たものに類似の皮肉がある。すなわち、神はキュロスを台頭させ、名指しで彼を召し出しさえしたが（イザヤ四五・四）、結果としてあまねく知られるようになるのはヤーウェの名であった。出エジプトの文脈でさらに皮肉なのは、私たちがこのファラオの名さえ知らないという事実である（もちろん、「ファラオ」は称号であって、名前ではない）。出エジプト当時のファラオのアイデンティティと歴史的年代について私たちがいかなる結論に達しようとも、テキスト自体が彼を名指しで呼ぶことを事あるごとに敬遠している。世界に知られるべき名は、ヤーウェの名、この匿名のファラオが知ることを拒んだ神の名なのである。私たちが確かに知り得ない名を持つこのファラオは、主、イスラエルの力ある方として私たちが確かに知っている神と、永遠に結びつけられて、語られるであろう。

それでは、ファラオはヤーウェについて何を知るようになったのだろうか。もし、私たちが出エジプト記の中のよく知られた章句を跡づけていくなら、私たちは、表3-2の右からの順序に見られるように、ファラオが神について学ぶ課程の材料を数多く見いだすであろう。それは、険しく曲がりくねる学びの課程で、ついには滅亡で終わってしまうものである。しかし、もう少し明るい言い方をすれば、それは、ヤーウェとその民に対抗する特定のファラオとその軍隊への神の最後通告ではあるが、エジプトに対する神の最後通告ではなかった。このナイル河畔の巨大な帝国は、イスラエルの歴史が開示するように、さらに多くの審判の言葉さえ受けるのだが[16]、旧約聖書の預言者的幻でも最も顕著なものの一つ、イザヤ書一九章一九～二五節は、エジプトをイスラエルと同じ曲折した学びの課程の上に置く。すなわち、預言者は、エジプトもヤーウェを救い主、守り手、そして、癒し主として知るようになる日が来ることを待ち望んでいるのである[17]。

ともかく、間違いなく明確なのは、イスラエルが神の恩寵体験を通して学んだことを見ようが、あるいは、エジプトが神の審判にさらされることを通して学んだことを見ようが、そこに同じ唯一神信仰への動向があるということである。他の何にも優って、ヤーウェなる神の行動についてのこの偉大な物語こそ、ヤーウェの唯一性と普遍性を実証するものであるし、そのように意図されたものである。出エジプト物語の目的を示す宣言文は頻繁で、間違える余地もない。すなわち、「それで、あなたがたは知るであろう」、また、「それゆえ、あなたがたは知るであろう」というものである。神の視点から見て明らかに、この出来事の目指すところは奴隷の民の解放だけではない。それに合わせて、すべての国々にご自分がまさに誰であるか知らせる神の精力的な意図もあったのである。ご自分を知らせるという神の宣教が、この物語全体を動かしているのである。

捕囚のイスラエル

捕囚という出来事は、当時のイスラエルの民と預言者たちの心に、神についての大きな疑問を抱かせた。イスラエルは打ち破られ、神の都は破壊され、神の民は彼らの土地から追い出された。このことは、ヤーウェがネブカドネツァル率いるバビロンの神々と対決したことを意味するのであろうか。ヤーウェ自身もまた打ち破られてしまったのだろうか。古代中近東における文化についての巨視的な世界観では、地上の出来事は天上の出来事の鏡であるという仮説があった（イスラエルも共有していた）。人間の軍隊の運命は、神々の宇宙的戦いを映し出すものであった。それまでは、イスラエルは、彼らの神ヤーウェの相手になるものはないと信じていた。たとえ、他国の神々が何かの現実に影響したとしても（つまり、他国の諸事が神々に関与する限りにおいて、神々が現実に影響するという意味において）、それらの神々は、イスラエルとその領土に対するヤーウェの契約的誠実さとヤーウェの力とに挑んで、成功したためしがなかった。

それでは、ここでネブカドネツァルの手によるイスラエルの徹底的な敗北とエルサレムの破壊とをいかに解釈すべきなのだろうか。ヒゼキヤやイザヤの時代にアッシリアの将軍センナケリブがエルサレムを包囲したとき、センナケリブが傲慢にも罵って、「ヤーウェは強力なアッシリア軍に飲み込まれた他国の弱小な神々よりも力があるわけではないことを証明するであろう」と言った。捕囚は、この誹謗に対する遅ればせながらの正当化に相当するのであろうか。

ヒゼキヤの言うことを聞くな。彼は、主は我々を救い出してくださる、と言って、お前たちを惑わしているのだ。諸国の神々は、それぞれ自分の地をアッシリア王の手から救い出すことができたであろうか。ハマトやアルパドの神々はどこに行ったのか。セファルワイムやヘナやイワの神々はどこに行ったのか。サマリアをわたしの手から救い出した神があっただろうか。国々のすべての神々のうち、どの神が自分の国をわたしの手から救い出したか。それでも主はエルサレムをわたしの手から救い出すと言うのか。（列王下一八・三二～三五、傍点著者）

アッシリアの将軍の罵りにもかかわらず、主はアッシリア軍をまとめて去らせた。しかし、一世紀後の時点で、バビロン軍はエルサレムを土足で踏みにじり、王を捕え、神殿に火をつけ、残りの人々を捕虜として連れ去ってしまった。

ヤーウェの敵が最終的に大勝利を収めたのだろうか。

これについて逆説的に、預言者たちは、（この出来事自体の直前直後、また最中の）イスラエルの民が最も聞きたくない説明を加えた。すなわち、ヤーウェが敗北したのではない。その逆に、ヤーウェは、これまでと同様に事柄を掌握していた。ヤーウェは依然として、ご自分の敵を取り扱うわざをなす。そこで、問題は、誰がヤーウェの本当の敵だったのかということである。あるいは、より鋭く言えば、誰がイスラエルの本当の敵だったのかということである。イスラエルは、契約の主に対する執拗な反逆によって、ヤーウェを彼ら自身の敵としてしまった。「わたしもお前に立ち向かう。」こうした辛辣な言葉、預言者たちを通して諸国に語られてきた言葉が今や、契約の民自身に向けられたのである（エゼキエル五・八）。したがって、ネブカドネツァルの勝利はヤーウェに対する勝利ではなく（ネブカドネツァルがそう解釈したのは疑いもないのだが）、ヤーウェの勝利だったのである。ネブカドネツァルは、神がご自分の民との契約に関する葛藤の中で用いた代務者に過ぎない。主の側についているとき、エルサレムが破壊されることはなかったが、主に反抗して立つときに、エルサレムが守られることはなかった。神であるヤーウェのこの逆説的支配は、この後もずっと主張されていく。

それゆえに、イスラエルは捕囚へと追いやられ、エジプト人やカナン人、さらに時代が下がると、アッシリア人のように、神の審判にさらされる自らを発見するのである。それでは、本章を通して私たちが探求してきたことから言うと、この体験はどのようにして神についてよりよく知ることにつながるのか。イスラエルは、神が彼らを敵として扱うときに、何を学んだのか。とりわけ、彼らの学びは、神であるヤーウェの唯一性と普遍性に関して何を含んでいたのか。数多くのテキストから、私たちは以下の要点をまとめることができよう。

ヤーウェは選り好みしない――ヤーウェを契約の相手として持つことは、ヤーウェがいかなることに関しても常に自分たちの味方として頼ることができるという国家の神であることを意味しなかった。イスラエルは、このことを学んだのである。ヤーウェが全地の神であり、すべての国々を支配すると知ることは、イスラエルの契約関係への選びが選り好みによるものでは全くなく、むしろ、大きな責任を伴うものであるとイスラエル自身が認識しなければならないことを意味した。なるほど、捕囚から一世紀以上も前にアモスが指摘したように、神独自の選びの民というイスラエルの立場は、神の審判から免れることを何ら保証するものではなく、むしろ、彼らがその立場の持つ倫理的含みに沿って生きるのに失敗したときには、さらなる審判へと彼らをさらす材料になるのみである。

地上の全部族の中からわたしが選んだのは
お前たちだけだ。
それゆえ、わたしはお前たちを
すべての罪のゆえに罰する。（アモス三・二）

さらにアモスは、イスラエルの民をエジプトから救い、カナンの地に定住させた神の歴史的行為として単純に捉えられた出エジプトの出来事についてさえ、それが彼らにある種の独自な、あるいは好ましい地位を授けたという考えに対抗して、挑んでいる。そして、ここでもやはり、アモスは、諸民族の歴史を治めるヤーウェの支配に基づいて、批判を展開しているのである。

イスラエルの人々よ。
わたしにとってお前たちは
クシュの人々と変わりがないではないかと
主は言われる。

わたしはイスラエルをエジプトの地から
ペリシテ人をカフトルから
アラム人をキルから、導き上ったではないか。（アモス九・七[18]）

イスラエルの信仰の他の諸側面にもあるように、こうした見解は申命記においてすでに明確に理解されていた。申命記二章一〇～一二節と二〇～二三節は、イスラエルが歴史の舞台に登場する前から周辺諸国の出来事にヤーウェがあらかじめ関わってきたことを描写している短い一連のテキストである。それらは、主要な物語に対してはほとんど偶発的なものではあるが、主要な物語と同じ神学的主張を含んでいる。すなわち、ヤーウェは、ご自分の選びと救いによってご自分の民としたイスラエルの契約の神であるが、また、諸国の動向と歴史の中ですでに活動的であった世界の神なのである[19]。それゆえ、イスラエルについての神の特別な選びに焦点を当てる主要なテキストであっても、ヤーウェの普遍性と公平性についての強い決定的な主張とバランスをとっていること（まるで、まさに選り好みの疑いを避けるためであるかのように）は驚くにあたらない。「あなたたちの神、主は神々の中の神、主なる者の中の主、偉大にして勇ましく畏るべき神、人を偏り見ず……」（申命一〇・一七、傍点著者）。

諸国の取り扱いにおける神の公平性は、イスラエルのための好意的地位はなかったという関連的な真理と共に、捕囚の出来事に最も近い預言者たちによって掲げられた概念である。エレミヤは、陶器師のイメージを通して、諸国民に向けたみことばに対する彼らの応答に基づいて、神は（イスラエルを含む）いかなる国にも応答するであろうと主張した（エレミヤ一八・一～一〇）。エゼキエルは、エルサレムを「国々の中に」置いたが、それは、刑罰から彼らを引き上げるものなどではないことを単に示すのではなく、むしろ、エルサレムの住民がヤーウェを知らなかった諸国よりも悪い振る舞いをしていたという恐るべき欠陥の事実を示すためであった。神は、今や、イスラエルの敵に対抗したのと同じように、イスラエルに対抗したのである（エゼキエル五・五～一七）。そのようにして、この時代全体を通して、神を知るということは、すべてのつまらぬ国家的選り好みを超えて、その上に神の普遍性が立つと学ぶことを意味したのであった。

ヤーウェはいかなる国をも審判の器として用いることができる――イスラエルを神の審判の器と関連づける限りにおいては、この概念について目新しいことは何もない。こうした言い方で相当あからさまに描写されてきた。主がイスラエルの前から国々を追い払う時、イスラエルはカナン人の邪悪さに対する神の審判の器として機能した（レビ一八・二四～二八、二〇・二三、申命九・一～六参照）。カナン征服は、また、士師記に見られるパターン全体が示すように、イスラエルの不真実に対する神の怒りを示すものとして、イスラエルの敵によるイスラエルへの圧迫を解釈するというのも、全く目新しいものではない。しかし、預言者たちは、こちらの側面をたいへんに強く表現した。イザヤは、アッシリアを単にヤーウェの手の中にある杖として描き、それによってヤーウェがイスラエルを厳しく罰すると述べた（イザヤ一〇・五～六）。エレミヤは、さらに先へ進み、エルサレムでの外交会議に侵入して、イスラエルの神ヤーウェが「わたしの僕ネブカドネツァル」の手に彼らの国々をすべて引き渡したということを、集まった国々の使者たちに告げた。同時代の国際政治についてのこの驚くべき解釈は、イスラエルの神ヤーウェこそ全地とそこに生きるものの創造主であり、また、それらを処理する方でもあるゆえに、これをなすいっさいの権利と権威を有するのだという妥協なき主張と同一線上に見いだされるものである。

イスラエルの神、万軍の主はこう言われる。あなたたちの主君にこう言いなさい。
わたしは、大いなる力を振るい、腕を伸ばして、大地を造り、また地上に人と動物を造って、わたしの目に正しいと思われる者に与える。今やわたしは、これらの国を、すべてわたしの僕バビロンの王ネブカドネツァルの手に与え、野の獣までも彼に与えて仕えさせる。諸国民はすべて彼とその子と、その孫に仕える。しかし、彼の国にも終

わりの時が来れば、多くの国々と大王たちが彼を奴隷にするであろう。（エレミヤ二七・四～七）

こうして、ヤーウェの唯一性と普遍性――全地の創造主にして歴史の主としての――とは、いかなる国をもご自分の代務者として用いる統治者の自由と結び合わされるのである。[20]

ヤーウェの審判は公正であり正当である――こうしたことを主張するのは一つの仕事であるが、エルサレム陥落をヤーウェの無能さか不公正さを証明するものと解する人々、すなわち、捕囚の出来事で衝撃を受けて痛んでいる人々の前で、こうした主張を防衛するのも一つの仕事である。エゼキエルが相手にしたのは、捕囚の民の第一世代、すなわち、その出来事それ自体のトラウマからは立ち直ってきた人々であった。しかし、そこには、もしこれらの出来事が確かにヤーウェのわざとみなされるべきであるとすれば、「主の道は正しくない」（エゼキエル一八・二五）という苦々しい文句があった。神は彼らを不当に取り扱ったと。しかし、それとは逆に、エゼキエルは、福音的で牧会的なレトリックの組み合わせを用いつつ、応戦して言う。ヤーウェがなしたことは、イスラエルの家の執拗で手に負えない反逆によって完全に正当化されるのだと。イスラエルのきわめて深い罪は、彼らを罰する以外の道徳的選択肢を残すことはなかったのである。ヤーウェが「理由なく」（同一四・二三）エルサレムに対立したのではないことを、イスラエルが知らなければならないだけでなく、諸国もそれを知るようになるであろう。それは、神の正義が全地に知られるためである（同三八・二三）。というのは、このことは、唯一の神としてのヤーウェの普遍的統治を主張することにおいて、本質的な側面の一つだからである。すなわち、正義はヤーウェの統治のまさに本質であり、それは諸国に対してと同じようにイスラエルに対しても適用されるのである。

神の民は審判の下でも神の宣教のための神の民として残される――エレミヤ書二九章一～一四節にある捕囚の民に宛

てたエレミヤの手紙は、彼らの上に起きたことについての新鮮な預言者的展望が提示されることから始まっている。そこには、この文が正しくも捕囚の民を「ネブカドネツァルが……捕囚として連れて行った民」（一節）とみなす見方と、手紙の文が彼らを「わたし〔神〕が捕囚として送ったすべての者」（四、七節）とみなす見方との重要な対比がある。人間の歴史の地平では、ユダの捕囚がネブカドネツァルの帝国主義的征服の犠牲者たちであることは紛れもない事実である。しかし、神の支配という展望からすると、彼らは依然として彼らの神の手の中にある人々なのである。ネブカドネツァルの剣は、イスラエルの神によって振りかざされた。この展望からエレミヤは、捕囚の民にバビロンへ住み着くように強く勧め、彼らを取り巻く現状を受け入れるように説いた。神が彼らをバビロンに追いやったのである。それゆえ、彼らはしばらくそこを住まいとして受け止めるほうがよい、と（五～六節）。彼らは（偽預言者たちが言っていたように）二年間だけ家を失うのではない。彼らはバビロンで二世代の間、生きるであろう。バビロンは彼らにとって永遠の住まいではないが、現在の住まいとなったのである。

しかし、これは、彼らが自分たちの運命をただ単に甘受することからはほど遠く、さらに深い意味を持つものであった。エレミヤは続けて言う。「そちらで人口を増やし、減らしてはならない」（六節）。ここにあるアブラハム契約の響きは確かに偶然ではない。敵軍の包囲や飢饉、疫病や剣、そして、捕囚によって多くを殺された民にとっての大きな恐怖は、自分たちが全滅してしまうかもしれないということであった。しかし、そこで、彼らが海の砂や空の星のように数多くなるというアブラハムへの神の約束（創世一五・五、二二・一七）と照合して、いったい何が一国家としての彼らの存在にとって基盤となったのであろうか。彼らは恐れる必要はなかった。というのは、神はその約束を棄てることはないからである。イスラエルは死に絶えるのではなく、他の預言者たちも主張したように、繁栄するのである（イザヤ四四・一～五、四九・一九～二一、エゼキエル三六・八～一二）。

もしイスラエルへのこの勧告（人口を増やすこと）がアブラハム契約とはっきり響き合っているなら、まさに次の勧告もそれに当たる。しかし、それは、バビロン軍による侵攻の犠牲者たちにとっては酷く歓迎できないものであったに違いない。「わたしが、あなたたちを捕囚として送った町の平安を求め、その町のために主に祈りなさい。その町の平安があってこそ、あなたたちにも平安があるのだから」（エレミヤ二九・七）。

捕囚の民には、敵の町のただ中であっても、使命とも言うべき仕事があったのである。その仕事とは、その町の繁栄を求めること、そこにヤーウェの祝福があるように祈ることであった。したがって、彼らは、アブラハムへの神の約束の受取人であるだけでなく（彼らが滅んでしまうのでなく増えるということにおいて）、彼の子孫を通して国々が祝福を受けるというアブラハムへの神の約束の代理人でもあったのである。この約束は、「すべての国々」と言っている。すなわち、敵となった国々も例外ではない。それゆえ、バビロンにおいてアブラハムの立場をイスラエルの民に引き受けさせよ、というのである。彼らは今や、まさにそうした国々の一つのただ中に自らを見いだした。それゆえ、その国の繁栄を彼らが祈り求めることを通して、彼らが生きるその場所で祝福となるように、ということなのである。

このことについて、ある皮肉が存在する。というのは、言うまでもなく、イスラエルの全歴史は、アブラハムがバビロンの地から召し出されたことに端を発するからである。ここで歴史が反転しているように見える。すなわち、イスラエルが「エルサレムからバビロンへ」（エレミヤ二九・一、四）捕囚として連行されることで、それまでのイスラエルの物語全体からすると逆方向の展開となっている。しかし、神の神秘的な目的においては、国々の祝福の基となるべくバビロンから召し出された者の子孫が、今やバビロンに捕囚として戻ってきて、まさにその場でこの約束を満たすようにと示されているのである。それは、一つの典型的な神の皮肉である。そして、その皮肉は、国々の祝福となるようにというイスラエルに対するチャレンジの中で、敵のためにまず祈るというイエスの教説によってあるいは引き継がれていくものであろう（マタイ五・一一と四四における祝福と祈りの組み合わせを参照されたい）。

エレミヤの手紙によって伝えられたこのメッセージは、犠牲となった者たちをヴィジョンに生きる者に変える。イスラエルは将来への希望を得ただけでなく（有名な聖句、エレミヤ二九・一一～一四）、現在における使命をも得た。バビロンの中でさえ、彼らは祈りと平和の共同体であり得た。エゼキエルが見たように、ヤーウェはエルサレムと同様にバビロンの中でも生きている方だった。ヤーウェの普遍的な力と栄光は審判において感じられるものだが、また、それらは、神ご自身の名のため、また、国々にあまねく広がるご自分の目的のために、審判を通してご自分の民を保ち、守るものでもあった。

審判の下にある国々

預言者の中の幾人かは、自らの終末的ヴィジョンの中で、諸国のうちのいくつかはついにはヤーウェに立ち返って救われ、イスラエルの祝福にあずかり、イスラエルの中に含まれ、同化すると明確に予期している。しかし、エゼキエルがこの希望を分かち合っていたかどうかについては何も言うことができない。というのは、彼は、そのことについて何ら声を上げていないからである。諸国のことについて記録されたエゼキエルの言葉の中には、たとえばイザヤ書に見られるような贖いの普遍性に匹敵する主張は何もない[21]。けれども、神についての知識へのエゼキエルの情熱は、とてつもない神の普遍性への主張を持っている。エゼキエル書全体を貫いて燃え盛る一つの主張は、イスラエルと諸国によってヤーウェが神として知られるであろうということである。「それで、お前たちは（あるいは、彼らは）、わたしが主であることを知るようになる」というフレーズは、エゼキエルの預言的述懐の中で八十回ほど出てくるが、それは、事実上、エゼキエルの署名入りのフレーズと言える。ヤーウェの超越的唯一性についての先述の議論との関連で言えば、このことは、他のすべての神々のカタログの中にヤーウェという名の神もあるのだ、ということを諸国がたまたま知るようになるという意味ではあり得ない。むしろ、それは、ヤーウェのみが真の生ける神であり、そのアイデンティティにおいて唯一、その統治において普遍、その力において比類なき方であるという、決定的で撤回できない知識へと諸国が至ることを意味するのである。

こうした主張はエゼキエル書を貫いて幾例も見られるが、それらは、三八章から三九章にあるマゴグの地・ゴグの運命についての薄気味悪い描写の不快な結論へと至る。これは、象徴的言語や比喩を用いつつ、神の民に対抗する敵たちの究極的敗北について語る黙示的ヴィジョンである。また、それは、四〇章から四八章にある本書の頂点となるヴィジョンへの必須の序章となる。そこでは、刷新され、きよめられた神の民のただ中に神が住むことが描写されている。このような神と神の民との比類なき共生が可能となる前に、神の敵たちに対処しなければならない[22]。

エゼキエル書三八章から三九章の二章は、旧約聖書の他のさまざまな箇所から取られた（ノアの洪水やソドム・ゴモラの物語など）、ぞっとする漫画のような表象を用いて、一つの基本的な物語を二回にわたって語っている。北から来る恐ろしい敵が敵たちの同盟軍を形づくる。そして、平穏で無垢な非武装のイスラエルに襲いかかる。しかし、敵たちは、神によって（人間の軍隊によってではなく神のみによって）全く打ち破られ、滅ぼされる。これら邪悪な敵たちの敗北は、彼らの葬り（それ自体、膨大な仕事だが）によって押印される。そして、ついに終わりが来て、永遠に至る。それゆえ、エゼキエル書のこの部分の主要点は、神の民にひたすら対抗して彼らを滅ぼそうとするすべての敵対勢力に対して、神の民のために神ご自身が究極的に勝利することである。だから、ゴグの敗北という幻は、歴史の流れの中では複合的な形で近似の成就に至るものである。ゆえに、それに関して人物や場所の神秘的な名前を決定的に同定しようとして、解釈において汗と涙を流しすぎるのは、論点としてずれている。エゼキエルは語る。最後には神が勝利して、神の民は守られ、神と神の民の敵たちは最終的にその全体が打ち破られ、滅ぼされるのだ、と[23]。

しかし、私たちが見逃してはならないのが（悲しいかな、ゴグが何かを同定することや終わりの時の順序について予言することに取りつかれた人々によってしばしば見過ごしにされるのであるが）、繰り返される定型句、「それでお前たちは（または、彼らは）知るようになる」である。ここで再び、私たちは、神の力の偉大な披瀝の結果が、イスラエル、敵たち、そして、すべての国々の神についての知識を格段に豊かにするのを見る。この定型句は、直前の章の最後の一句（エゼキエル三七・二八）において、全体の筋書きに対する前文として登場する。その後、この定型句は、三八章一六、二三節、三九章六〜七節、二一〜二三節において物語を区切り、最後に、三九章二七〜二八節でその部分全体を終結へと至らしめる。この章句の流れを読みながら、こうした怪奇な幻を通してエゼキエルが最も伝えたかったことについて、神中心の勢力を感じることこそ価値のあることである。世界は、すべての矛盾や困惑を超えて、生ける神のアイデンティティを知らなければならないのである。

わたしの聖所が永遠に彼らの真ん中に置かれるとき、諸国民は、わたしがイスラエルを聖別する主であることを知るようになる。（エゼキエル三七・二八）

わたしはお前を、わたしの地に連れて来る。それは、ゴグよ、わたしが国々の前で、お前を通して自分の聖なることを示し、彼らがわたしを知るようになるためである。（三八・一六）[24]

わたしは自らの偉大さと聖とを多くの国々の前に示す。そのとき、彼らはわたしが主であることを知るようになる。（三八・二三）

わたしは、火をマゴグと海岸地方に安らかに住む者たちに送る。そのとき、彼らはわたしが主であることを知るようになる。わたしは、わが民イスラエルの中にわが聖なる名を知らせる。わたしはわが聖なる名を二度と汚させない。そのとき、諸国民はわたしが主であり、イスラエルの中の聖なる者であることを知るようになる。（三九・六～七）

わたしは国々の間にわが栄光を現し、国々はすべてわたしの行う裁きと、彼らの上に置くわたしの手を見る。その日から後、イスラエルの家はわたしが彼らの神、主であることを知るようになる。国々は、イスラエルの民がわたしに不信の行為を行ったために捕囚となったこと、また、わたしが顔を隠し、彼らを敵の手に渡したため、彼

らは皆、剣に倒れたことを知るようになる。(三九・二一～二三)

わたしは国々の前で、彼らを通して自分の聖なることを示す。わたしは彼らを国々に捕囚として送ったが、自分の土地に集めて、もはや、かの地には残さない。そのとき、彼らはわたしが彼らの神、主であることを知るようになる。(三九・二七～二八)

それでは、ゴグとすべての国々は、神の審判の究極的な開示を通して何を知るようになるのであろうか。その学びの課程を占める関心事は、次の三つの言葉で表される。すなわち、(1)ヤーウェの聖性、(2)ヤーウェの偉大さ、(3)ヤーウェの栄光である。

第一に、他のよく知られた神々やそれほど重要でもない事柄と同様にその名を世俗的にしてしまうことから離れて、ヤーウェは「イスラエルの聖なる方」として全く明瞭で、すべてを超えてユニークであるということを、世界が知るようになるであろう。第二に、大国の軍隊によって荒らされた地域における、弱小で打ち負かされた神々の一つに成り下がることから離れて、ヤーウェは比類なく偉大であるということを、世界が知るようになるであろう。そして第三に、世界はヤーウェの栄光を知るようになるであろう。すなわち、ヤーウェのみ現実の神であり、存在とその重みを下支えする神であることを、世界が知るようになるであろう。そして、ヤーウェの聖性と偉大さ、そして、栄光とは対照的に、諸国の神々と偶像は俗的で、哀れで、空虚なものであると暴露されるのである。

この壮大なヴィジョンの宣教的意味は、こうした術語で表現された目的を考慮するとき、確かに明らかになる。旧約聖書におけるイスラエルのように、歴史を通して、神の民は、周囲を支配する文化の神々によってそしられ、攻められてきたとしばしば感じてきた。豪華で力強い偶像や、高慢で強欲な宗教的象徴がある。経済力や軍事力という粗暴で傲慢な大軍がある。競合する宗教やイデオロギーの脅威や争いがある。時には、社会的肉体的迫害の一斉攻撃や企てられた根絶の危機にもさらされる。ゴグやマゴグという言葉は、神の民が弱く、萎縮し、もろく、守りもなく、危機にさらされていると感じるとき、まさにそうした状態に適合する表現に思われる。しかし、まさにそうした状態にとって、このヴィジョンは、他のすべての神々や諸力がその実の姿、空しい偽りの姿を暴露されるときに（それには大きな戦いなしにとはいかないが）、生ける神の究極的勝利の確かさを明らかにするのである。そうしたヴィジョンは、それが邪悪なものへの最後の審判をも含む限りにおいて、喜びを喚起するものではない。というのは、同じ預言者が、神ご自身、邪悪なものの死を喜ばないことを強く思い起こさせるからである（エゼキエル一八・三二、三三・一一）。それでも、このヴィジョンによって、現在直面させられる葛藤・苦悩も、神の敵への究極の審判と滅亡の確かさ、そして、すべてを超えてユニークな神についての普遍的知識の範囲の中に置かれることになるのである。

要約

本章の議論の糸を共にたぐりつつ、私たちは、イスラエルの信仰における唯一神信仰とは何かを定義しようとしてきた。それは、イスラエルの聖なる方、主の超越的唯一性と普遍性の主張である。他の神々について何が語られようが（それはさらに第五章で探られることだが）、主のみが「神」（*the* God）なのである。主はご自身が立つべきところに立つ。すなわち、主のような方はなく、宇宙のどこにも他に並ぶものはない。表3‐3は、啓示・贖い・審判という主の行動を通して得られる知識を要約しつつ、完全とは言えないまでも、旧約聖書の唯一神信仰についてのアウトラインの大枠を指し示している。けれども、そこには、ヨブがささやいたであろうごとくに、神の道のほんの一端があるのみである（ヨブ二六・一四）。

表3－3　旧約聖書の唯一神信仰の大枠

主に帰される名	諸天、地上、諸国との関連	
創造主	主がそれらを造った	詩編三三・六～九、エレミヤ一〇・一〇～一二
所有主	主がそれらを所有している	詩編二四・一、八九・一二、申命一〇・一四
支配者	主がそれらを治めている	詩編三三・一〇～一一、イザヤ四〇・二二～二四
審判者	主が弁明のためにすべてを召し出す	詩編三三・一三～一五
啓示者	主が真理を語る	詩編三三・四、一一九・一六〇、イザヤ四五・一九
愛なる方	主は造られたすべてのものを愛する	詩編一四五・九、一三、一七
救済者	主はご自分に心を向けるすべての者を救う	詩編三六・七、イザヤ四五・二二
導き手	主は諸国を導く	詩編六七・五
和解の主	主は平和をもたらす	詩編四六・九～一一

第四章　生ける神がイエス・キリストにおいてご自身を現された

イエスは、前章の結びで述べた確信をすべて抱いている人々の間で生まれた。イエス自身、聖書を学び、愛し、その真理で魂を養った。それは一世紀のユダヤ人の、唯一の神を中心とする世界観であり、イエスと最初の弟子たちすべては、それを心の底から了解していた。ひとりの、ただひとりの生ける神がおられるということが、彼らの基本的な確信であった。この神、「あらゆる名の上にある御名」[1]でのみ知られる神は、今やその契約の民であるイスラエルによって認められていた。しかし、イスラエルの神はすべての国々、王たち、皇帝たちでさえも最後には従わなければならない、普遍的な神でもある。しかも、新約聖書の所々に、また（十字架は別として）イエス自身の通常の生涯において、イエスの名が「御名」、すなわちイスラエルの神の名と並置されている。それも、一つ二つの周辺的なテキストや後代のテキストにだけあるのではなく、最も早い新約諸文書が執筆される以前に、イエスの弟子たちの間から始まると思われる組織的かつ明らかに意図的な方法で、そうされている。

時折言われるように、新約聖書は決して、多くの語をもって「イエスは神である」と述べてはいない。私たちはおそらく、このことを感謝してよい。というのも、ギリシア語のセオスと同様に、英語のゴッドも実のところ、あまりにも曖昧でぼんやりしており、文章にいかなる明晰性や個別性も与えない。「神」という語を定義せず冠詞なしに（つまり、排他性をもたらす定冠詞なしに）用いるのであれば、古代ローマ人やギリシア人の多くは、現代の多くのヒンドゥー教徒がするように、「神である」と語ることをためらわない。実に驚くべきことであるが、私たちが疑いなく新約聖書の内に見いだすことは、ヤーウェ、イスラエルの聖なる方こそまさに神であると知る人々、すなわち聖書にきわめて豊かにアイデンティティと性格、働きが記されているヤーウェがあらゆるものを超えた唯一のお方であると知る人々が、注意深く、根気強く、一つ一つ、この同じヤーウェとナザレのイエスの同一性を組み立てていることである。

そこで、本章において私たちは、第一に、イスラエルの神、イスラエルの聖書の神であるヤーウェとの同一性を有する方としてイエスを提示する、驚くべき状況を吟味しよう。第二に、ヤーウェの主要な役割が、新約聖書でどれほど確かにイエスにリンクしているかを考察しよう。第三に私たちは、ヤーウェとイエスの間にある、アイデンティティと役割の結合が宣教において有する意義を探求しよう。旧約聖書はヤーウェという方を、地の果てまで自身が知られることを望む神として示している。新約聖書は、そのような神のミッションのどこにイエスをはめ込んでいるのだろうか。あるいは、私たちの、より形式的な範疇で表現するなら、聖書的でキリスト中心の唯一神教全体の持つ宣教学的な意義は何なのだろうか。

イエスはヤーウェのアイデンティティを共有している

祈りと告白は、個人ないし共同体が信仰の対象と内容についてどのような理解を有しているかを示す、最も明らかな二つのしるしである。そして新約聖書はその両者の簡潔な実例を、それも最初期のキリスト教共同体にまでさかのぼることのできる実例、つまり、パウロの手紙が書かれ、伝承が正典福音書として文書化される以前にまでさかのぼることのできる実例を、私たちにもたらしてくれている。一つは、古い祈り、「マラナ・タ！（主よ、来てください）」であり、もう一つは最初期の告白、「キュリオス・イエースース（イエスは主です）」である。

マラナ・タ

コリントに宛てた第一の手紙を、パウロはマラナ・タというアラム語の表現で結んでいる。それに訳語を当てていないことからすると、ギリシア語を話すキリスト者にも馴染みの表現であったに違いない。それゆえ、パウロが小アジアやヨーロッパの異邦人世界に宣教の旅をするずっと以前に、アラム語を話すイエスの最初の弟子たちの礼拝でいつも用いられていた重要な言葉であったに違いない。その後、ギリシア語を使うキリスト者の礼拝でも普通に用いる言葉として、パウロや他の初期の宣教師たちと共に旅したに違いない。

「マラナ・タ！」とパウロは叫ぶ。自らの手でそのように書き、読者たちがそれを理解し、繰り返すように期待している（Ⅰコリント一六・二二）[2]。パウロは続く節で「主イエスの恵み」について語っているので、アラム語のマルによってパウロが言及している「主」がイエスであることは明らかである。また同様に明らかなのは、このアラム語の表現が初期のキリスト者共同体においてイエスに言及するのに用いられたことである。しかし、アラム語のマル（マラン）がアラム語を話すユダヤ人の間では神、つまりイスラエルの神であるヤーウェを表す語として用いられていたことも事実である。この語はまた、（ギリシア語のキュリオスがそうであるように）権威ある立場の人間に使うことができた（今なお正教会の伝統ではそうである）が、（クムランの巻物を含めて）あの時代のアラム語テキストにおいては、神について使われる場合が多くある[3]。したがって、マルであるイエスに訴えることによって、初期のアラム語を話す信徒たちは祈りを、正当な祈りの対象である唯一の方、主なる神に献げていたのである。

それゆえ、コリントの信徒への手紙一、一六章二二節のマラナ・タという祈願は、主イエスに献げられた古いパレスチナの祈りの定式を表現している。それはイエスに力と栄光をもって来てくださるようにと願う嘆願である。もし最初の信徒たちがマランであるイエスを自分たちのラビとみなしていたに過ぎないならば、祈りが彼に向けられることはなかったであろう。むしろこの祈りは、初期のアラム語を話す信徒たちが、この来るべきお方を礼拝と賛美の中心に置いていたことを、決定的に証明している。パウロは、コリント教会に対する結びの言葉に加えるためにこのアラム語を採用し、説明ぬきで用いたのである[4]。

キュリオス・イエースース

最初の信徒の信仰内容を示す初期の証拠の第二は、キュリオス・イエースース、「イエスは主です[5]」という単純な告白である。パウロはキュリオスという語を二百七十五回、それもほとんどいつでもイエスに関して用いているが、彼がそのようにした最初の人であったわけでは全くない。マラナ・タという古い表現同様、彼は自分より先にイエスの弟子となった人々からこの呼び方を受け継いだのである。十字架につけられたナザレ出身の大工がメシアであるとか（とんでもない、と彼は思った）、主であるとか（それはもっと悪い）、大胆にも主張する者たちを迫害していたときのパウロは、実際にこの表現を知っていて、それを憎んでいたことだろう。この句が憎むべき冒瀆ではなく、全くの真実であることに目のくらむ思いで気づかせられたのは、ダマスコ途上で復活したイエスと出会ったからであった[6]。この二語からなる句を自身の書で使うとき、それはすでに、明らかにキリスト論的定型句となっている。キリスト者のアイデンティティを定義する標準的な告白として、すでに広く受け入れられているので、説明を必要としない。こうした定型句として、この二語はローマの信徒への手紙一〇章九節、コリントの信徒への手紙一、一二章三節、そして（「イエス・キリストは主である」という）少し拡大した形でフィリピの信徒への手紙二章一一節に現れている。

アラム語のマルが神について使われたという証拠が明らかで説得力があることを、私たちは見た。キュリオスの場合、その証拠は圧倒的である。この語はもちろん、（英語のlordがまさにそうであるように）人に対する尊称として使うこともできた。しかし、新約聖書におけるイエスへの適用に関連して、この語のきわめて重要な使用は、キリストよりはるか以前にヘブライ語聖書を翻訳した人々がこれを用いたことである。私たちが今日「七十人訳」として知っている、この翻訳のコレクションにおいて、キュリオスという語が神を表す聖なる四文字ヤーウェ（ＹＨＷＨ）の標準的な訳語として、事実上用いられているのである。ヤーウェが本文中にあると、翻訳者たちはヘブライ語を音訳せずに、アドナイ（主）という言葉で読むというすでに確立していたヘブライ口頭伝承に、ギリシア語でも倣う道を選んだ。ヤーウェをホ・キュリオス（主）と訳したのである。イスラエルの神の名のギリシア語として、ホ・キュリオスは七十人訳に千六百回以上も用いられている。

一世紀のギリシア語を話すユダヤ人であれば、このような言葉の使い方に完全に通じていたであろう。ギリシア語で聖書を読んでいて、ホ・キュリオスが出てくれば、「御名」ヤーウェだと考えることが習慣になっていた。だから、パウロの手紙が書かれる以前においてさえ（つまり、復活から二十年も経たないうちに）、ホ・キュリオスがイエスに適用されたということは、きわめて注目に値することである。しかも、尊敬すべき人物に対する敬称ばかりでなく（それも十分考えられることだが）、旧約聖書においてヤーウェに適用されるときに有する神学的な意味を完全に担うものとして、この語が使われているのである。私たちはこのような例をフィリピの信徒への手紙二章六～一一節に見いだす。その箇所でパウロは、前後で展開している論点を支えるために、既存のキリスト者の賛美歌を引用したのかもしれないと、多くの学者は考えている。この箇所は、イエスの「至高の高挙」をほめたたえるだけではない（イエスの復活と昇天に言及する表現は、他の箇所［使徒二・三二～三六、ローマ一四・九参照］では、イエスが主であることを裏づける証拠と密接に結びついている）。また、神がイエスに「あらゆる名にまさる名（それはただ一つの名ヤーウェしかあり得ない）をお与えになりました」と述べているだけではない。続いて、旧約聖書でヤーウェについて語る最も唯一神教的なテキストの一つをイエスに適用することによって、議論に決着をつける。

天上のもの、地上のもの、地下のものがすべて、イエスの御名にひざまずき、
すべての舌が、「イエス・キリストは主である」と公に宣べて、
父である神をたたえるのです。（フィリピ二・一〇～一一）

これはイザヤ書四五章二二～二三節の部分的な引用で、本来はヤーウェが自らについて語る言葉である。その文脈ではヤーウェが唯一の神であり、唯一救う力を有する方であることを強調している。

わたしをおいて神はない。
正しい神、救いを与える神は
わたしのほかにはない。
地の果てのすべての人々よ
わたしを仰いで、救いを得よ。
わたしは神、ほかにはいない。
わたしは自分にかけて誓う。
わたしの口から恵みの言葉が出されたならば
その言葉は決して取り消されない。
わたしの前に、すべての膝はかがみ
すべての舌は誓いを立て
恵みの御業と力は主にある、とわたしに言う。（イザヤ四五・二一b～二四a）

イザヤ四〇章から五五章の壮大な預言は、すべての国、すべての歴史を支配する主権者として、また救いをもたらす生ける唯一の神として、ヤーウェが比類なき存在であると、繰り返し主張している。それゆえパウロ、あるいはフィリピの信徒への手紙二章でパウロが引用しているとされる初期のキリスト教賛歌の作者は、このような文脈の聖書箇所を意図的に選んでイエスに適用することによって、彼がヤーウェと同じ力を有し、ヤーウェのアイデンティティと唯一性を共有する方であると主張していた。この同一視があまりにも確かなことなので、彼（あるいは彼ら）は、聖なる書においてヤーウェの名が現れるところに、イエスの名を挿入することをためらわなかったのである。このようにすることによって彼らは

- イエスに対して神の称号を帰した。
- 神について語るテキストをイエスに適用した。
- イエスを神として礼拝することの先鞭をつけた。(7)

イエスに関するこの最初のポイントが宣教にどのような意味を持つかは、明らかであろう。もし、聖書の神のミッションに、自身の真のアイデンティティがイスラエルの信じる生ける神ヤーウェであると、自らを知らしめることが含まれるとすれば、新約聖書はイエスをヤーウェと同一視することによって、神のミッションの自己啓示的次元の中心にイエスを見ているのである。しかしこれから探るように、このことは形式上のアイデンティティよりはるかに多くのことを含んでいる。

イエスはヤーウェの役割を果たしている

ヤーウェについて語る旧約聖書の本文をパウロがフィリピの信徒への手紙二章一〇～一一節でイエスに適用していることが最も注目に値するが、それは決してこの種の唯一の例ではない。ほかにもかなりの箇所でパウロは、イエスに言及しながら、ヤーウェ、ホ・キュリオスが現れる旧約聖書を引用している。(8) またパウロだけがそのようなことをしているわけでもない。たとえば、ヘブライ人への手紙の著者は、神について語る本文を一斉にイエスに適用することで、手紙を始めている。このように適用した聖句の多くは、働きについて語るものである。つまり、ヤーウェが行ったり、与えたり、実現したりしていることを語っている。こうした聖句の引用によって、これらの働きがイエスに帰せられるか、イエスと密接に関連づけられる。アイデンティティを表す単純な表現（マラナ・タやキュリオス・イエースース）がそうであったように、このようなことを始めたのはパウロではない。それは直接イエス自身にさかのぼる。というのも、言葉と行為、言外の主張において、イスラエルの神の比類なき役割を、イエスが自分自身と結びつけている様子を、数多くの形で、福音書は保存しているからである。

この見出しで考察することができる材料は豊富にあるので、(前章の結びのリストのように)ヤーウェの重要な役割を軸にして組織的に提示するように努めたい。それぞれのケースで、代表的な箇所を書簡と福音書から挙げたいと思う。ヤーウェの活動を旧約聖書は四つの重要な形で、つまり創造者、支配者、裁き主、救い主として描いているので、それを見ていこう。そして、それぞれのケースにおいて、イエスが同じような形で描かれている様子を見ることになる。

この章全体の目的からして特に注意したいことは、旧約の唯一神教として私たちが定義するものにおいて、これらの四つの働きが、他を排してヤーウェにだけ帰せられる働きだということである。これらは、「主は神であり、ほかに神はいない」ということが何を意味するか定義づけるものである。これらは、ヤーウェを比類のないお方とし、その超越的な唯一性を構成する属性や偉業、絶対的な権能である。それだけに、イエスが同じ基準の内に存在し、ヤーウェ自身と同じ一連の役割や主張を排他的に有する者であるとみなされなければならないと、イエスも初期の弟子たちも穏やかに要求していることを、新約聖書が描いている事実は、キリスト教のアイデンティティと宣教にとって、あまりにも驚くべき、あまりにも深遠な意義を有することになるのである。

宣教学的な角度からは、もしこれらの働きが、ヤーウェがそのミッションの実現において行使する権能であり役割であるとすれば、神のミッションがこうした点でキリストにおいてどのように行使されるかを理解することは、キリスト教のミッションのいかなる概念にとっても、決定的に重要なこととなる。

創造者

パウロは最も重い神学的な主張を最も日常的で実際的な問題に関係づける才を持っていた。日常的ではあるが、ささいではない問題に関係づけたのである。コリントでは、偶像に供えられていた肉をキリスト者が食べることができるかどうかという問題が、彼の牧会上、神学上の関心を占めて、三章全体に及んでいた(Ⅰコリント八〜一〇章)。そこには二つの問題点がからんでいる。つまり、偶像というものの実態（偶像は何らかの意味で現実の存在なのか）、そして肉の状態（偶像に犠牲として供えられたことによって、なにがしか汚されているのか）をめぐる問いである。パウロはその議論の始めに、第一の問いに正面から取り組み（八・四～六）、第二の問題には最後の方で取り組んでいる（一〇・二五～二六。ただし八・七～八でも言及してはいる）。そして両方の問いに対して創造の神学を適用していることは意義深い。

コリントの信徒への手紙一、八章四～六節でパウロは、シェマー――ユダヤ人の唯一神告白――の持つ重みをそのまま問題にぶつけている。いわゆる神々やもろもろの主が何であれ、現実に存在しているのは、ただひとりの神、ただひとりの主であることを、私たちは知っている。しかしパウロは、旧約聖書の形式そのもので申命記六章四節を単純に引用するより、キリスト教共同体内ですでにキリスト論的に拡大された形式で引用している。それは、ギリシア語で主動詞なしの二十七語の注目すべき組み合わせであり、字句をそのまま並べると以下のようになる。

私たちには　ひとりの神　ひとりの父
この方から　すべてのものが
私たちは　この方のために
そしてひとりの主　イエス・キリスト
この方を通して　すべてのものが
私たちも　この方を通して（Ｉコリント八・六、私訳）

必要なつなぎの動詞を補ったＮＩＶが明らかにしているように、シェマーの「ひとりの神、ひとりの主」のところにイエスを挿入しているだけでなく、父なる神の創造のみわざとイエスを結びつけている。

わたしたちにとっては、唯一の神、父である神がおられ、万物はこの神から出、わたしたちはこの神へ帰って行くのです。また、唯一の主、イエス・キリストがおられ、万物はこの主によって存在し、わたしたちもこの主によって存在しているのです。（Ⅰコリント八・六）

すべてのものがひとりの神、父から出、すべてのものがひとりの主、イエス・キリストを通して出た。こうして、もしイエスが全被造物の主であるなら、他のいわゆる神々や偶像は、宇宙に現実に存在する神ではない。パウロがここでしていることが、聖書の唯一神信仰に対してどのようなキリスト論的意味を持っているか、リチャード・ボウカムが的確に表現している。

唯一神信仰を保持しているパウロを理解する唯一可能な方法は、シェマーに断言されている唯一の神の比類なきアイデンティティに、彼自身がイエスを含めていると理解することである。しかし、ここで「唯一の主」としてのイエスに適用する「主」という語がシェマーそのものからとられているという事実から、このことはとにかく明らかなのである。パウロは、シェマーで唱える唯一の神に、それが語っていない「主」を加えてはいない。彼はイエスを、シェマーが唯一の方と断言している「主」と同一視している。このようにそれ以前にはなかったシェマーの再公式化において、唯一の神の比類なきアイデンティティは、父である唯一の神と、そのメシアである（そして暗に父の子であるとみなされている）唯一の主から成り立っているのである。(9)

パウロのもう一つの議論に進み、肉をめぐる問題はどうだろうか。偶像礼拝に関わり、汚れることになるので、肉を食することは禁止されるべきものなのだろうか。「世の中に偶像の神などはなく」（Ⅰコリント八・四）という消極的なポイントに対応して、造られたものはとにかくすべてが主に属するものであるという積極的なポイントが示されている。

こうしてパウロは、創造について語るもう一つの偉大なテキスト、詩編二四編一節「地とそこに満ちるもの……は、主のものである」を、どんなものでも食べることができるという自由の原則を裏づける権威として、引用している（Ⅰコリント一〇・二五～二六――続いて語られているような、状況に応じた但し書き次第ではあるが）。

もちろん、ヘブライ語の本文はヤーウェに関してこのような大胆な主張をしている。しかし、ここでパウロがそれをイエスに当てはめ、全地が帰属する主であるとしていることは間違いない。その理由の一つは、パウロがコリントの信徒への手紙一、八章六節のシェマーの拡大版で、すでにイエスを神に結びつけている仕方にある。また、先行する文脈で「主」と言えばイエスのことだ（Ⅰコリント一〇・二〇～二二に「主の杯」「主の食卓」とある）という事実もある。さらに、詩編二四編は「栄光に輝く王」（七、九、一〇節）に道を開けるようにという呼びかけにおいてメシア的な意味をすでに有していたが、たぶんこの「栄光に輝く王」という表現を用いて、パウロがコリントの信徒への手紙一、二章八節でイエスを「栄光の主」と呼んでいることも理由の一つである。

このようにして全地は、主であるイエスのものである。このような世界観が宣教学的に、倫理的に、さらに（ここでは）実際的に意味することは、途方もなく大きい。それは第三章で探求した、申命記一〇章一四、一七節の至高の展望と同じくらい途方もないことである。というのも、もし全地がイエスのものであるなら、私たちが宣教に赴くことができる地のどんな片隅も、すでにイエスのものとなっていない所はないからである。見た目にはどうであれ、この星の一インチでも他の神に帰属する部分は存在しない。神による全世界の所有をキリスト中心に神学することが、宣教の神学と実践、そして究極の確信を支える主要な土台なのである。

パウロの創造論的キリスト論は、コロサイの信徒への手紙一章一五～二〇節において頂点に達する。そこでは比類のない仕方でキリストが崇められている。特に重要となる節ではこう言われている。

御子は、見えない神の姿であり、すべてのものが造られる前に生まれた方です。天にあるものも地にあるものも、見えるものも見えないものも、王座も主権も、支配も権威も、万物は御子において造られたからです。つまり、万物は御子によって、御子のために造られました。御子はすべてのものよりも先におられ、すべてのものは御子によって支えられています。（コロサイ一・一五～一七）

ここで繰り返されている言葉、タ・パンタ「万物」と、それが現実に考え得るあらゆる領域を含むものに拡張される様子から、イエス・キリストが被造物に対して、旧約聖書でヤーウェについて言われているのと同じ関係にあることは、紛れもなく明らかである。キリストは万物の背後にあり、万物に先立って存在している。彼は万物の創造の実行者であり、万物の存在の受益者である。万物は、創造と相続のゆえに所有者である彼に帰属する。彼は存在するすべてのものの根源であり、支え手なのである。

基本的にこれと同じことがヘブライ人への手紙一章二節とヨハネによる福音書一章三節で主張されている。

他の福音書では、自然の秩序を制するイエスの力に驚いた弟子たちが思わず、彼のアイデンティティを問うている。彼らはあえぎながら、「いったい、この方はどなたなのだろう。命じれば風も波も従うではないか」と問うた（ルカ八・二五と並行箇所）。この問いに対する答えは実のところ、一つしかあり得なかった。それはすでに詩編が与えている（詩編六五・八、八九・一〇、九三・三～四、一〇四・四、六～九、特に驚嘆した弟子たちに当てはまる一〇七・二三～三二参照）。しかし、創造主と一つであるというイエスのアイデンティティは、そうした問いに対する言外の答えの中にのみ存在していたのではない。イエスは「天地は滅びるが、わたしの言葉は決して滅びない」と言われた（マルコ一三・三一と並行箇所）。イエスの言葉が全被造物以上の立場と永続性を有していると主張することは、おそらくはイザヤ書四〇章（特に八節）の創造に関する大いなる主張を意図的に反映したものであって、イエスの言葉を神ご自身の創造の言葉と同一視することとなるのである。

こうして新約聖書は、聖書が示す神の最初のみわざ、宇宙の創造において、議論の余地なくイエスをヤーウェとならぶ存在としている。その意味するところは、その内容に対応して普遍的である。

神の無比性を描くユダヤ人の方法のうち、最も明白なものは創造に言及することである。万物を創造することはひとえに神のみの持つ役割であるから、ユダヤ教の唯一神信仰にとっては、神とは別の存在が神をアシストすることさえ考えられない（イザヤ四四・二四、Ⅳエズラ三・四）。しかし、シェマーにイエスを加えるという前代未聞のことをしたパウロは、同様に前代未聞のこと、神の創造の働きにイエスを加えることまで行っている。第二神殿時代のユダヤ教の唯一神信仰の枠組みにおいて、比類ない神のアイデンティティにイエスを加える方法として、これ以上に紛れもない方法は考えられない[10]。

それゆえイエスは、創造主なる神について旧約聖書が主張しているすべてのことと結びつけられる。被造物が、歴史における神のミッションすべての舞台を構成すると共に、神による救済計画のすべての最終的、終末的受益者でもあるから、被造物の内で、また被造物のためになされる神の偉大なミッションにおけるキリストの中心性に、明らかに焦点が合わせられているのである。

支配者

旧約聖書においてヤーウェは超越した比類なき存在であるということが、第一に、この方のみが存在するすべてのものの創造者であるという主張を通して、そして第二に、この方のみがすべての出来事の至高の支配者であるという、同じように確固とした主張を通して表現されていることを、私たちは見てきた。ヤーウェは、あらゆる現実の根源であり、同時にあらゆる歴史の支配者として、治めている。詩編三三編が述べているように、自身の言葉をもって世界を出現させせ（六〜九節）、自身の計画に従って世界を支配し（一〇〜一一節）、自身の目の前で世界の責任を問う（一三〜一五節）。

またイザヤ書四〇～五五章が宣言しているように、ヤーウェは全く誰の助けもなしに、また競争相手もなく、これらのことをすべてなさる。ヤーウェだけがすべてのものの支配者である。ならば、ナザレ出身の大工であるイエスが、こうした見方とどのように調和できるのだろうか。

その答えはイエス自身が与えている。後に新約聖書において最も引用されるキリスト論のテキストとなった詩編、すなわち詩編一一〇編の言葉を、イエスは大胆な言葉遣いで自らに適用している。

わが主に賜った主の御言葉。
「わたしの右の座に就くがよい。
わたしはあなたの敵をあなたの足台としよう。」（詩編一一〇・一）

共観福音書はすべて、イエスが二回このテキストを用いていることを記録している。第一は、メシアのアイデンティティをめぐる難問として（もしダビデ自身がメシアを「主」と呼んでいるのなら、どうして彼がダビデの子であり得ようか［マルコ一二・三五～三七と並行箇所］）、第二は、裁判の場で「あなたはキリストか」という大祭司の質問に答える際のものである（マルコ一四・六一～六四と並行箇所）。後者でイエスは、「人の子が全能の神の右に座り、天の雲に囲まれて来るのを見る」という言葉で旧約聖書に二重に言及することによって、自身の答えを豊かなものにした。

天の雲に乗って来る人の子という表現は、ダニエル書七章一三～一四節にあるダニエルの大いなる幻の反響で、それによって、日の老いたる者の普遍的な力と権威にイエスを結びつけている。もう一つの言葉、「力ある方の右手の座に着き」は明らかに詩編一一〇編の反響で、同様に明らかに、イエスをヤーウェの統治する権威に結びつけている。「神の右手」は、イスラエルの信仰と礼拝においては、ヤーウェの力の行使を表す力強い象徴であった。右の手によってヤーウェは、

- 創造の働きを成し遂げた（イザヤ四八・一三）
- 偉大な救いのみわざにより敵を打ち破った（出エジプト一五・六、一二）
- ご自身に身を避ける者たちを救う（詩編一七・七、二〇・七、六〇・七、一一八・一五～一六）
- 羊と山羊のたとえにあるように、最後の審判を行うことになる（マタイ二五・三一～四六）。
その後、イエス自身の教えから手がかりを得て、最初期のキリスト者は、復活し昇天したイエスが現在おられる「場所」を描写するのに、詩編一一〇編一節のイメージを用いた。イエスは単に「不在」ということではなかった。イエスは今すでに「神の右に座して」おられる。つまり、イエスはすでに今、ヤーウェのみがなしている普遍的な支配を協同で実行しているのである。この崇高な主張は、ペンテコステの日にペトロが語った説教に見いだされる。そのとき彼は、詩編一一〇編を、イエスの復活という歴史的に証しされた事実に結合し、それからイエスの主権に関する宇宙論的な結論を引き出している（使徒二・三二～三六）。

パウロにとっては、詩編一一〇編一節の二重のイメージ（神の右、足の下の敵）は、復活のキリストの権威ばかりでなく、その権威の源泉、つまり、イエスはヤーウェご自身のアイデンティティを共有し、それゆえに普遍的な支配を共有しているという事実を述べることができる最も力強い方法を提供した。パウロはこのイメージを大いに用いている。たとえば、

- 宇宙に存在する他のいかなる力も私たちを神の愛から引き離すことはない、という保証をもって信徒たちを安心させることにおいて（ローマ八・三四～三五）
- やがては死そのものも含めて、神の敵すべてが、統治するキリストの足の下に置かれるのを見ることにおいて（Iコリント一五・二四～二八）

• 復活し昇天し、神の右に座を占めておられるキリストという視点から、キリスト者生活を生きるようにと促すことにおいて（コロサイ三・一）

• キリストの普遍的な主権を繰り返し主張することにおいて（エフェソ一・二〇〜二三）

もちろん、こうした言明はすべてパウロ自身の宣教の神学と実践の基盤にある。というのも、パウロが諸国民の使徒となるようにというキリストの命令に従ったのは、ひとえに、上記の主張がダマスコ途上で自分がお会いした方についてのありのままの真理であるという確信によるものだったからである。

イエスと宇宙の支配者ヤーウェの同一視は、黙示録で（他の多くと同様に）頂点に達する。七つの教会に宛てたイエスの手紙は、イエスの宇宙的な権威を暗示し、時には明言している。そのために、イエスを描写するのに、旧約聖書が神に対して用いている表現やイメージ——特に、ダニエルの見た年を経た方の幻と、エゼキエルの見たヤーウェの栄光の幻からとられたもの——が用いられている。しかしながら、ラオデキアの教会に宛てた手紙は、そうしたイメージを使わずに、イエスを「神に創造された万物の源である方」と、単純明快に語っている（黙示録三・一四）。これは、彼が「地上の王たちの支配者」であるという黙示録一章五節の補足的な主張と響き合うものである。旧約聖書の唯一神教の見地からは、これらの素朴な言明（造られた者の支配者と諸国の支配者）は両方とも、ヤーウェ以外の存在についてはなし得ない。それがここでは、両方ともイエスについて言われているのである。後に出てくる幻では、ほふられた小羊が御座の中央に立ち、御座に座る方と共にある。そこで、全被造物の大聖歌隊が両者に礼拝を献げ、同時に賛美を献げることができるのである。

玉座に座っておられる方と小羊とに、
賛美、誉れ、栄光、そして権力が、

世々限りなくありますように。(同五・一三)

それから後この書には、小羊イエスと御座に座る至高の神の同一視が、さまざまな視点と機能を有しながら、次々と現れてくる(同七・一〇、一七、一一・一五、一二・一〇、一五・三~四、一七・一四、二二・一、三、一三)。

こうして、新約聖書はイエス・キリストが主であることと、イスラエルが信じる生ける神の至上の支配を結びつけている。そして、それがまさしく、イエスが大宣教命令の前置きでしている結合なのである。

詩編記者の「主は王である」という叫びは、「イエスは主である」という信徒たちの告白と響き合い、同一のものであることが示されているのである。

裁き主

旧約におけるヤーウェの中心的な役割の一つで、その至上の支配を行使する一つの次元は、ヤーウェが全地を裁かれるということであった。この確信は、アブラハムの口から発し(創世一八・二五)、イスラエルの信仰の基本的な資料である史書、詩編、預言書を貫いて響き渡っている。それは宇宙大で喜ぶべき事柄である。被造物全体に主の御前で歌うようにと、呼びかけることができるからである。

主は来られる、地を裁くために来られる。
主は世界を正しく裁き
真実をもって諸国の民を裁かれる。(詩編九六・一三)

もし、イエスが神の右に挙げられて、その支配を共有するならば、それはまた、神の裁きの行使も共有することを含むはずである。そして、実にこのことが、新約聖書が紛れもなく主張していることなのである。パウロは「私の福音」と呼んだ情報の一つとして、そのことを見ている。彼は「主の日」という表現――それは旧約聖書の幅広い用法では、確かに救いと共に裁きも含んでいた――を用い、いつでもそれをキリストと結びつけている。今やそれは「キリストの日」であり、「わたしの福音によれば、神のさばきは、神がキリスト・イエスによって人々の隠れたことをさばかれる日に、行われるのです」(フィリピ二・一六、ローマ二・一六、新改訳。さらにⅡテサロニケ一・五～一〇参照）と言い得るのである。すべての国民が究極の裁き主であるヤーウェの前に呼び出される様子を、旧約聖書が思い描くのと全く同じように、パウロは「私たちはみな、キリストのさばきの座に現れ」(Ⅱコリント五・一〇、新改訳）と言うのである。このような言い回しによって、「わたしたちは皆、神の裁きの座の前に立つのです」(ローマ一四・一〇）ということと全く同じことをパウロが言おうとしているのは疑いない。

いかにもパウロらしいが、現在の行動に変化をもたらすために、未来における神の裁きが確信をもって語られる。パウロはこの力学を、ローマにいる異邦人とユダヤ人の背景を持つ信者たちが互いを受け入れるように訴えるため、根拠の一つとして用いている。[11] ローマの信徒への手紙一四章九～一二節で、私たちはみな等しく神の裁きを受けるのだから、互いを裁くことを控えるようにと、パウロは二つのグループに促している。しかし、その主張の正しさを伝えるのにパウロは、復活と、ヤーウェの主権があまねく受け入れられることを待ち望む旧約のテキストとを結びつけるのである。そこに、イザヤ書四五章二三節が再び登場する。それはフィリピの信徒への手紙二章一〇～一一節で引用されているのと同じテキストで、私たちは後者のキリスト賛歌において、ヘブライ語の原文にあったヤーウェの名がイエスの名で置き換えられているのを見た。ここローマの信徒への手紙一四章でパウロは原文にある「主」という語を残しているが、その文章の主語がイエスであり、イエスが礼拝と服従の対象であることは、文脈（六～八節にある「主」の繰り返しを含めて）から疑う余地がない。

キリストが死に、そして生きたのは、死んだ人にも生きている人にも主となられるためです。それなのに、なぜあなたは、自分の兄弟を裁くのですか。また、なぜ兄弟を侮るのですか。わたしたちは皆、神の裁きの座の前に立つのです。こう書いてあります。

「主は言われる。

『わたしは生きている。

すべてのひざはわたしの前にかがみ、

すべての舌が神をほめたたえる』と。」

それで、わたしたちは一人一人、自分のことについて神に申し述べることになるのです。（ローマ一四・九～一二）

これまで唯一ヤーウェの特権であった、裁き主として行動する権威をイエスに帰すことも、パウロが発明したものではない。これもまたイエス自身にさかのぼる。ダニエル七章のイメージを反映した文脈で、人の子という表現は年を経た方の主権の座と結びついているので、確かに裁きの意味合いを持っていた。イエスの語る羊と山羊のたとえが、裁きを行う神の座に着く人の子から始まること（マタイ二五・三二）は意義深い。

ヨハネが描くイエス像は、究極の裁きを行うという主張を、「わたしはある」という神の名を繰り返し自身のものとして語っている事実で支えている。救いと裁きは、そのイエスの主張を認めるか拒むかにかかっている。「あなたがたは自分の罪の内に死ぬ、とわたしは伝えた。もし、わたしはある、ということをあなたがたが信じなければ、あなたがたは実際、自分の罪の内に死ぬ」（ヨハネ八・二四、私訳）。

また、黙示録ではもちろん、初めから終わりまでキリストは、神の裁きの座に挙げられた神の小羊として描かれている。そして、そのような高い地位はキリストに全くふさわしく、神の意志によるものであり、創造と救済と歴史支配において果たす神としての役割からして正当であることを、贖われた者たちの歌は宣言している。

こうして新約聖書は、旧約聖書の生ける神による最後の審判を再度主張するが、それが、最終的な権威の座に神が定めた方、神の御子イエス・キリストにおいて今や具体的なものになる、と見ているのである。

詩編記者の喜びの歌、「主は来られる、地を裁くために来られる」（詩編九六・一三、九八・九）に、キリスト自身の約束、「見よ。わたしはすぐに来る」が反響するのである（黙示録二二・一二）。

救い主

黙示録にある贖われた者たちの歌の中に、この偉大な言明がある。

> 救いは、玉座に座っておられるわたしたちの神と、
> 小羊とのものである。（黙示録七・一〇）

救いが神にあるということは、旧約聖書のイスラエルの信仰の中心的な主張であった。それが今やイエス・キリストにあるものとして祝うことができるということは、私たちのこれまでの考察において典型的だったこと、つまり、イスラエルの神を特定する重大な役割とイエスを同一視することである。

救いは、旧約聖書におけるヤーウェの最も主要な活動と特徴の一つである。実際、救いはこの神のアイデンティティを定義づけると言っても言い過ぎではなかろう。「この神はわたしたちの神、救いの御業の神」（詩編六八・二一）。最も古い救いの賛美の一つは、出エジプトのとき海を渡ったすぐ後にある。「主はわたしの力、わたしの歌／主はわたしの救いとなってくださった」と歌っている（出エジプト一五・二）。初期のヘブライ詩でヤーウェを形容する最古の詩的隠喩の中に、ヤーウェをイスラエルの救いの「岩」と表現するものがある（申命三二・一五）。詩編においてヤーウェは、ほかの何にも優って救う神である。それが神の存在そのものだからであり、神が一貫して、ひんぱんに、最善に行

っていることだからである。ヤーサーという語根が詩編に一三六回現れることで、旧約聖書におけるこの語根の全用例の四〇パーセントの所在がわかる。主は私の救いの神（八八・二）、私の救いの角（一八・三）、私の救いの岩（九五・一）、私の救い、私の栄誉（六二・七〜八）、私の救い主、私の神（四二・六〜七）である。しかも私の、というだけではなく、人間の、というだけでもない。この神は「人と獣の両方」を救う（三六・七）。「神学的に見ると、イスラエルの礼拝と教育は最高の形でヤーウェと救いを結びつけた」と言うロバート・ハバードは正しい[12]。捕囚により最も衰退した時期に、イスラエルが彼らの偉大な神に対する信仰を回復することを求めた預言者が、「わたしは主、あなたの神／イスラエルの聖なる神、あなたの救い主」（イザヤ四三・三）という表現で神を示すことによって、この偉大な信仰の遺産を思い起こさせようとしたことは、少しも不思議でない。

イェホシュア（ヨシュア、イェシュア、イエス）という名前は「主は救い」という意味である。神はナザレのイエスの到来を通して、約束していた救いの幕開けをイスラエルと世界にもたらそうとしていた。それは、イエスを通して罪と取り組もうとしておられたからである。イエスの出現に備えるために、洗礼者ヨハネは悔い改めと罪の赦しのメッセージを伝える一方（マタイ三・一〜六）、「世の罪を取り除く」方としてイエスを指し示した（ヨハネ一・二九）。マタイは御使いが伝えたイエスという名の説明、「この子は自分の民を罪から救うからである」（マタイ一・二一）という説明を記録している。しかし、ルカは救いを表す表現において、最も豊かにイエスの到来の周辺を飾っている。ルカは最初の三章で、七回救いに関する用語を使っている（ルカ一・四七、六九、七一、七七、二・一一、三〇、三・六）。主のキリストを見るまでは死ぬことはないと知らされていた老シメオンが、（おそらくは両親に名前を尋ねて）幼子イエスを腕に抱き、今や「わたしはこの目であなたの救い（イェホシュア）を見たからです」（同二・三〇）と神に感謝した時、そこに特に響くものがある。

救いの聖書的な意味をくみ尽くすとすれば、罪の赦し以上のものを含んでいる――ただし、神だけがそこから私たちを救うことのできる他のあらゆる次元のニーズや危険の最も深い根が罪であるから、罪の赦しは救いの最も深く重要な部分にある。しかし、福音書の物語でイエスのアイデンティティに関する疑問を最も速やかに、かつ明瞭に生じさせたのは、罪を赦すことができるという主張であった。中風の人の癒しを、その者の罪が赦されたという宣言と結びつけたために、イエスは「この人は、なぜ、あんなことを言うのか。神をけがしているのだ。神おひとりのほか、だれが罪を赦すことができよう」という憤りに満ちた質問に直面した（マルコ二・七、新改訳）。質問自体は無理もない。それでは、この出来事からイエスについて何を引き出すべきか。

行動は言葉以上に大きな声で語るものである。預言となるしるしを演じた預言者たちはみなそのことを知っていた。ろばに乗ってエルサレムに入る必要があるとイエスが決めた時も同様で（マタイ二一章）、それは彼が休息を必要としていたからでないことは確かである。ガリラヤからずっと歩いて来たのだから、最後の半マイルを徒歩で行くことはできたであろう。見る目を持ち、聖書を知っている者すべてにとって、その行動はゼカリヤ九章九節の預言を生き生きと実演することであった。

娘シオンよ、大いに踊れ。
娘エルサレムよ、歓呼の声をあげよ。
見よ、あなたの王が来る。
彼は神に従い、勝利を与えられた者
高ぶることなく、ろばに乗って来る……。

イエスについていく群衆たちは、なじみの聖書箇所にある救いを表す表現を使った。「ホサナ」と彼らは叫んだが、それは「今、私たちを救ってください」という緊急の叫びである。「主の名によって来られる」として歓迎する方に向かい、叫んだのである。「いったい、これはどういう人だ」とエルサレムに住む者たちは問うた。「この方は、ガリラヤのナザレから出た預言者イエスだ」という群衆の答えが返ってきた（マタイ二一・一〇〜一一）。その答えは確かに事実であるが的確ではない。なぜなら、その旧約テキストが期待していたのは、預言者がろばに乗ることによって、主ご自身が、ご自身の神殿に来る、ということだからである。そしてまさに次の日、神殿でイエスは、詩編八編三節の詩文にある子どもたちの賛美、神に向けられた賛美が、今神の御名によって来られる方に向けられていると認めたのである。

新約聖書の他の箇所でイエスに対して用いられている救いについての表現は、ごく普通のものでよく知られているが、イスラエルの神にのみ救いがあるとする、旧約聖書の深いルーツを考慮する時、それがいかに驚くべきことか間違いなく心に銘記しなければならない。新約聖書において「救い主」という語は、神について八回、イエスについて十六回用いられ、ほかの誰かに特定されることは決してないという事実は特筆に値する。ギリシア語のソーテール（救い主）は古代のギリシア・ローマ世界ではかなりよく使われた言葉であった。人間の王や軍事的勝利者、偉大な神々や神話の世界の英雄たちの両方に敬称として用いられた。しかし、新約聖書のキリスト教では違う。「救いは……わたしたちの神と、小羊とのものである」（黙示録七・一〇）という言葉だけでも、それに値する者はほかに存在しない。

最初期にイエスに従ったユダヤ人たちは聖書を敬虔に信じる者たちであって、ヤーウェだけが神であり、地上の神々の間に救いの源泉は存在しないことを知っていた。彼らがこのことを知ったのは、聖書、とりわけ申命記やイザヤ書がそのように告げるからである。しかし今や、彼らは自分たちと同時代人、ナザレのイエスが、彼らの神ヤーウェのアイデンティティそのものを共有しているという全き確信を抱いたので、神にのみ帰してきた救いに関する表現を同じようにイエスに使うことができた。ペトロは、ただイエスにのみ救いを見いだすことができ、天の下のいかなる名前にも見いだすことができないと宣言している（使徒四・一二）。このことは、同じ書物に記録されたすべての説教と一致しているし（同二・三八、五・三一、一三・三八参照）、最初の教会会議で決議されたことでもあった。「わたしたち（ユダヤ人）は、主イエスの恵みによって救われると信じているのですが、これは、彼ら異邦人も同じことです」（同一五・一一）。後にもう一人のユダヤ人信者は、イエスが救いの創始者、開拓者（ヘブライ二・一〇）、私たちの永遠の救いの提供者（同五・九）、自身を通して神に近づくすべての者に完全な救いをもたらす仲介者（同七・二五）であると述べている。旧約聖書の救いがヤーウェの形をとっているのと全く同じように、新約聖書の救いはキリストの形をとっているのである。

パウロが「私たちの救い主である神」「わたしたちの救い主であるキリスト」という句をテトスに宛てた小さな手紙だけで七回重ねるとき（あるいは合わせて「偉大なる神であり、わたしたちの救い主であるイエス・キリスト」［テトス二・一三］）、彼はこのテーマを響かせている。しかしながら、もう一つ他の箇所で、ヤーウェによる救いに関して語る旧約聖書のテキストを引用し、それを意図的にイエスに適用することによって、このことの聖書的神学的土台を水晶のように明らかにしている。

> 口でイエスは主であると公に言い表し、心で神がイエスを死者の中から復活させられたと信じるなら、あなたは救われるからです。……ユダヤ人とギリシア人の区別はなく、すべての人に同じ主がおられ、御自分を呼び求めるすべての人を豊かにお恵みになるからです。「主の名を呼び求める者はだれでも救われる」のです。（ローマ一〇・九、一二～一三）

旧約のテキストはヨエル書三章五節で、それは、神の裁きの大いなる日の来る前に自分たちの神に立ち返るイスラエル人に神の解放を約束している（ペトロもこの箇所を使徒二・二一で引用している）。パウロはイスラエルと共に異邦人にもアピールするように視野を拡大しているだけでなく（この宣教学的なポイントに、私たちは後に戻ることになる）、その約束が今や、イエスの名を主と呼ぶすべての者たちに与えられていると見ている。「イエスは主です」という偉大なキリスト論的言明を含む、すぐ前の文脈を考慮するなら、「主」（ヤーウェ／キュリオス）がイエスを指しているとパウロが言おうとしていることは疑問の余地がない。とっさの直観的な伝道で、フィリピの看守に「主イエスを信じなさい。

そうすれば……救われます」と迫るようにパウロを促したのは、救うことにおいてイエスとヤーウェが同一の方であるという根本的な確信であった（使徒一六・三一）。

主の御名を呼ぶことは、やはり深く旧約聖書にルーツを持つ行為でありテーマである。それはイスラエルの礼拝の偉大な伝統であり、ヤーウェを神として知る特権を構成するものであった。対照的に他の国民は「あなたを知らない国民／あなたの御名を呼ぶことをしない王国」（詩編七九・六、私訳）と表現することができた。パウロがその表現をイエスに結びつけたのが、ここだけである、ということは意義深い。イエスの名を呼ぶことは、そうすることで事実上主ご自身の名を呼んでいる（使徒九・一四、二一、二二・一六、Ⅰコリント一・二、Ⅱテモテ二・二二）ということを納得していなかったなら、彼らはユダヤ人であるから、間違いなく冒瀆として恐れ、尻込みしたであろう行為である。

こうして、イスラエルを救う神ヤーウェに対する彼らの信仰という、重い土台の上に立つ新約聖書が、神の救いの働きの頂点はイエスの人格と働きにあると見ているのである。そして、神のミッションは、旧約聖書におけるヤーウェの人格と意図にかくも中心的な一つの包括概念、すなわち救いに要約し得るものであるから、イエスとヤーウェの同一視は、イエスをその救いをもたらすミッションの真ん中に置くのである。

ヤーウェに対する詩編作者の確信に満ちた信頼の言葉、「われらの救いの神」は、「偉大なる神であり、わたしたちの救い主であるイエス・キリスト」の現れに対する、パウロの喜びに満ちた熱望（テトス二・一三）に等しいものであり、その内に反響している[13]。

イエスはヤーウェのミッションを成就している

こうして、新約文書の多くの脈絡が一貫して証ししていることによれば、イエスはイスラエルの主なる神であるヤーウェのアイデンティティを共有し、旧約聖書で唯一ヤーウェだけが有している絶対的な権能であった働きを実行しているのである。そこには特に、宇宙の創造者、所有者、すべての国民の審判者、自身に立ち返るすべての者たちの救済者としての神の役割が含まれる。こうした神のアイデンティティと活動のすべての次元に、新約聖書の信者たちはイエスの顔を見、神について語るのとまったく同じ用語で彼のことを語り、それにふさわしく彼を礼拝した。

しかし、それがどうしたというのか。

旧約聖書のイスラエルの唯一神信仰が、こうしたキリスト中心の形で拡大し、再定義されているという事実が、なぜ問題となるべきなのか。ヤコブが鋭く指摘しているように、(「あなたは『神は唯一だ』と信じている」とある)唯一神教それ自体は、悪霊たちが身震いしながら信じていること以上のものではないとすれば(ヤコブ二・一九)、あなたの唯一神教にイエスを加えるだけなら、どれほど新しいものをあなたにもたらすであろうか。新約聖書が「イエスは神である」と述べているに過ぎなかったと仮定してみよう。そのような命題に対する単なる知的同意に対して、「あなたは、イエスは神だと信じているか。よろしい! 悪霊たちもそう信じて、身震いしている」と、おそらくヤコブはコメントするのではないか。私が言いたいのは、もし旧約聖書の唯一神教と新約聖書によるキリストの神性の主張が単に信仰告白として残っているのであれば、宗教史家には興味深いかもしれないが、ヤコブに言わせると、働きのない信仰のように死んだものだ、ということである。

ここで私たちは、この章の道筋のあちこちで思い起こしてきた、この研究の宣教学的な狙いを再度強調する必要がある。旧約聖書が唯一の神として超越性を主張する、この神のミッションは何なのだろうか。また新約聖書のイエス告白は、イスラエルの神のアイデンティティと働きだけでなく、そのミッションに、どのように関わっているのだろうか。

神の意図はイエスを通してご自身を知らしめるところにある

こうした問いに答えるために、私たちは三章全体に関わっていたテーマ、つまり、地の果てまであらゆる国民に神として自らを知らしめるという、ヤーウェの断固とした意志に戻っていく。もちろん、旧約聖書を貫くものとして、神のミッションを表現できる方法はほかにも多くあり、鍵となるいくつかは、この書でこれから探求することになる。しかし、明らかなものとして私たちがすでに見ているものはこれである。神の救いの恵みを経験することを通してであれ、正しい神の裁きにさらされることを通してであれ、イスラエルは、どなたが生ける真の神であるかを知るようになった。また究極的には、同じ方法で諸国民もまた、悔い改めと救いと礼拝においてか、あるいは邪悪な反抗と滅亡においてか、ヤーウェのアイデンティティを知ることになる。「水が海を覆うように／大地は主の栄光の知識で満たされる」（ハバクク二・一四）。神のミッションはこのようなものである。

新約聖書では、あまねく自らを知らしめる神のこの意志が、今やイエスに集中している。諸国民に神が知らしめられるのはイエスを通してだ、ということになる。また、イエスを知ることにおいて、彼らは生ける神を知ることになる。言い換えれば、イエスがイスラエルの神のミッションを実現するのである。あるいは、逆に言うと、イスラエルを通してご自身を諸国民に知らしめることがミッションである、と宣言されていたイスラエルの神が、今やメシアを通して、つまりご自身の内にイスラエルを体現し、諸国民に対するイスラエルのミッションを実現するお方を通して、諸国民に知られることを望むのである。こうして、イエスがヤーウェのアイデンティティと働きとを共有しているあらゆる姿を、新約聖書がかくも注意深く詳述している事実は、こうした宣教的な展望において、はるかに明確な意義を持つことになる。というのも、まさしくイエスを創造者、支配者、裁き主、救い主として知ることによって、諸国民はヤーウェを知ることになるからである。イエスは、単に（使者がそうであるような）神の知識を伝達する媒介者ではない。彼自身が、その伝達の内容そのものなのである。イエスが伝えられるところで、神の栄光そのものが輝きわたるのである。

この世の神が、信じようとはしないこの人々の心の目をくらまし、神の似姿であるキリストの栄光に関する福音の光が見えないようにしたのです。わたしたちは、自分自身を宣べ伝えるのではなく、主であるイエス・キリストを宣べ伝えています。わたしたち自身は、イエスのためにあなたがたに仕える僕なのです。「闇から光が輝き出よ」と命じられた神は、わたしたちの心の内に輝いて、イエス・キリストの御顔に輝く神の栄光を悟る光を与えてくだ

さいました。(Ⅱコリント四・四～六[14])

福音は神についての知識を諸国の民にもたらす

パウロは自分自身が、諸国の民のために神が任じた使徒であり、神を知らなかった諸国民に生ける神を知る福音をもたらす務めを託されていると理解していた。しかし彼は、自分に与えられた個人的なミッションは、以前よりある神のミッション、自らを知らしめるという神ご自身の意志から出たミッションに完全に従属するものであると、はっきり見ていた。パウロがイスラエルの神のために、諸国民のためのミッションを果たす道を選択したということではない。イスラエルの神が諸国民に対するご自身のミッションのために、パウロを選んだ、ということなのである。これが、ダマスコで自分に与えられた委託に関するパウロの理解をルカが記録する仕方である。

アナニアは言いました。「わたしたちの先祖の神が、あなたをお選びになった。それは、御心を悟らせ、あの正しい方に会わせて、その口からの声を聞かせるためです。あなたは、見聞きしたことについて、すべての人に対してその方の証人となる者だからです。」(使徒二二・一四～一五)

わたしは、あなたを……彼ら(異邦人)のもとに遣わす。それは、彼らの目を開いて、闇から光に、サタンの支配から神に立ち帰らせ、こうして彼らがわたしへの信仰によって、罪の赦しを得、聖なる者とされた人々と共に恵みの分け前にあずかるようになるためである。(同二六・一七～一八)

その時からパウロは、福音にはいつもそれに固有な力があり、その宇宙的な広さと広がりに彼を押し流していくのを感じた。神はご自身を知らしめようとなさり、何もそこに立ち塞がることはできなかった。パウロはその過程でしもべに過ぎなかったのである。

神の言葉を余すところなくあなたがたに伝えるようにと、神が私に委託されたことにより、私はそれに仕えるしもべとなった。……あなたがたの間におられるメシア、栄光の望みであるこの奥義の栄光に満ちた富を、諸国民の間で伝えることを、神はよしとされた。（コロサイ一・二五、二七、私訳[15]）

ご自分を知らしめる神の意志のゆえに、福音伝播の制止し難い力はそれほど大きいので、福音があまねく伝わると確信したパウロは地理的な誇張法を用いている。

この福音は、世界中至るところで……実を結んで成長しています。（コロサイ一・六）

この福音は、世界中至るところの人々に宣べ伝えられており……。（同二三節）

この点についてボウカムは次のように述べている。

これらパウロの誇張法は単に「修辞上のこと」ではなく、世界大のゴールに向かっていく福音の執拗な力と、その力の中に個人的に召し入れられたパウロの抗し難い感覚を表現している。[16]

後にパウロは自分が受けた宣教への召しを振り返り、神を知らしめる祭司の働きとして、それを見ている。イスラエルの祭司の機能の一つは、神に関する知識に奉仕することにあった（ホセア四・一～六、マラキ二・七、歴代下一五・三参照)。パウロは類比によって自分の伝道を諸国民に対する祭司の務めと見ている。そして特に、「キリストの御名がまだ語られていない所に」福音を伝えることを自分は熱望していると、意義深く言い添えている(ローマ一五・一六〜二二、新改訳。諸国民の間における主のしもべについての知識を語るイザヤ五二・一五から引用していることに注意)。そしてさらに後になって、自分の働き全体を、ご自身を知らしめ救いをもたらそうとされる神ご自身の意志と、再び結びつけている。

すべての人が救われ、真理を知るようになることを望んでおられる、私たちの救い主なる神……。そしてこのことのために、信仰と真理において、私は諸国民の使者、使徒、教師に任命された。(Ⅰテモテ二・三〜四、七、私訳)

ここでパウロは、人を救う神の意志とそれを実行するパウロの役割の間に、シェマーを再度繰り返している。「神は唯一であり、神と人との間の仲介者も、人であるキリスト・イエスただおひとりなのです。この方はすべての人の贖いとして御自身を献げられました。これは定められた時になされた証しです」(同五〜六節)。こうして、パウロが宣べ伝えた神は、生ける真の神であり、イスラエルの神ただひとりであって、今やこの神が救いを与える方として全人類に知らせる手段は、メシアであるイエスの比類のない人間性と自己犠牲を通してなのである。

したがって、ここにあるものは、イエスの人格と使徒の宣教において結合している、聖書的な唯一神教とミッションである。

ヨハネにとっては、イエスのアイデンティティとミッションの、広く啓示をもたらす働きは、福音書の冒頭から強調され、書物全体で繰り返し語られ、ヨハネによる福音書一七章のイエスの偉大な祈りにおいて頂点に達するものである。「神を見た者はいない。しかし、比類のない神、父のふところにおられるお方が、神を知らしめたのである」と、ヨハネは自身のプロローグを結ぶにあたり書いている(ヨハネ一・一八、私訳)。神は子なる神の受肉を通して、ご自身を見えるようにされた。そこで、イエスを知ることは父を知ることであり(同八・一九、一〇・三八、一二・四五、一四・六〜

一一）、両者を知ることの内に永遠のいのちがあるのである（同一七・三）[17]。しかし、このイエスを知ることを通して神を知るということが、イエスを実際に見た人々に限定されてはならない。それどころか、その特権が彼らに与えられたのは、イエスを世に知らせるため、「あなたがわたしを遣わされたこと……を、この世が知るため」である（一七・二三、新改訳）。このようにして、実に祭司的な装いで、イエスは神に関する知識を、まず直接の弟子たちに、それから彼らを通して世に与えるのである。

わたしは、ただこの人々のためだけでなく、彼らのことばによってわたしを信じる人々のためにもお願いします。それは……あなたがわたしを遣わされたことを、世が信じるためなのです。……正しい父よ。この世はあなたを知りません。しかし、わたしはあなたを知っています。また、この人々は、あなたがわたしを遣わされたことを知りました。そして、わたしは彼らにあなたの御名を知らせました。また、これからも知らせます。それは、あなたがわたしを愛してくださったその愛が彼らの中にあり、またわたしが彼らの中にいるためです。（ヨハネ一七・二〇〜二一、二五〜二六、新改訳）

御子が御父に祈っている折にも、世に自らを知らしめるという神のミッションが、その思考を支配している。また、十字架につけられる前のイエスの祈りの中に言外に含まれていた弟子たちのミッション（同一八節）は、復活の後のイエスによる委託、「父がわたしをお遣わしになったように、わたしもあなたがたを遣わす」において、表に出てくる（同二〇・二一）。

こうして、ヨハネ福音書は「わたしの主、わたしの神よ」というトマスの信仰告白で頂点に達する（同二八節）。ここでトマスはヤーウェ礼拝においてのみ口に上った言葉をイエスに対して発している。この土台の上にのみ、ヨハネ福音書の目的が宣教にあると語る彼の結びの言葉は基礎づけることができる。「これらのことが書かれたのは、あなたがたが、イエスは神の子メシアであると信じるためであり、また、信じてイエスの名により命を受けるためである」(同三一節)。

ここに、弟子の唇と福音書記者の筆から出た聖書的唯一神教とミッションが存在するのである。

聖書的唯一神教とミッション

第三章と第四章が展開していく過程で、私たちは聖書的唯一神教の大きな広がりを概観した。諸宗教を分類する啓蒙主義のカテゴリーにおいて唯一神教をあらかじめ定義したり、その定義による唯一神教の概念化にイスラエルが達したとみなす際、仮定されている進化のプロセスを頭の中で再構築したりする誘惑に、私は出だしから抵抗した。私はむしろ、イスラエルが「ヤーウェは神であり、ほかに神はいない」と宣言したとき、彼らが何を言おうとしたのかを問う道を選んだ。私たちは特に、「神を知る」というダイナミックな経験を探求した。イスラエルは自分たちで、その歴史的経験に基づいてこのように主張し、他の者たちもあまねくこのような知識にいつかは到達することを予期していたのである。それから私たちは、旧約聖書のヤーウェ中心の唯一神教が新約聖書のイエス中心の唯一神教になる、驚くべき転換を考察した。この転換が、イスラエルの信仰の本質的なしるしを危うくすることなしに行われただけでなく、そのしるしを実際に主張し、展開することによって成し遂げられたのである。

これら二つの章を要約して結ぶにあたり、私たちが問う必要のある問いは、ミッションという解釈学的視点が、私たちが聖書的唯一神教と呼ぶものにどのように光を当て、その内にあるダイナミックな力と究極的な意味を私たちが言葉で表現するのを可能にしてくれるのか、という問いである。あるいはもっと簡単に言うと、なぜ聖書的唯一神教はミッション的なのか、という問いである。それに対する答えとして、三つの理由を挙げることができよう。第一に、ご自身を神として知らしめる神の意志のゆえ。第二に、聖書的唯一神教がいつでもしてきた、また今日も続けている絶え間ない格闘のゆえ。第三に、聖書的唯一神教の最高の表れは礼拝と賛美であるが、それは少なくともこの世界では、深い意味で宣教の働きだからである。

聖書的ミッションは、ご自身を神として知らしめる神の意志によって推進される

「神を知る」というテーマが三章と四章を結ぶ一つの糸として意図的に選ばれたが、それは聖書的唯一神教の推進力として、これ以上に適切なものはないと思えるからである。ひとりの生ける神が、自らが創造されたもののすべてを通してご自身を知らしめることを望まれる。世界はその創造者を知らなければならない。諸国の民は自分たちの支配者、裁き主、救い主を知らなければならない。これが出エジプト記におけるエジプト脱出の物語の主要な脇筋（subplot）であるが、この偉大な出来事の後代の回想は、諸国の民の間でヤーウェを偉大な名とするという主要な目的を繰り返し強調している（たとえばヨシュア二・一〇～一一、サムエル下七・二三、詩編一〇六・八、イザヤ六三・一二、エレミヤ三二・二〇、ダニエル九・一五、ネヘミヤ九・一〇）。「そこで、出エジプトは、イスラエルの神としての神固有のアイデンティティと、諸国の民にあまねく自己を啓示しようという神の意図をつなぐパラダイムである。[18]」その後のヤーウェの偉大な働きは、同じ意図で記録されている。その働きとは、ヨルダン渡河（ヨシュア四・二四）、ゴリアトに対するダビデの勝利（サムエル上一七・四六）、神がダビデと結ばれた契約（サムエル下七・二六）、ソロモンの神殿で祈りに答える神（列王上八・四一～四三、六〇）、アッシリア人からエルサレムを救う神（列王下一九・一九、イザヤ三七・二〇）、捕囚からイスラエルを連れ戻す神（イザヤ四五・六、エレミヤ三三・九、エゼキエル三六・二三）といったことである。イスラエルの歴史全体が、全地で神を知る知識のショーウィンドウとなるように意図されていると言えよう。その理由で、物語が世代から世代へと語られていかなければならないのである。

地の果て果てもみな、思い起こし、
主に帰って来るでしょう。

また、国々の民もみな、
あなたの御前で伏し拝みましょう。……
主のことが、次の世代に語り告げられよう。
彼らは来て、主のなされた義を、
生まれてくる民に告げ知らせよう。（詩編二二・二七、三〇～三一、新改訳〔新共同訳では二八、三一～三二節〕）

リチャード・ボウカムは、ここに聖書啓示における主要な宣教の道筋の一つがあると見ている。「この道筋は根本的に、神は誰なのかという知識に関するものであり、ご自身が神でいますことをヤーウェが諸国民に表明することである。」神についてのこのような見解に対して今日なされる可能性のある反対論を意識して、ボウカムは以下のように続ける。

このように自己宣伝を願い、実行する神を描くことには困難が伴うかもしれない。そのようなことが人間について言われるとすれば、私たちは自己追求の虚栄や野心とみなすであろうから。しかし、これがまさしく、実のところ神にだけは妥当な、人間的類比の一つなのである。神に造られた人間にとって望ましいことは、神が神として彼らに知られることなのである。神が神でいますことを諸国の民に表すことには、何の虚栄もなく、ただ真理の啓示があるのみである。(19)

このポイントから、三つの宣教学的結論の第一のものに私たちは導かれる。

被造物にとって望ましいことは、人間が神を知ることにかかっている――第一に、ボウカムの言葉を繰り返せば、

「神に造られた人間にとって望ましいことは、神が神として彼らに知られることなのである。」私たちはこれに、全被造物にとって望ましいことは、神が創造者として知られ、賛美されることを要求することである、と加えることができよう。人間の罪のために、被造物がこの主要な役割と務めを果たせなくなったことは、全被造物が人間の贖いを切望している理由の一つである（ローマ八・一九〜二二）。しかし、ここでは人間の次元に限定しておこう。神が神であることを知ることは、神のかたちに創造された人間にとっては至高の善であり祝福である、という要点を強調することはきわめて重要である。その知識を拒否したり抑圧したりすることが、他のあらゆる種類の罪の根底にあると、パウロはローマの信徒への手紙一章一八〜三二節で論じている。反対に、愛と従順をもって神を知ることは、人間のあらゆる幸福と善の源泉である（申命四・三九〜四〇）。完全に満ちあふれ、永遠に存在するいのちそれ自体が、神を知ることと愛することの内に存在する（同三〇・一九〜二〇、ヨハネ一七・三参照）。私たちが創造されたのはこのことのためであり、それ以下のものは神の栄光に達しない。ウェストミンスター信仰告白は「人間のおもな、最高の目的は、神の栄光をあらわし、永遠に神を全く喜ぶことである」と、実に簡潔かつ聖書的にそのことを表現している。神を知ること、またそれによって完全に人間であるということが何なのか、その至高の務めと祝福を要約しているのである。したがって、私たちの宣教の務めが神を知らしめることである限り、まさにその事実そのものによって、その務めは人に祝福と善をもたらすことでもある。「主は善なる方」なのだから。宣教は、すでに重荷にあえいでいる人間にもう一つ宗教的束縛を押しつけることではない。「この方を知ることの内に私たちの永遠のいのちがある」とある、[20]その生ける真の唯一の神を知ることによる解放を分かち合うことなのである。

被造物にとって良きものは、人間が聖書の神を知ることから来る――第二に、この良きものは、ひとえにこの神、聖書的唯一神教の生ける人格的な神を知ることから来る。聖書的なミッションは必然的に聖書的唯一神教を要求する。宣教は、生ける神に関する聖書的な啓示を、その神のアイデンティティや性質、働き、救いのみわざのすべてと共に知らしめることを意味している。宣教は、いわば、聖書全体が伝える神の伝記を分かち合うことを意味している。聖書的唯一神教の人格的、倫理的性格は他には見られないもの、明瞭なものである。私たちが考察したように、単に神の唯一性を信じるだけという、抽象的な唯一神教は、大した結果をもたらさない。そのような信仰は、イスラエルが、たとえば出エジプトやシナイ山の経験から学ぶべきであった範囲とも違っていた。こうした出来事の目的は、イスラエルが天の算数を知ることではなく、彼らが唯一「神」でいます方、ヤーウェのアイデンティティとご性質を知ることにあった(申命四・三二〜四〇)。この方が、義、憐れみ、聖、誠実、愛、真実、そして絶対的な力を有する神として彼らが知るべきであった神である。ひとりの神がこうした性質をお持ちであることが、彼らの物語の中身、彼らの律法を支えるもの、彼らの礼拝の雰囲気全体の舞台、彼らの預言者たちの重荷、彼らの知恵の土台であろう。そしてこの方は、旧約聖書の最も唯一神教的な小冊子において、義と憐れみと解放と啓蒙に対する献身のゆえに身代わりの苦難と死に至るしもべとして、諸国民にご自身を知らしめると約束なさった神なのである(イザヤ四二〜五三章)[21]。またそれが成就し、この方は、その超越的な無比性が肉をとり、恵みと真理に満ちたイエスの人間性において、私たちの間に住まわれた神なのである。人々にとって「良き」唯一神教は唯一、この神を知ることである。それゆえに、神はまことにそうであるところの神として、ご自身を知らしめることを望まれるのである。

ご自身を知らしめる神の意志が、神を知らしめる私たちのミッションの原動力である——第三に、神がご自身を知らしめることを望まれるという、この偉大な聖書のダイナミックスが、神を知らしめる神の民のミッションのすべての努力に先行し、下支えしている。ここで再び、私たち自身のミッションの源泉として神のミッションが優先していることに私たちは気づく。旧約聖書において、生ける神であるヤーウェの知識が諸国民に広がることを神ご自身が明らかに意図しておられ、それを切望しているものとして神が描かれていることを、私たちは見いだす。新約聖書においては、このプロセスのメカニズム——メシアとしてのイエスの福音を使徒が証しし、諸国の民を弟子とするためにイエスの弟子たちを遣わすというメカニズムが啓示されていることを見いだす。こうしてパウロは、「諸国民に真の信仰を伝える教師」と自らを表現することができたのである（Iテモテ二・七、IIテモテ一・一一、私訳）。「新約聖書における諸国民に対するミッションはまた、真の神を彼らが認め礼拝することを目指している（Iテサロニケ一・九、使徒一七・二三〜二九、黙示録一四・七、一五・四）。それに伴う救済を目指す以前からそうなのである。[22]」

そこで、神を知らしめようとする私たちの宣教の努力すべてが、知らしめる神ご自身の先行する意志の枠組みの内に置かれなければならない。神ご自身が起こるようにと望まれることを、私たちは成し遂げようとしているのである。このことは、私たちを謙虚ならしめると共に元気づけもする。ご自身を知らしめようとする神の決断がなければ、私たちのすべての努力が無駄になることを、私たちに思い起こさせるゆえに、それは私たちを謙虚にさせる。私たちは神を諸国民に知らしめるミッションの創始者ではないし、どのようにしたらその課題が完全に実現できるか、いつ完成したとみなすことができるかを決めることも私たちの力の内にはない。しかしまた、それは私たちを元気づけるものでもある。というのも、私たちのぎこちない努力や不適切なコミュニケーションすべての背後に、愛に満ちた自己啓示をもって手を差し伸べる生ける神の至高の意志が存在し、信じ難いほど積極的に見えない眼を開き、証人たちという土の器に盛られた福音の宝を通して栄光を表してくださるからである（IIコリント四・一〜七）。

聖書的唯一神信仰には絶えずキリスト論をめぐる戦いがある

人間の宗教的な発展に関する進化論的な理論がずっと気軽に語るアプリオリな主張の一つは、文化が唯一神教の高所に到達するには長い時を要したかもしれないが、唯一神信仰それ自体には、実に自明な確信に満ちた力があったので、人は反対方向に向かって、宗教の多神教的な形式に逆戻りすることは決してなかったという主張である。唯一神信仰は熟慮する人や文化であればそこから降りようとは思わない高原であった。人々が主張する宗教的成熟という進化のプロセスには逆戻りは考えられなかったのである。

しかしながら、ボウカムが説得力のある議論を展開しているように、イスラエル宗教史のはるかに雑然とした叙述を正典の諸文書が示している理由は、聖書的唯一神信仰は、一度垣間見れば決して放棄できない自明な眺望では全くなかったという事実にある。むしろ、旧約聖書が繰り返し描いているように、それは絶え間ない戦いの場であった[23]。旧約聖書から新約聖書に移ると、同じ戦いが、イエス・キリストに関する主張をめぐって行われていることに、私たちはただちに気づく。イスラエルにおける異議や反対をも超えたヤーウェ中心の唯一神信仰に比べると、キリスト中心の唯一神信仰はそれほど自明であったわけではない。ヤーウェのみが天地の神、世界の創造者、あらゆる国民の支配者である事実が、イスラエル周辺の国々に明らかでなかったのに比べ、イエスのみが主、神、救い主であるという事実は世に対してすぐに明らかになるということではない。これらのことは、まさしくイスラエルが証しするように召され、キリスト教のミッションが世に対して宣言する真理だったのである。

そのようなわけで、聖書的唯一神信仰が宣教的である理由の一つがここにある。それは私たちが絶えず証しするように召されている真理である。それは、旧新約聖書の生ける神に対する信仰を私たちが告白することによって、何を言おうとしているのかを明らかにし擁護する、弁証論的課題に絶えず私たちを向かわせる確信である。新約聖書が記録しているように、キリスト信仰の最初期から信徒たちは、キリストの主権に対する教会の外側からの異論と論争し、キリストの人格とみわざのある側面に対する内側からの拒絶や混乱と論争しなければならなかった。これまで同様今日も、ナザレのイエスが唯一の神、主、救い主であると主張することは、あらゆる方面での宣教の戦いにただちに携わることになるのである。

しかし、イエス・キリストが無比であると言うことは、何を意味することになるのか。その表現はあまりにも曖昧で、故意の誤解や歪曲にさらされてしまうと論じる者たちがいる。もちろんイエスは「無比の方だ」と、宗教多元主義者は口を合わせて言うかもしれない。どの宗教も、どの偉大な宗教的指導者も無比である。彼らはみな比類のない洞察を、(多元主義者の言葉を借りれば)「究極の神的実在に触れて救い」を得るように比類のない機会を提供してくれる。しかし、言葉をこのように使うことで、イエスが無比の方だと言うことは、「宗教的指導者」「神的存在に触れて救われるように仲立ちをする存在」という特別な人種の無比の実例だということ以上のものではなくなる。イエスは、人が「神」という言葉で語るものを見いだす多くの可能な方法のうちの一つの（無比な、つまり他と異なる）方法だということである。こうして、すでに指摘されているように、イエスの無比性を語る言語が、「多元主義の利用するトロイの木馬〔正体を偽って潜入し、破壊工作を行う存在〕」となってしまう。あなたも無比という語を用いることにより、その語を喜んで使う者たち、それも相対化された多元主義的方法で使う者たちが、語彙の中に、まさかと思うような歓迎し難い神学的前提をたくさん取り入れるのを許してしまうかもしれない。

したがって、この二つの章を通じて、聖書的唯一神信仰で私たちが何を意味しているかを正確に表現してきたことが、さらにいっそう重要になってくる。また特に、ヤーウェの無比性ということで私たちが何を言おうとしているかを、ボウカムが明らかにしてくれたことに、感謝している。というのも、旧約聖書本文は「神々」という種族の多くの神々の仲間の、一つの無比な神であったと言おうとしてはいないからである。むしろ、ボウカムが「超越的唯一性」と呼ぶものにおいて、ヤーウェは独自の存在（*sui generis*）、つまり神そのもの（*the* God）、宇宙の唯一の創造者、諸国民の支配者、裁き主、救い主として、まったく群を抜いた存在であった。そして新約聖書は、ナザレのイエスについて、まさしく同じ主張を繰り返し語っている。イエスを、他のものを排して、単一で超越的な枠組みの中に置き、そのように教える旧約の本文をしばしば引用するのである。

こうして私たちがキリストの無比性を宣教学的に語るとき、他の宗教の偉大な創設者たちとイエスについて、ある種の水平的な比較をしているわけではない。それらを一緒に並べて、そうした比較のプロセスの最後に、何らかの意味でイエスは他のすべての者たちより優れている、あるいは、あまり比較などせずに、「イエスは私にとってただひとりの方」という結論に達するということではない。むしろ、イエスのアイデンティティとミッションと働きの聖書的ルーツを垂直にさかのぼり、イスラエルの聖なる方であるヤーウェの無比性に深く到達するのである。キリストを中心とする聖書的唯一神教は全く宣教的であるが、それは、上は天において、また下は地においてヤーウェは神であり、ほかに神はいないと語り、しかも、イエスは主であり、天下において私たちが救われるためのほかの名は人間に与えられていないと、(二つの言明は結局のところ紛れもなく同じ主張となるので) 同じ力を込めて語るからである。[24]

聖書的唯一神信仰は賛美を生み出す

聖書的唯一神信仰自体が導く目的地と同じ地点、すなわち頌栄で、私はこの章を結ぶべきであろう。それはキリストの名において、また名を通して、この偉大な神を礼拝し賛美することである。

詩編の表題はヘブライ語でテヒリーム、「賛美」である。たとえ詩編の最も大きなカテゴリーが嘆きの詩編であるとしても、表題は賛美である。旧約聖書において賛美は、単に幸せであること、感謝であることについてだけでなく、困難な時も含む人生のすべてにおいてひとりの生ける神がおられる現実を認めることに関わっている。そこで、たいていは心に悩みを抱えている嘆きの詩編においてさえ、賛美に向かう動きが存在するのである。まさしく詩編全体が、初めの方のセクションでは嘆きと嘆願の詩が優勢であるが、最後のセクションでは、ほとんど完全に賛美が支配するものへと変わっていく。パトリック・ミラーが心暖まる有益な論文でその点を説明している。

詩編を読み進むと、最終的な言葉である神への賛美に徐々に導かれていくことになる。……それは神論的にそうなのである。というのも、人間の他のいかなる行為にもまして、賛美において神が見られ、あらゆる豊かさと栄光に満ちた神であることが宣せられるからである。それは終末論的にそうなのである。というのも、すべてのものの最後の言葉は、全被造物による神に対する告白と賛美だからである。[25]

こうして、イスラエルの信仰の唯一神教的な力とイスラエルの礼拝の栄光に満ちた豊かさの間には緊密な関係がある。

イスラエル人はヤーウェが「神ご自身」――かくも輝かしいご性質をお持ちで、かくも確固とした救いのみわざをなされ、かくも信頼できる真実の神――であると知っているから、唯一の正しい応答は賛美のほとばしりなのである。また彼らは、ヤーウェが唯一の神であると知っているから、普遍性の大きなうねりがあって、それがイスラエルの礼拝全体に広がっていく。そして、この普遍性の次に意味するところは、すべての国々の民が、実にすべての被造物がイスラエルの神を礼拝しに来なければならないということであり、彼らを礼拝に召すことができるということである。そしてこれは、一言で言えば、たとえ外に向かう宣教命令がないとしても、宣教的なパースペクティブである。ミラーは、イスラエルの礼拝が神学と証しを、宣言と回心への期待をどのように結合しているかを示すことによって、この点を主張している。

旧約聖書における神への賛美は、いつでも神について語る礼拝である、つまりは神論である。また、他の人々をこの神を礼拝する人々の輪の中に招き入れようとする宣教、つまりは回心を求めての証しである。……多分、旧約聖書の多くの読者の心にそれほど明瞭ではないことは、神への賛美が、旧約聖書神学の普遍的な、回心に関わる次元を最も顕著に拡大した表現だという事実であろう。もし、目に見えるイスラエルの共同体に個々人を導き入れようとする改宗のプログラムを提案して資料を歪める危険がなければ、人は宣教の意図を語りさえするかもしれない。それは事実ではないが、すべての人をイエス・キリストの弟子となるように回心させようとする、新約聖書の福音宣教において花開き繁茂しているものは、神の善と恵みを伝える旧約聖書の宣言の内に予期されていたことなのである。[26]

こうした宣言的な賛美の力は、究極的に、水平方向に最大限広がって諸国の民にくまなく達するのみならず、垂直方向にも最大限広がって将来の世代に及ぶ。また、宣言されていることを成し遂げるための宣教のメカニズムを造り出したり、考え出したりすることがなくても、イスラエルの礼拝におけるこの幻の広さは、含みとして確かに宣教的なものである。

（イスラエルの礼拝において）主が賛美され、証しされる。人類がみな神を賛美するように、そしてイスラエルの主を認めて礼拝するようにと招く証しである。この神の主権の及ぶ範囲は普遍的で、あらゆる存在にイスラエルの神を礼拝するように回心をもたらすことになるという主張の内に、イスラエルの賛美の政治的終末的狙いを見る。諸国と諸国民に向かって主を賛美するようにと呼びかけるこの呼びかけは、偶発的なことでも例外的なことでもない。それは詩編の至る所に見いだされる。「全地」（三三・八、六六・一、九六・一、九七・一、九八・四、一〇〇・一）、「多くの島々」（九七・一）、「世界に住む者は皆」（三三・八）、「すべて肉なるもの」（一四五・二一）、「民」（四七・二、六六・八、六七・三、四、五、一四八・一一、申命三二・四三）が主を賛美したたえるようにと、何度も何度も呼びかけられている。こうした賛美の歌に回心を促す性格があることは、第二イザヤにおいて明らかである（イザヤ四五・二二～二五）。（しかし、詩編二二・二三～三二では）証しの力はそこで終わらない。イスラエルを越えて、「国々の民もみな、あなたの御前で伏し拝む」（二七節）ことになる。しかも賛美の輪はそれで尽きない。まだ生まれていない世代ばかりでなく（三一～三二節）、すでに死んでいる者たちも主を賛美することになるからである（三〇節）[27]。

新約聖書が、イエス・キリストを通して人類全体、被造物全体が神を賛美するという同じヴィジョンを共有している事実をつけ加える必要はほとんどない。フィリピの牢獄でパウロとシラスが賛美をしていたことを考えれば、ヨーロッパの教会は回心をもたらす賛美の力によって誕生したと言っても過言ではないだろう（使徒一六・二五。Iペトロ二・九参照）。

Let the Nations Be Glad という書物の優れた書き出しのところで、ジョン・パイパーは「ミッションは教会の最終

ゴールではない。ゴールは礼拝である。礼拝が存在しないゆえにミッションが存在するのである」と書いている[28]。

これは至言であり、もちろん根本的に正しい。新しく創造される世界は、賛美に包まれるであろう。一方、被造世界全体を贖う神のミッションが完成すれば、そこから派生する私たちの歴史におけるミッションは終わることになる（新しく造られる世界において贖われた人類に神がどのようなミッションを用意しておられるかは、誰も知らないが！）。賛美が存在しないゆえにミッションは存在する。確かに、そうなのだ。ミッションは、まだ生ける神を賛美していない者たちがそうするように導くことを意味するからである。

しかし、もう一つ同様に聖書的な意味において、私たちは賛美が存在するゆえにミッションが存在すると言うことができよう。教会の賛美は、教会をミッションに向けて力づけ、特徴づけるものである。また私たちのミッションのすべてが、先行する神のミッションに対する従順な応答、また参与として生じてくる――私たちの賛美がすべて、先行する神のリアリティと行為に対する応答であるのと全く同じように――という事実を、賛美が絶えず想起させてくれる。そのような想起を私たちは大いに必要としている。賛美は、創造された秩序が自身の創造主に対してとるべき、存在の適切かつ主要なあり方であり状態である。こうして、私たちのミッションが神に対する私たち造られたものの応答の一部であるかぎり、賛美は私たちの存在の一部となるはずだ。

私たちは、詩編の多くが有している普遍性と宣教的な意義を第一四章で再び取り上げることになる。本章と前章における概観を終えるにあたり、聖書に見いだされるミッションのモデルの内に、（これまで使い過ぎてきた軍隊のモデルに加えて）諸国民の間で新しい歌を歌うという概念があることを確認しておけば、さしあたり十分である。ミッションは地のすべての人々を、神の未来という音楽を聞き、今それに合わせて踊るように招くことを意味しているのである。詩編九六編が私たちに思い起こさせてくれるように、

- これは、古い言葉をミキシングし直した新しい歌である。神がその民のためになされたことの古い物語を祝うこと

だから。（一〜三節）

- それは、古い神々を根底から除く新しい歌である。以前はそれらを拝んでいた者たちが、今やすべての者を、主の大庭に運び来たる。（四〜九節）
- それは、古い世界を、主の統治により期待できる義と歓喜に変える新しい歌である。（一〇〜一三節）

唯一神信仰は、それが賛美を生み出すゆえに、また賛美を世界に広げるゆえに、宣教的なものである。その賛美は、ひとりの生ける真実な神、その恵みと裁き、とりわけご自身のメシアを通して知られる神をたたえるものである。

それだから、キリスト教という唯一神教の宣教的な性格は、風土病のような宗教帝国主義、つまり軍隊式の勝利主義から生じるものではなく（さまざまな時期にどれほどそのウィルスに感染してきたとしても）、旧約聖書のイスラエルの内にある私たちの信仰のルーツから、唯一の生けるまことの神に対する彼らの信仰から生じるものである。それは、世に対する神の愛から出たミッションがイスラエルの選びと教会の派遣をもたらしたという信仰である。諸国民を祝福しようという断固とした決意のゆえにアブラハムを選ばれたのは、この神であって、他のいかなる神でもない。この世を愛してくださったゆえにご自身のひとり子を遣わされたのは、この神のみである。この神のみがキリストにおいて、世をご自身と和解させてくださった。そして、イエスが「あなたがたは……地の果てにまで、わたしの証人となります」と告げた人々に、和解のミッションとミニストリーを委託されたのは、この神である。以上が聖書的唯一神教の宣教的性格である。

第五章　生ける神は偶像崇拝と対峙する

聖書に示されている一神教は、必然的に宣教的である。唯一の生ける神は、自らが創造したものすべてが至る所でご自身を知り、礼拝することを願っているからだ。そして、聖書に示されている宣教は、必然的に唯一神教的である。すべての民にこの唯一の生ける神を賛美するよう呼びかけ、すべての被造物と共にこの方を賛美する責任が私たちにはあるからだ。それでは、一神教が宣教的であり、宣教が唯一神教的であるならば、聖書のあちらこちらに見いだされ、今もさまざまな形で私たちを取りまいている、唯一の神以外の神々をどのように考えるべきだろうか。本章においては、イスラエルの神以外の「神々」と呼ばれる数多くの存在を人々が礼拝している現象を、聖書はどのように扱っているかを検討する。「偶像は正確にはどのような存在なのか」が本章の課題である。そして、第六章では、偶像崇拝という現象への宣教的な対応とは何か、という疑問について考える。したがって、「偶像や神々の関わりを踏まえて、私たちはどのように行動すべきだろうか」が第六章の課題となる。私は、「偶像崇拝」という聖書的なカテゴリーは、表面的にしか理解されなかったり、単純すぎる方法でしか対応されなかったりする危険性を持っていると長く思ってきた。しかし、聖書に示されている唯一神教を聖書的かつ宣教的にしっかりと記述するならば、「偶像崇拝」はこの唯一神教の、否定的かもしれないが根本的な一面であることがわかる。したがって、キリスト者による、細かい所に目の届く本物の宣教には、これまでよりも深い偶像崇拝理解が欠かせない。

神々の逆説

重要な存在か、価値のない存在か

像はそれだけで十分に現実的な存在である。彫像や鋳像は長さ、高さ、幅をもってこの世界に存在している。しかし、その像が表現していると人々が信じている神（もしくは神々）はどうだろうか。彼らは存在するのか。彼らは重要な存在なのか、それとも価値のない存在なのか。イスラエルは、自らの神との関わりを踏まえた上で、これらの神々について何を信じていたのだろうか。旧約聖書学者たちは、長い間この最後の疑問について議論し続けてきている。まず、彼らは宗教の一般的な定義に従って唯一神教を「神である存在は唯一であると信じ、その結果、他の神々の存在をいっさい否定している信仰」と定義した。そして、この定義に当てはまるような唯一神教にイスラエルがどのようなプロセスで、いつ到達したのかについて研究を進めてきた。イスラエルの民は、どちらかというとかなり排他的な表現でヤーウェへの献身を明らかに表現している。しかし、このことは、ヤーウェが礼拝を禁じた他の神々の存在そのものさえもイスラエルの民が否定していたことを意味するのだろうか。

旧約聖書学者たちは、この疑問に対する古典的な解答を、進化的もしくは発展的な理解に基づいて呈示してきた。その一つに、ロバート・ヌースが近年まとめ、再総括し、再出版した研究がある。[1] 変遷の正確な時期に関しては意見は分かれるが、ヌースは、イスラエルの宗教史を多神教（ヨシュア二四・一四で容認されている立場）から始まって、単一神教（ヤーウェだけを礼拝することがイスラエルには要求される一方で、他の諸国が礼拝している神々の存在を容認する立場）を経て、進化のプロセスの最終的で、かなり後期になって初めて到達した結論である標準的な唯一神教（ヤーウェ以外の他の神々の存在をはっきりと否定する立場）に至ったと考えている。

第一のステージ（多神教）および第二のステージ（単一神教）が旧約聖書に描かれているイスラエルの歴史の大部分を占めていた、と考える学者たちがいる。彼らの意見を概観してみよう。イスラエルの民の宗教は、当初、カナンの民の宗教と事実上全く区別できなかった。その後、大きな力がイスラエルに数世紀にわたって働き、ついにヤーウェとの間に立てられた国家としての契約にのみイスラエルは忠誠を尽くすようになり、「他の神々のあとについて行く」ことがなくなった。イスラエルの民を誘惑し、彼らがそのあとについて行く可能性を持つ他の神々は、おそらく存在しただろう。たとえば、申命記の伝統でさえ神々の存在を否定せず、むしろ前提としているからこそ、「他の神々」（エロヒーム・アヘリーム）という申命記特有の表現を用いている、とヤイール・ホフマンは論じている。「この表現は……イスラエルの神との差異を映してはいるものの、これらの神々がイスラエルの神と本質的に異なる霊的存在であるとみなされていたことを証明するわけではない。……彼らが他の神々であるのは、われわれの神ではないからだ。[2]」最終的には、捕囚期後期（イザヤ四〇～五五章がこの時代であると考えられている）になって初めて、「ヤーウェ以外の神々は存在しない」とあらゆるイスラエルの民が、表現は異なれども、語るようになった。[3]最後のステージになって初めて、「ヤーウェという唯一かつ排他的な住人にしか住むことのできない家」を神の概念として心に描くに至ったのだ、と。

この観点に立つなら、「イスラエル宗教において他の神々が存在したのか」という質問の答えは、イスラエルの歴史の流れのどの時点に関してこの質問が投げかけられたかによって変化する。イスラエルのある民の所に行って、「ヤーウェ同様に他の神々がいると信じていますか」と質問することができたとしよう。歴史批評学のコンセンサスに則ると、この質問に「当然そうです」と民は長い期間にわたって答えたと考えられる。「数多くの神々は存在する。ヤーウェはそのひとりであり、力のある神だ。だからこそ、われらの神がヤーウェであることは何よりも嬉しい」。国家が主と契約を結んだ結果、「主以外の神を神としない」という排他的な考えが導入され、さらに預言者や改革的な申命記的グループによってこの考えが強調された時代ならば、「ヤーウェ同様に他の神々がいると信じていますか」という質問に人々はどう答えるのだろうか。「はい、諸国の民には確かに彼ら独自の神々がいます。けれども、ヤーウェこそがイスラエルの礼拝すべき唯一の神です。この契約を守らないならば、ヤーウェは怒り、私たちは悲劇に直面するでしょう」が答えであると考えられる。この見方はよりリベラルで、広く浸透していた多神教と長期にわたって激しく衝突した。しかし、捕囚期後期ならびに捕囚期以降、ペルシア帝国「公認の」ヤーウィズムのグループが最終的に他のグループを抑え込むに至った。そして、「ヤーウェ同様に他の神々がいると信じていますか」という質問に対する答えは、明確な「いいえ」となり、「ヤーウェだけが唯一の神であり、他の神々は現実には存在しません。神々と呼ばれているあらゆる存在は、実際には実存していないのです」と人々は語るようになった。

進化的もしくは発展的な観点からイスラエル宗教の変遷を上記のように記述するならば、それは確かに直線的で、すっきりしている。しかし、逆にすっきりし過ぎているからこそ、この記述には問題がある。「他の神々は存在するか、存在しないか。神々は重要な存在か、価値のない存在か。神々はヤーウェと同じくらい重要な神であるのか、それとも、神々はヤーウェとは異なり、神としての価値などないのか」という単純な二者択一に持ち込めるほど、先に挙げた質問（もしくはそれに対する回答）は単純なものではない。

イスラエルの唯一神教を考えるにあたってより大切なのは、他の神々について「これは誤りである」と主張されている点ではなく、ヤーウェについて「これが真実だ」と強調されている点である。それでもなお、ヤーウェについてのある主張は、当然、他の神々に関する別の主張にその影響を必然的に及ぼす。「申命記は他の神々の存在を否定していない」とネイサン・マクドナルドは主張している（そして、啓蒙時代が生み出した上述の分類法――この分類法を旧約学研究に用いることは不適切であり、むしろ有害であるというマクドナルドの見解は正しいのだが――に基づくなら、申命記は形式的には唯一神教的ではないとも彼は主張している）。この見解に対してリチャード・ボウカムは論評と異議を唱えている。そして、微細な点にも十分に注目しながら、彼は以下のような意見を述べている。

ヤーウェがイスラエルのためになした行動から、イスラエルが諸国の神々と明確に異なるヤーウェの特徴として認識できたのは、ヤーウェが「神（the God）」、または「神々の中の神」である点だ。世界の隅から隅に至るどこにおいても無比無敵の力をヤーウェが持っていることがおもに表現されている。地と天と天の天は彼のものである（申命一〇・一四）。それとは対照的に、諸国の神々は無力で、取るに足らない。自分の民さえも防御できず、彼らを救い出すこともできない。これこそがモーセの歌（特に同三二・三七〜三九参照）のメッセージである。さまざまな神々が存在する中で、至高の神（ヤーウェ）と、それに従属しかつ無力な神々を区別する必要がある。そこで、「神（the God）」と「神々の中の神」という用例とそれに対照的な蔑称としての「神でない存在」（同一七節［ロ・エロアハ］、同二一節［ロ・エル］）と「彼らの息の一吹きに過ぎない存在」（同二一節［ハベレヘム］）という用例が生み出された。他の神々は「神々」と呼ばれてはいるが、彼らはその名にふさわしくはない。何らかの結果を生み出すような行動をこの世界で彼らは起こすことができないからだ。ヤーウェだけが最高の力を持つ「神（the God）」である（同三九節）……。他の神々の存在を申命記が否定していないことに気づいても、それだけではまだ十分ではない。マクドナルドが譲歩しつつも認めた、申命記の「神に関する教理」が当然保持している存在論的暗示に注目するならば、「神々」に関する古い分類の真っただ中を突き抜ける存在論的区別、つまり「ヤーウェだけは別格である」という区別が申命記の神に関する教理から当然導き出されることにも気がつくはずだ。[4]

さて、「神々は重要な存在か、価値のない存在か」という質問に戻ってみよう。ヤーウェという観点からこの質問が投げかけられたとすると、その答えは「彼らは価値のない存在である」だ。ヤーウェと比較してもそうだし、ヤーウェと同じ分類に置いたとしてもそうである。ヤーウェは、「神々」という一般的な分類に属してはいない。ヤーウェだけが「神（the God）」、ボウカムの言うところの「超越した独自性を持つ存在」である。[5]ヤイール・ホフマンの上述のポイントに戻って考えてみよう。確かに、「他の神々」という句自体、「これらの神々がイスラエルの神とは全く異なった本質を持った存在であると考えられていた」ことを意味するわけではない。しかし、ヤーウェに関する記述から考えて、ヤーウェが「他の神々」とは全く異なった本質を持っていることにすべての人は同意するだろう。「ヤーウェ、彼は神である。彼のほかに何ものも存在しない」（申命四・三五、私訳）。

それでは、「神々は重要な存在か、価値のない存在か」という質問を「他の神々を礼拝している者たちという観点から」考えてみたらどうだろうか。ヤーウェ以外の神々を自分の国家の神々であると主張している諸国の観点からでも、それらの神々の「あとについて行く」という、イスラエルの直面した誘惑との関係から考えてもいい。そのような場合、確実に、質問に対する答えは「神々は重要な存在である」となる。名前、彫像、神話、祭儀を持つ諸国の神々は、彼らを自分たちの神々とみなして処している人々の生活、文化、歴史の中で大切な位置を明らかに占めている。「マードゥクはバビロンの人々が礼拝している神である」という文章は決して無意味ではない。極端なほど杓子定規に物事を考える人は、「マードゥクは現実には神的な存在ではないのだから、『この神を誰かが礼拝している』と言うことは無意味だ」と言うかもしれない。けれども、「マードゥクはバビロンの人々が礼拝している神である」という文章の文脈の中で（そして、人間の宗教に関する同様の表現という文脈の中で）先の表現を考えるならば、他の神々を「重要な存在（つまり、人間の経験の領域において重要な存在）である」と語ることは無意味でない。言い換えるならば、「他の神々は重要な存在か、価値のない存在か」という質問に対して、神学的な観点から適切に答えることができるし、普通の会話で理解できる範囲で適切に答えることもできる。逆説的ではあるが、この質問に対する答えは「他の神々は重要な存在であり、価値のない存在である」となる。「ヤーウェと比較する」ならば、これらの神々は価値のない存在である。しかし、「彼らを礼拝している人々」の立場から考えれば、これらの神々は重要な存在である。

コリントにおける偶像への肉の供え物に関する問題に応答するとき、パウロはこの逆説を注意深く唱えた。パウロは、ユダヤ人の「シェマー」（申命六・四）を土台にして自らの自由を建て上げた人々の信仰告白に同意している。神であり主である方は、ひとりだけである。だから、「偶像はこの世において価値のない存在」（Ⅰコリント八・四）である。しかし、パウロは、このように続けている。「なるほど、神々と呼ばれている存在が、天や地に存在しているとしたら（事実、多くの神々と多くの主は存在している）」（同五節）。ひとりの神である父やひとりの主であるイエス・キリストとはあらゆる点において同等ではないにしても、重要な存在である神々は存在する。「重要な存在」の正体について、パウロは（そして私たちも）後に述べる。けれども、「神々と偶像とは確かに存在する。しかし、唯一の生ける神だけが保有する神としての実存をこれらの存在は持っていない」という二重性をパウロは明らかに主張している。

旧約聖書と呼ばれる聖なる書物に基づいて自分の神学的世界観全体を構築している一世紀のユダヤ人パウロが、この二重性の観点を保持することが可能であるならば、彼以前の時代に彼と信仰を共有していた人々はどうだろうか。彼らも同じような逆説を難なく保ち続けることができたと類推されよう。たとえば、論争に満ちているイザヤ書四〇章から四八章にも同様の二重性の観点を見いだすことができる。預言者は、鷲のように舞い上がるほど雄大な詩で、ヤーウェの視点を表現している。神々は「価値のない存在以下」であり、「徹底的に価値のない存在」である（イザヤ四一・二四）。その一方で、劣等感ゆえに萎縮している捕囚の民の目に、バビロンの神々はどのような存在として映るのだろうか。それらは法廷の場へ出て来いと挑発され、そこでその無力が明らかにされる（同二一〜二四節）。人間が作ったものに過ぎないと嘲弄される（同四四・九〜二〇）。救おうとしても、空しく失敗するのがわかっているのに、天から身をかがめていると漫画化される（同四六・一〜二）。ただし、バビロンの神々が救おうとしているのは、自らが今や役立たずの重荷になってしまった彼らの礼拝者ではなく、自らの偶像である。なぜ、神々に対してこれだけの言葉を費やしているのだろうか。彼らが「重要な存在」、イスラエルがそれが何であるかをしっかりと見て、解放されるべき存在、仮面をはがされ、追い出されるべき存在だからだ。ここまで多くの言葉を費やして初めて、イスラエルは「重要な存在」に二度と邪魔されず、生ける、贖い主である神を再び礼拝することができるのだ。

預言者に可能なことが、神学的に深く、かつ繊細に取り組むことができる申命記の著者にできないはずはない。同じ逆説的二重性をそこに確かに見いだすことができる。まず第一に、ヤーウェを基準にしたり、ヤーウェと比較した場合、他の神々は価値のない存在である。「ヤーウェだけが超越した神であり、世界の唯一の所有者かつ統治者である」と額面どおり受けとめることなしに、以下の証言を理解する道はない、と私は思う。

上の天においても下の地においても主こそ神であり、ほかに神のいないことをわきまえ……。(申命四・三九)

天とその天の天も、地と地にあるすべてのものも、あなたの神、主のものである。(同一〇・一四)

あなたたちの神、主は神々の中の神、主なる者の中の主、偉大にして勇ましく畏るべき神(同一七節)

しかし見よ、わたしこそ、わたしこそそれである。
わたしのほかに神はない。
わたしは殺し、また生かす。
わたしは傷つけ、またいやす。
わが手を逃れうる者は、一人もない。(同三二・三九)

これらの証言と関連づけて「他の神々がどのような存在か」という疑問を考えれば、次の評決に至る――彼らは「神ではなく」(同三二・一七)、「神ならぬもの」(同二一節)である。一言でまとめると、「価値のない存在」である。ヤーウェと比較すれば、彼らは「価値のない存在」である。

しかし、第二に、イスラエルがヨルダン川を渡った時、彼らの目の前に置かれている宗教文化(神々と偶像、さまざまな聖所、男女の形をとる豊饒のシンボル、これらの神々に仕えることによって明らかに成功している文明全体)が強力な力をもって彼らを誘惑することを申命記は予測している。だから、偶像崇拝を避けるよう繰り返し警告することによって、実際には、たいへん現実的で、危険な「重要な存在」に対する警告をイスラエルに与えていることを申命記は知っている。さらに、天体(「太陽、月、星といった天の万象」[同四・一九])を礼拝している他の諸国は、少なくとも実体を持つ何かを礼拝の対象としている。しかし、イスラエルは実体を持つ天体を礼拝すべきではない。これらが創造の秩序の一部分に過ぎないからであり、礼拝されるためではなく、「光を与えるもの」というその創造された目的に従って「全天下の国々の民」を喜ばせる役割をこれらの天体がヤーウェから割り当てられたからである。(6)

だから、旧約聖書の文書を解きほぐして、宗教的発展という一本のラインに沿ってこれらを整列させようとする試みは無駄に思える。「他の神々が何らかの形で存在するという仮定に基づいてこれらの神々について語っているかぎり、ヤーウェが唯一の神であるという信仰を持つことはできない」という欠陥ある仮定に基づいた試みであるからだ。この欠陥ある仮定に則っているかぎり、「唯一神教を一度でも確信した者が他の神々について語るためには、自分の唯一神信仰の確信を捨て、かつ他の神々は現実に存在すると認めなければならない」という論理的帰結に当然達する。しかし、このような愚かな制約をつけて神学を語る者はいないだろう。もしこの欠陥ある仮定が正しいとしたら、自らの宣教地に存在する神々や偶像と生ける神の関わりを、パウロはどのようにして議論したのだろうか。パウロが神々や偶像に言及し、それを批判しているのは、これらの神々や偶像が、キリストにおいて啓示されたイスラエルの生ける神の持つ神としての現実に匹敵するような存在であると信じていたからだろうか。パウロがそのような意味で言ったのではないことは、彼自身の言葉から明白である。しかし、旧約聖書学の学者たちは繰り返し次のように主張する。周辺国の神々についてイスラエルの民が言及しているのは、彼らがこれらの神々をヤーウェと同等の神として現実の生活の中で信じていたからに違いない、と。

パウロにとって真実であるということは、私たち現代のキリスト者にとっても真実である。宣教について語ったり、宣教の実践に身を置くとき、他の神々の存在（何らかの意味での）や偶像崇拝という現象を私たちは考慮しなければならない。これらが「重要な存在」であることに議論の余地はない。その一方で、「三位一体における十全な啓示によって私たちに自らを知らせた、ひとり、そして唯一の生ける神がいる」という基本的で聖書的な唯一神信仰について一切妥協せずに、他の神々について語ることはできる。もし、仮にそれができないとしたら、宣教師の賛美歌集に記載されている以下の歌詞を賛美する私たちは、多神教の罪をさりげなく犯すことになる。

あなた以外の主人たちが、
だれにも邪魔されないで権力を保持しているところで
あなたを平然と拒むさまざまな力が、
今日もまだあなたを平然と拒むところで……(7)

「この世界には多くの神々や主が存在する。しかし、すべてのものを生み出し、すべてのものの存在の目的である唯一の主、そして唯一の神しか現実には存在しない」というパウロの証言を確信して、私たちはこれらの言葉を歌うことができる。もちろん、すでに述べられているように、パウロのこの証言は申命記に基づいており、申命記も理解し、受け入れていると考えられる逆説(ただし、キリスト論的な主張は除外するが)を表現している。本物の唯一神教には届いてはいない、宗教発展から見て劣った段階に落ちなくても、私たちは先の言葉を歌うことができ、その根底にある神学について語ることができる。それなら、古代イスラエル人が、諸国の上に権力を保っている、唯一の生ける神ヤーウェを平然と拒む「他の神々」に言及する歌を歌ったり、預言を語ったり、律法を制定することについてどう考えるべきなのだろうか。彼らが先に述べたような人工的な立場にあると主張する理由を私は見いだすことができない。

それでは、もし神々が「唯一の神(God)」ではないにもかかわらず、「重要な何か」として存在しているとしたら、彼らはいったい何ものなのだろうか。本物の神の領域(つまり、唯一かつ排他的な神として今も働いているヤーウェが主人として占有している領域)に彼らが存在していないのだから、彼らは必ずそれ以外の領域、つまり、創造の秩序の領域に存在している。創造された存在である神々は、かたちを持つ被造物の世界(これはさらに神によって造られた自然の秩序と人の手のわざが生み出したものに分けられる)か、神によって創造された、人間以外の霊的存在によって構成される見えない世界に必ず存在する。偶像崇拝における「重要な何か」を分類する方法として、聖書はこれらの三つの領域すべてを私たちに呈示してくれている。偶像や神々は、（1）目に見える創造の秩序に存在するもの、（2）悪霊、（3）人の手が造ったもの、のどれかである。

創造の秩序の中に存在するものとしての偶像と神々

かたちを持つ被造物に目を向けるならば、天体を神々とみなし、礼拝していた人々がイスラエルにもいたことはわかっている。また、地上の被造物、つまり動物や同じ人間を同様に礼拝した人もいる。これらすべての被造物は生ける神によって創造されたのだから、礼拝の対象となるべきではない。興味深いことに、申命記四章一五～二一節に記されている創造された存在の神格化に対する警告が、創世記一章においてこれらのものが創造されたのとちょうど反対の順番に（それが意図的であるのはほぼ確実だろう）並べられている——人、男と女、地上の動物、空の鳥、這う動物、水の中の魚、太陽と月と星。被造物を創造者の代わりに礼拝するならば、あらゆるものが倒錯してしまう、という神学的含意がこの修辞的技法に込められている。偶像礼拝は、私たちのあらゆる基本的な関係が本来持っている秩序を破壊する。

古くから広い地域で天体礼拝は行われてきた。しかし、これは創造者であるヤーウェに対するイスラエルの信仰と矛盾している。そこで、イスラエル人であるとは記載されてはいないが、物語の語り手とヤーウェによって、敬虔な、神を礼拝する者であるとたたえられているヨブの口を通して、不誠実の罪として天体礼拝は拒絶されている。

あるいは、輝く日の光を見、
照りながら動く月を見て、
私の心がひそかに惑わされ、
手をもって口づけを投げかけたことがあるなら、

これもまた裁判にかけて罰せられる罪だ。
私が上なる神を否んだためだ。（ヨブ三一・二六～二八、新改訳）

それでも、イスラエルはしばしば天体崇拝という病に確かに冒されてきた。遅くとも紀元前八世紀には彼らは天体崇拝に陥っていた。その根拠としてアモス書五章二六節が挙げられる[8]。北王国イスラエルへの審判と破壊の理由として偶像崇拝のリストが挙げられ、そこに天体崇拝が含まれている（列王下一七・一六）。ユダのマナセ王は、彼のそれまでの治世に積み上げられてきた悪の上に天の万象の礼拝という悪を加えた（同二一・三～五）。ヨシヤによる偉大な宗教改革の直後にもかかわらず、神殿の広場で東から上る太陽に向かって人々がひれ伏し、主ご自身の神殿に文字どおり背中を向けている姿をエゼキエルは神殿の幻の中で見て、恐れおののいた（エゼキエル八・一六）。星の神々はメソポタミア文明では最強の神々の一群に当然含まれていたことから、エゼキエルの見た人々は、同時代の最強の敵であるバビロンを懐柔するために天体を崇拝していたと類推される。このような天体の神々に対して全く別のアプローチをとっているのがイザヤ書四〇章二六節である。自分たちを征服した人々の神のあまりの強大さに圧倒されてしまった捕囚の民たちに向かって、天に目を上げるよう預言者は招いている。そして、ただ、次の質問を投げかけた。「だれがこれらを創造したのか」。この質問をきっかけに、「天体の神々」の正体が暴かれる。星は、諸国の運命を支配するような全能の神ではない。いや、彼らは神でさえない。生ける神によって創造された存在に過ぎず、権威ある方によって呼び出され、支配されている。

人以外の動物を礼拝することも一般的であった。古代イスラエルの文脈で考えると、さまざまな動物や蛇が神格化されていたエジプトとの特別な関わりの中で、そのような礼拝が行われていたと考えることができる。獣神礼拝がイスラエルをひどく浸食していたという証拠はほとんどない。しかし、神殿の奥にある暗く、煙に満ちた部屋でイスラエルの七十人の長老――「長老」という表現そのものが、シナイでヤーウェと契約を立てる際の交わり（出エジプト二四・九～

一一）で「長老」というグループが果たした役割を思い起こさせる――が「あらゆる地を這うものと獣の憎むべき像」（エゼキエル八・九～一二）を礼拝している姿を示されて、エゼキエルはひどく驚愕した。エジプトの獣神（獣の形をした神々）に懇願する行動には政治的な目的があり、エジプトの戦力の援助を確保することによって、ユダはバビロンに対抗しようとしたと提案する注解書もある。もしそうであるとしたら、このことから、神殿の祭儀が後期王政時代にはひどく堕落していたことがわかる。バビロンの神々に切願する者もおれば、エジプトの神々に切願しようとした者もいたからだ。

悪霊としての偶像と神々

創造された秩序のうちで物質的でないものに目を向けてみよう。最高支配を執行する神の御座を取り囲み、神の意向に仕え、神の命令を行う霊的存在としての天の万象を、イスラエルは十分に承知していた。ただし、すべての霊的存在が神の命令を行っていたわけではない。というのは、この位の高い集団の中に、神に疑問を呈する存在（ヨブ記一章における「サタン」または告発人）や神の真実と慈悲に挑戦する存在（それが何を象徴するのかは横に置いて、創世三章における蛇）や神のしもべを告発する存在（ゼカリヤ三・一～二で捕囚期後の祭司長であるヨシュアを告発したサタン）がいたこともわかっていたからである。ただし、これらの存在についての十分な神学的考察を彼らは行っていない。どのように思い描かれていたとしても、これらの霊的な存在はヤーウェの主権の支配下にあった。だから、「欺きの霊」さえもヤーウェが意図していた目的（アハブへの審判）を完遂するために派遣されたのだ（列王上二二・一九～二三）。

旧約聖書のテキストは、まれに、他の神々を礼拝することと悪霊を結びつけている。まれだからといって、両者の結びつきを見過ごしてはならない。新約聖書は両者の結びつきを取り上げて、神学的に展開しているからだ。だから、たとえば、「偶像をいい加減に扱うならば、悪霊との交わりに導かれる可能性がある」という理解の正当性を聖書から主張できるとパウロはみなし、これを了解している（Ｉコリント一〇・一八～二二）。

旧約聖書自体は、「悪霊崇拝としての偶像崇拝」の理解に立った偶像崇拝についての神学的考察を行ってはいない。しかし、異教徒たちの「沈黙」している神々にも超自然的な力が備わっていることにイスラエルが目が開かれていく過程で、「悪霊崇拝としての偶像崇拝」という理解は自然に生み出されていった。つまり、唯一の神しかいないのだから、そのような力の源は神と呼ばれるような存在であるはずがない。そこから、偶像は悪霊を表しているという確信が生まれた(9)。

偶像と悪霊の結びつきは、かなり早い段階でなされたものであると考えられる。多くの学者たちによってごく初期のイスラエルの詩であると認められているモーセの歌(申命三二章)の中で初めて「他の神々は悪霊である」と語られているからだ(10)。

異国の神々で彼らは主のねたみを引き起こし、
彼らの偶像で主を怒らせた。
神ではない悪霊どもに、彼らはいけにえを供えた。(申命三二・一六~一七、私訳。二一節参照(11))

詩編一〇六編も、申命記三二章と同じ目的を持っている。それは、イスラエルの不信仰の歴史を、神がイスラエルに行ったすべてのことと対比させて物語ることを通して、イスラエルを壊滅させ、そこからの救いを彼らが今まさに祈っている裁きが正しいことを立証している。申命記三二章と同様に偶像崇拝の罪に焦点が当てられている。まず、シナイ山における金でできた雄牛の子による偶像崇拝を述べ(詩編一〇六・一九~二〇――なお、イスラエルの「栄光」であるヤーウェと「草をはむ牛の像」が皮肉たっぷりにここでは対比されている)、次に、バアル・ペオルでのきわめてひどい背教を想起して、神々を「いのちのない神々」であると述べている(同二八節、字義どおり訳すと「彼らは死んだ人々[または死んだもの]の犠牲を食した」)。最後に、約束の地においてイスラエルはカナン人の宗教儀礼にならい(字義どおりに訳すと「彼らの行動に習った」)、すべての命令に背いた。

諸国の民と混じり合い　その行いに倣い
その偶像に仕え　自分自身を罠に落とした。
彼らは息子や娘を悪霊に対するいけにえとし
無実なものの血を流した。
カナンの偶像のいけにえとなった息子や娘の血はこの地を汚した。(詩編一〇六・三五～三八)

なお、偶像崇拝の持つ悪霊的なものと罪のない者の血を流すという悪い行いの間にある密接な関係については、後に議論することとする。

旧約聖書において神々と偶像を明確に悪霊と同一視しているのは、申命記三二章ならびに詩編一〇六編のみである。ただし、この関係を暗示している箇所は他にもある。たとえば、詩編九六編五節は、イスラエルの民でない者たちの礼拝を引き合いに出し、彼らの神々は「エリリーム」であると言って、これを退けている。七十人訳(旧約聖書のギリシア語への古代訳)は、この箇所に限ってこの語を「ダイモニア」、つまり「悪霊」と訳している。ただし、他の箇所においても「エリリーム」が常に「悪霊」を意味するのではない。むしろ、価値がなく、弱く、力なく、役に立たず、重要ではない何かをこの語は指している(たとえば、イザヤ二・八、二〇、一九・一、三一・七、ハバクク二・一八)。イザヤ書六五章一一節には「禍福」(ヘブライ語で「ガド」)と「運命」(ヘブライ語で「メニ」)のための祭儀が述べられている。信奉者たちは、「禍福」と「運命」という二つの存在をなだめたり、頻繁に督促したりする必要がある何らかの霊力と考えているかもしれない。ホセアが用いている「淫行の霊」も熟考の必要があるかもしれない。人間の精神的混乱以上の何かを表しているのだろうか。「人の心にあって」彼らを迷わせる「ルアハ」、つまり「霊」に人以上の強い力が働いていることを「淫行の霊」という表現は意図しているのだろうか（ホセア四・一二、五・四）。同様に、ゼカリヤは、「偶像の名」と「不純の霊」（または「汚れた霊」）を並列に並べて（ゼカリヤ一三・二）、福音書で一般的に繰り返されている「汚れた霊」という表現を暗示している。これらのテキストから、偶像崇拝に「悪霊」的な側面がある可能性が示唆される。しかし、繰り返しになるが、神々と偶像を悪霊と明確に同一視しているのは、申命記三二章一六～一七節および詩編一〇六編一九～二〇節のテキストに限定される。

けれども、パウロはこれらのテキストをその聖書的土台として、「偶像に献げる供え物は、神ではなく悪霊に献げている」（Ⅰコリント一〇・二〇）と率直に主張している。そして、彼が他の箇所でも展開している偶像についての神学的評価は、この確信に立ったもので、首尾一貫している。現存するパウロの手紙の中で最初期のものと考えられるテサロニケの信徒への手紙一では、テサロニケの人々が「どのように偶像から離れて神に立ち返り、生けるまことの神に仕えるようになったか」（一・九）をパウロは思い起こしている――「彼らがかつて行っていた偶像崇拝は、いのちを持たない、偽りの神々を礼拝するものであった点がこの表現には明確に含まれている」[12]。ルカは、パウロがアグリッパの前で行った、よみがえったイエスとの出会いに関する説明を記録している。偶像から立ち返ることがサタンの力から解放されることと同一である、とパウロはそこで考えている。逆に、神の審判が現された最初の段階で、偶像崇拝から立ち返ろうとしない者が悔い改めず、むしろ最後まで反抗し続ける状況を黙示録は描いている。「（彼らは）自分の手で造ったものについて悔い改めず、なおも、悪霊どもや、金、銀、銅、石、木それぞれで造った偶像を礼拝することをやめなかった。このような偶像は、見ることも、聞くことも、歩くこともできないものである」（黙示録九・二〇）。

もう一つ加えておこう。サタンの前でひざまずき、彼を礼拝するように誘惑された時、イエスご自身もこの誘惑には偶像崇拝の特徴があることを認めて、抵抗のために申命記のテキストを引用された。「他の神々、周辺諸国民の神々の後に従ってはならない」（申命六・一三～一四、マタイ四・一〇）。サタンの起源が天使であろうと、偉大な霊的な力を持っていようと、彼は神の被造物の一つに過ぎない。だから、福音書の物語の中で神の子と認められている（マタイ三・

一七）イエスにサタンが横柄にも理不尽な提案をしたことは、だれの目にも明らかである。自らが創造した存在にひれ伏せ、と神を誘惑すること自体、想像不可能な行為だからだ。しかし、イエスはイスラエルのあるべき場所にイスラエルそのものとして立ち、そして、荒野においてイスラエル同様に試みられた人、そしてメシアである、とマタイは受けとめている。すると、「諸国の神々の背後にいるサタンを礼拝することによって、イエスもイスラエル同様に諸国の偶像に巻き込まれるのか、そうでないのか」という重大な問題がこの誘惑を通して提議されている。以上のことから、次のことが言える。「他の神々を礼拝することは、悪霊を礼拝することである。サタンに膝をかがめるならば、神ではない彼を神として扱い、結果としてイスラエルの生ける神に不忠実となる。」なお、これらの命題は主語と述語を入れ替えても正しい。

人の手のわざである偶像と神々

旧約聖書に戻ろう。これまで述べてきたように、神々や偶像が「悪霊」と表現されるのはまれである。その一方で、ヨハネの黙示録九章二〇節は、神々と偶像を「悪霊」と共に「自分の手で造ったもの」と表現している。この表現の方が「悪霊」よりもより広く用いられており、さらに神々や偶像の典型的表現とみなすことができる。旧約聖書が偶像崇拝を批判する場合、「偶像崇拝は根本的には生ける神に対する反抗である」。さらに「偶像は人の手のわざである」という考えをその主要な土台とする。偶像は生きた被造物でないばかりか、被造物によって作られたものに過ぎない。いったいどうしてそのような存在を神と称するのだろうか。

　この聖書的な理解を真剣に受けとめ、旧約聖書のいくつかの代表的なテキストから、偶像に対するこの告発がどのような点で優れているのかを見きわめる必要がある。他の神々をさげすむ時、「人の手のわざ」（マアセー・イェデ・アダム）という表現を幾度も用いている。たとえば、アッシリアが他の国々を打ち破り、それらの神々を同時に破壊したと聞いても、ヒゼキヤは驚いていない。「ヒゼキヤ自身の小さな神であるヤーウェも、それらの神々と何ら違わない」ことを認めさせようと、アッシリアの将軍ラブ・シャケはヒゼキヤを説得した。しかし、ヒゼキヤはそれほど愚かではなかった。そして、世界のあらゆる人々がラブ・シャケのような愚か者にならないことを願って、ヒゼキヤは救いを祈り求めた（一一五〜一一六頁ですでに考察しているこの観点は、興味深く、宣教的である）。ヒゼキヤは祈りの中で次のように説明している。

主よ、確かにアッシリアの王たちは諸国とその国土を荒らし、その神々を火に投げ込みましたが、それらは神ではない、木や石であって、人間が手で造ったものにすぎません。彼らはこれを滅ぼしてしまいました。わたしたちの神、主よ、どうか今わたしたちを彼の手から救い、地上のすべての王国が、あなただけが主なる神であることを知るに至らせてください。（列王下一九・一七〜一九、傍点著者）[13]

詩編においても同様に偶像はさげすまれている。

国々の偶像は金銀にすぎず
人間の手が造ったもの。
口があっても話せず
目があっても見えない。
耳があっても聞こえず
鼻があってもかぐことができない。
手があってもつかめず
足があっても歩けず

喉があっても声を出せない。
偶像を造り、それに依り頼む者は
皆、偶像と同じようになる。（詩編一一五・四～八。同一三五・一五～一八参照）

期待どおり、預言者も同じような表現で争論をしかけている。

彼らは銀と金で自分たちのために偶像を造った。
それらが破壊されるため……
子牛――職人がそれを造った。それは神ではない。（ホセア八・四、六、私訳）

偶像を鋳て造る
銀を注ぎこみ、技巧を尽くした像を。
それらはみな、職人たちの細工だ。（同一三・二）

人の刻んだ偶像を刻んだとしたら、それになんの価値があろうか。
偽りを教える像に。
それはそれを作った者が、自分の創造物に頼っているから。
ものを言わない偶像を作っている。
木に向かって「動き出せ」という者は災いだ、
いのちのない石に向かって「起きろ」という者も。

それは導くことができるだろうか。
それは金と銀をかぶせたもの。
その中に息はない。(ハバクク二・一八〜一九、私訳)

ここで挙げた鋭い挑戦をその語りの巧みさと説得力において超えることができるのは、偶像が人間の手によって造られたことを強調している預言書の二つのテキスト、エレミヤ書一〇章三〜五、九節およびイザヤ書四〇章一八〜二〇節、四四章九〜二〇節であろう。すべてを引用するには長すぎるのでここでは省略するが、イスラエルがどれほどの力で人の手が造った偶像を攻撃したかは、このテキストを一読すれば、すぐ感知できる。

現代の学者は宗教について無知であり、未熟であるために、イスラエルの偶像の攻撃の激しさをしばしば引き合いに出し、古代イスラエルを非難し、イスラエルの民が異教の礼拝すべてを単なる物神崇拝とみなしていたと訴える。「形をもっている偶像自体に何らかのいのちと力があると異教の礼拝者たちは考えている」とイスラエルは誤解した。しかし、偶像はいのちも力も実際には持たないのだから、異教の礼拝者たちが行っていた滑稽な茶番をイスラエルの民はばかばかしく思った。その一方で、異教の礼拝者は、像そのものを偶像として礼拝しているのではなく、彼らの心や信心に描かれる神々や天上のもろもろの力を像によって礼拝していた。しかし、イスラエルの民は像としての偶像とそれが象徴するものの違いに気づいてはいなかった。像を持たない礼拝(像を持たないヤーウェへの礼拝のこと)にイスラエルが没頭していたため、自分たちのまわりで行われている形ある像を用いた礼拝が表現している微妙なニュアンスが理解できず、それを評価できなかった。礼拝において偶像を用いるとき、それがどれほどの霊的、そして心理的な力を発揮するか、イスラエルの民は把握できなかった。彼らは自分たちが理解できないものをあざ笑ったに過ぎない。

ジョン・バートンによる以下の論文は、たいへん優れてはいるが、上記の仮定に立っている。一例として彼の議論を以下に示す。

（イザヤの時代から、）まことの神の歪められた表現として「偶像」を見るのではなく、それを偽りの神々の像と理解し、他の神々とそれらの像を同一視する伝統が展開されていた。しばしば言及されているように、この見解は像を用いて礼拝をしている人々を公平に取り扱ってはいない。偶像破壊者は像だけを見、単なる物理的な物体の前に礼拝者がひれ伏していると考えた。しかし、これは、偶像破壊者が偶像を礼拝している人々の行動を一方的に解釈しているに過ぎない。礼拝者にとって、像は神の力を象徴している。しかし、その像だけでこの神の力のすべてが表されているのではない。像は神の力を何らかの形で象徴し、要約しているに過ぎない。それでもなお、この「公平ではない」偶像の解釈が、像についての主要な見解として旧約聖書の中で確立してしまった。[14]

上記のように議論を進めた結果、「自分たちとは異なる礼拝の対象や形式を持つ人々を、何も知らないでとがめるべきではない」という教訓が導かれる。このような議論を通して、旧約聖書において行われている偶像崇拝に対する激しい非難を無効にすることができるので、特に宗教多元主義を擁護する人たちはこのような議論に魅力を覚えた。[15]さらに、このような議論を通して、自分たちは宗教的に（そして道徳的に）旧約聖書よりも優っているという優越感を満たすことができる。現代人類学による宗教に関する研究が進んだ結果、イスラエルがあまりにもひどくあざ笑った（と信じるように私たちは勧められているのだが）偶像の持つ霊的な本当の力を自分たちは理解した。だから、どれだけ旧約聖書のテキストが論争をふっかけてきても、その偏狭かつ無知な排他主義に自分たちはとらわれる必要はない、と。

多くの人がこの前提を受け入れ、イスラエルの民をひどく非難している。しかし、私は、この前提は誤解であり、イスラエルに対して不公平で、彼らを見下したために生まれたものだと考えている。物理的に形を持つ偶像とそれが表現している神々の間に存在する区別を正確に理解している預言者が、その理解に則ってバビロンの神々に対する壮大な論争を記していることが明確にわかるからだ。預言者が偶像と神々とその礼拝者たちをまとめて風刺マンガ風に批判できたのは、異教の神の神学を彼がしっかりと理解していたからである。だから、預言者は天上にいるバビロンの偉大な神々――ベルとネボ――をイザヤ書四六章一～二節でありありと描写している。偉大な神々が地面に身をかがめている。なぜだろう。これまで載せられていた牛車から今にも落ちてしまいそうな危険に彼らの偶像がさらされているからだ。像は神々そのものであるとバビロン人たちが考えていないことを、預言者は完璧に理解していた。神々は「あの高い所」にいて人の目に見えない。一方で、彼らの像は「この低い所」にいて人の目に見える。では、預言者は何を訴えているのだろうか。神々がどこにいて、何であるか、バビロン人がその世界観の中でどのように理解していたとしても、何らかの危険が迫ってきた時、神々は彼らを礼拝する者たちのみならず、自分自身の像さえも救うことができない。その一方で、神々を礼拝している人々は、どのようなみっともない方法を用いてでも神々の像を救うように努める義務を負っていると感じている。だから、神々は彼らにとって重荷となっている。滑稽なことに、バビロンの街角をふらふらと走る牛車という不安定な場所に、バビロンの天に住む神々は自分たちの像を置き去りにしなければならない。

預言者は、経験不足から来る無知に則って皮肉を語っているわけではない。むしろ、彼は鋭い洞察力に基づいてこのことを語っている。像と像が象徴している神々をバビロン人たちが区別していたことを、預言者は理解していた。事実、区別を正確に理解していることを前提とし、かつそれに依拠して、預言者はこの風刺マンガの全体を描いた。バビロン人たちが偶像とそれが見える形で描いている神々を区別していたことを、預言者は完璧に理解していた。そして、神々と自称していたとしても、自分たちの像の救出にさえも失敗してしまう存在はなんとばかばかしく、無意味なことか、と預言者はここで主張している。

多元主義に対してコンプレックスを感じている人々が思っているほどイスラエルの民が鈍感ではない証拠は、比較的初期のテキストに見いだせる。像や祭壇とそれらが表現していると信じられている神は同一ではないことを、イスラエルの民はわかっている。だからといって、「たとえ神と自称していたとしても、それは実際には無力だ」とあざけることを彼らはやめない。バアルとそのアシェラ像のため築かれた村の祭壇を自分の息子が倒した後、ギデオンの父ヨアシュは、敵意に満ちて迫ってきた群衆に挑戦した。神があなたを守ることが神であることの本分であるはずなのに、逆に人々に自分を守ってもらわなければならない神がどれだけナンセンスか、とヨアシュはことの本質をうまく捉えている。最低でも、自分のなわばりや崇拝の対象とされている像を神は守るべきだ。「あなたがたは、バアルのために争っているのか。それとも、彼を救おうとするのか。……もしバアルが神であるなら、自分の祭壇が取りこわされたのだから、自分で争えばよいのだ」（士師六・三一、新改訳）。

礼拝者たちが自分たちを一番必要としている時に限って、バアル自身は無断外出する傾向にあると、エリヤはさらに強烈に皮肉っている。アハブは、バアルのための祭壇とアシェラ像を建立した。イゼベルにはバアルに仕える四百人の預言者がいた。しかし、霊的な存在としてのバアルがどこにいたのか、わからなかった。そして、カルメル山にいた熱狂的な信者が建立した祭壇のまわりにバアルはいなかった。エリヤは人々の感情に訴えつつ、信者たちの前提を引き合いに出し、あざけりながらその論争を展開した。「バアルが本当に神であり、ここにいないとしたら、彼は『どこか他の場所』にいるはずだ。」「もっと大きな声で呼んでみよ。」彼は言った。「彼は神なのだから。きっと何かに没頭しているか、席をはずしているか、旅に出ているのだろう。もしかすると、寝ているのかもしれないから、起こしたらよかろう」（列王上一八・二七、新改訳）。

もう一つ、「形あるものは、それが表現する神々と同一である」という理解に異議を唱えているとも理解できる、たいへん滑稽な物語を見てみよう。契約の箱を戦いの場に携えて行きさえすれば、主の臨在と支持を強引に自分たちのものにすることができるとイスラエルの民は思っていた。ペリシテ人たちも当初は彼らと同じように考え、おびえていた。しかし、起こった出来事からわかるように、両者の仮定はどちらも誤っていた（サムエル上四・一～一一）。ヤーウェは、イスラエルが自分の思いどおりにすることができると考えていた所有物（つまり契約の箱）と同一ではなかった――たとえ契約の箱がヤーウェによって命じられ、ヤーウェの設計明細書に従って造られたものであっても、契約の箱とヤーウェは同一ではない。その後、あちこちのペリシテ人の町々にこの契約の箱が嫌われ者のようにたらい回しにされていたとき、契約の箱とそれが表現しているイスラエルの神を区別すべきことを、ペリシテ人たちは疑いもなく学んだ。契約の箱は形を持っていて、そこに置かれている物体である。しかし、ペリシテ人たちを攻撃しているのはイスラエルの神ヤーウェの手である（同五・六～一二）。もし、ペリシテ人たちがイスラエルの神のこのような特徴に気づいているとしたら、この物語の語り手および読み手であるイスラエル人が、ペリシテ人たちの神であるダゴンとその偶像について同じことを仮定していないだろうか。たとえダゴンが神の力をその主張どおりに持っていたとしても、偶像が二度倒れた（二回目にはその頭と手を失うことになる）ということは、イスラエルの神を象徴している神の箱の前で、自分の像を真っすぐに立たせるほどの力さえもダゴンが持っていなかったのは明らかだ（同二～四節）。ここにも、イザヤ書四六章一～二節でバビロンの力ある神々に対して用いられたのと同じ、偶像をあざ笑うモチーフと神学的な前提を見いだすことができる。

ここまで議論を進めて初めて、これまで論じてきた中心的な主張に戻ることができる。偶像に膝をかがめる人々がそれをあるものの象徴とみなしていたことを十分に承知した上で、イスラエルの民は、偶像を「人の手のわざ」と酷評した。このことを踏まえたとき、偶像が表現している神々にはどのような特徴があるのだろうか。まず、私たちが到達する基本的な結論は、詩編の記者や預言者たちは像とそれが表現する神をいっさい区別していなかった、という点である――それは、異教徒の礼拝者が像とそれが表現する神を区別していたことをイスラエルの民が知らなかったからではなく、詰まるところ、そのような区別が実際には存在しなかったからである。

人が目に見える偶像を造ったことは自明である。そして、（神々を礼拝する者によって、さもなくばそれに加わるように誘われているイスラエルの民によって）神々がどのように考えられていたかにかかわらず、神々も人が作りあげた存在に過ぎない。偶像が表現している神々と呼ばれる存在は、神の実体も神の力も持っていなかった。そのような実体や力を持っているのは、ヤーウェだけだからである。自分たちには見えない別の領域に神々が住んでいると、神話において、もしくは礼拝者が行う祭儀において理解されていたとしても、神々が人間の想像力の産物であるという現実には何ら変わりはない。人の目に見えないからといって、それが神であることが証明されたわけではない。偶像が人間の努力と技能によって製作されたことはだれの目にも明らかである。そのような方法で製作された偶像を「人の手のわざ」であると宣言することによって、イスラエルの民は、自明をそのまま叙述する以上のことを行った。異教の礼拝者たちも、最終的には、「偶像は確かに人の手のわざである」という点に間違いなく同意する。むしろ、偶像についてのこの事実をすべての人が知っていたばかりではなく、これらの偉大な像を作るためにどれだけの技能や犠牲を投じたか、異教の礼拝者たちは自慢していた（このことは、偶像が民衆宗教において大切な位置を占める国々、たとえばインドにおいて、現在でも行われている）。もうすこし正確に言おう。イスラエルの神学者たちは、偶像礼拝者たちが偶像について信じていたことすべてを含めた上で、偶像を批判していたのだ。神々と呼ばれている存在に対しても同じことが言える。神々は、その像と同様に、人間が作りあげたものに過ぎない。

「神々は、ヤーウェの代わりになり得る神の力の源ではなく、単なる人間が『作ったもの』に過ぎない」という画期的な理解にイスラエルが至ったのはイザヤの功績である、とジョン・バートンは理解している(16)。

> イザヤは、「ヤーウェとは一線を画している他の神々は、ヤーウェの代わりに人間を超越した力を人々に与えることができる」と理解せず、むしろ「他の神々はむしろ人の考案の産物である」ことを示した。その一方で、他の諸国との連合を組むことは間違っているとホセアは主張した。この連合の結果、イスラエルの信仰を脅威にさらすという理由で禁じられてきた、人間を超越した力の源の代替である彼らの神々と深く関わるようになるからである。ところが、イザヤは、諸外国に信頼することは人間的な力の源に信頼することだと考えている。「エジプト人は人であって、神ではない。／その馬は肉なるものにすぎず、霊ではない」（イザヤ三一・三）。他の諸国の神々も同様に神ではない。人間が捏造（ねつぞう）した存在に過ぎない。人の手によって作られた、「彼らの手のわざ」（同二・八）である。異国の神に頼るということは、他の（人間を超越した）力の源に頼るのでもなければ、禁じられた神的な力の源に頼るのでもない。むしろ、人が考案し、だからこそ何の力も持たない何らかの存在に頼ることである。したがって、

イザヤは、祭儀的な背教、すなわちヤーウェを捨てて、現実的な他の神を礼拝することについてはいっさい語ってはいない。むしろ、祭儀的愚かさ、すなわち礼拝者自身の力とそれほど変わらない存在を人間を超越した力の源として礼拝する愚かさについて、彼はより多く語っている。[17]

ここで述べられているバートンの意見は全く正しいと私は思う。[18] 彼が見いだしたのは、イスラエルの偶像崇拝に対する評価についての根本的で深遠な特徴であり、宣教学的にたいへん重要な特徴である。人々が礼拝している、生ける唯一の神以外の神々は被造物の一部であって、主が持っている神としての現実を彼らは所有していない。神によって創造された形あるもの（たとえば、太陽や星、もしくは生ける動物）の範疇に含まれず、悪霊や何らかの霊に属していないのなら、それらは必ず「人の手のわざ」であり、一般的にも「人の手のわざ」と呼ばれている。神々と呼ばれている存在とそれらを表現する偶像の間には、何ら違いはない。どちらも人間が作りあげたものである。これらの神々を礼拝するということは、これらに忠誠を誓い、これらに力と権威があると考え、ついには自分が造り出したものに服従することを意味する。この最後の分析から、イザヤ書四四章九～二〇節の風刺が決して見当外れではないことがわかる。原則的には、国内の物神崇拝主義者とバビロンの偉大な神々という複雑な聖像を礼拝する者の間に何ら違いはない。自分が刻んだ木片に、それがあたかも神であるかのように語りかけようと（一七節）、金箔で彩られた像に表現されていると考えられてはいるが、実際には目に見えない国家神を大声で呼ぼうと（同四六・七）、これらの礼拝者の行動は無駄である。一方は共同体の想像力が生み出したものであり、もう一方は個人の手のわざに過ぎない。どちらにも救いはない。

多くの場合、国家の神々についての考察という文脈において、神々や偶像が「人の手のわざ」と呼ばれている。この点の重要さをここで指摘しておきたい。神々の力が最も強いと人々が考えるのがこのような文脈においてであるからであり、イスラエルの根底を形づくっている主張が最も先鋭に当時の文化に対して反体制的な反論を展開しているのも、この文脈においてであるからだ。国家をつかさどっているこれらの偉大な神々は、確かに強大である。しかし、預言者たちの答えは、「いや、そうではない」である。彼らは言う、これらの神々が持っている力は、その神々を造っている人々の力と同程度でしかない。諸国の統治者たちは自分の誇り、傲慢、攻撃性を具体化する目的でこれらの神々を造ったことは明らかである。つまり、人間の誇りを究極的に神格化して生み出されたのが国家の神々である。しかし、統治者たちの力がどれだけ強くても、国家の神々は人間が作りあげたものに過ぎない。

たとえば、「アッシリアの偉大な神が、ユダの周りにある小さな諸国をつかさどっていた、彼らより弱い神々を打ち破った」という表現は何を意味しているのだろうか。アッシリアの王とその軍勢が、悪意に満ちた残忍さと強欲でこれらの国々の間で暴力をふるったことを意味するに過ぎない（イザヤ一〇・一二～一四）。アッシリアの王や彼の代弁者は、王国の軍勢の勝利と神々の勝利を確かに結びつけている（列王下一八・三三～三五）。彼らの世界観の理解に則るならば、王や軍勢という人間の領域において起こったことは神々の領域で起こっていることを映している。だから、自分たちは神々を打ち破ったと王が宣言することは、決して困難なことではない。文法的に見ても、現実に起こっていることから見ても、「王たち」を「神々」に入れ替えることはできるし、その逆も正しい。イスラエルの預言者たちは、この世界観をあるレベルでは受け入れていた。しかし、彼らは別のレベルでは断固としてこの世界観を拒絶していた。神は国家間の関係をもその活動の場とされる（この点においては、預言者たちはこの世界観に同意していた）。しかし、この神の活動の場にぎっしりと詰まっているのは、相反する興味を持つ神々ではなく（この点において、預言者たちは拒否していた）、そこで活動しているのはただひとりの神だけである。この唯一の神がイスラエルの神、ヤーウェである。そして、この方に向かってヒゼキヤは、「あなただけが地上のすべての王国の神であり、あなたこそ天と地をお造りになった方です」（列王下一九・一五）と語ることができた。アッシリア人に勝利をもたらした神々は、彼らが略奪し尽くした諸国の神々と同様に、「神々でなく、唯一の神でもない」。つまり、ヤーウェのみに帰属するべき最高権威者という神の実体に、これらの神々はいっさいあずかっていない。彼らは「人間が手で造ったもの」（同一八節）に過ぎない。

ハバククも同じことを主張している。アッシリアの帝国的拡張がどれほど傲慢で、暴力的で、人類と環境の破壊を招くかを事細かく述べた後（ハバクク二・三〜一七）、「自分たちの神々は、主の手からもたらされる破滅から自分たちを何らかのかたちで守ることができる」という彼らの考えをあざけっている。そして、この話の流れを受けつつ、預言者は、アッシリア人の愚かな考えに焦点を当てて、一九節以降、金と銀で飾られているものの、いのちを持たず、息をしない木と石の神々を嘲弄している。

人の刻んだ偶像は何の役に立つだろう。
偽りを教える像が。
これを造る者が自分の造ったものに頼るから。
語ることのできない偶像を彼は作っている。（ハバクク二・一八、私訳）

以下の一文ほど、イスラエルの預言者たちが自分たちの敵である帝国の偉大な国家神をどのような存在として信じているかを正確に、そして明瞭に表現したものはない。「これを造る者が自分の造ったものに頼るから」（字義的に訳すと、「自分が造ったものを制作者が、それに頼っている」となる）。偶像の中にも、後ろにも、上にも、神の力など存在しない。偶像は神など象徴しておらず、人間の作り話に過ぎない。それとは対照的に、ハバククは次のように続ける。

しかし主は、その聖なる宮におられる。
（イスラエルだけではなく、）全地よ。その御前に静まれ。（ハバクク二・二〇、新改訳、かっこ内は著者による追加）

アッシリアでその偶像（彼らの神々は人の手のわざに過ぎない）を礼拝している者にとって、もしこのことが本当となったらどうであろうか。アッシリアの神々（他の国の神々でもよい）を礼拝することを選ぶことによって、彼らと同盟を結んだり、何らかの利得（最低でも刑の執行停止）を得ようとしたイスラエルの民も、口をつぐむことになるだろう。彼らにしても、これらは人の手のわざに過ぎないことが明らかにされるだけであり、彼らの期待は徹底的に砕かれる。だから、イスラエルの民のために書かれた悔い改めの式文（残念ながら決して用いられはしなかったが）の中で、「アッシリアの軍隊に頼ることは自分の手で造った神々に信頼することでしかないというまさにその理由のゆえに、軍隊には彼らを救う力がないことを認めよ」とホセアはイスラエルの民に告げた。これを言い直すなら、次のようになる。アッシリアの神々がイスラエルの上に力を及ぼしていると考える人がいるかもしれない。そうであったとしても、そのような神々の力はアッシリア人の想像の産物であり、イスラエルの想像の産物に過ぎない。アッシリアの神々を礼拝する者は、人間の作ったものに神の特性があることを黙認している。だから、「アッシリア国軍に信頼してきたことを悔い改める」とは、「自分のために神々を作ったことを悔い改める」ことである。バートンが示唆している「ある存在を本物の神と考えて、神に代わる力の源としてそれを信頼する」ことではない。バートンのこの意見は間違っていると私は思う。バートンの考えの間違いは、「アッシリア」「馬」「私たちの神々」そして「私たちの手のわざ」が同義並行法によってテキストで密接に結びついていることから明らかである。

あなたがたはことばを用意して、主に立ち返れ。
言え。
「われわれのすべての罪を赦して、われわれをめぐみをもって受け入れてください。
私たちは唇の果実をささげますから。
アッシリアは私たちを救えません。
私たちはもう軍馬にも乗らず、
『私たちの神』とは言いません、

私たち自身の手で造った物に対して。」（ホセア一四・二～三、私訳、傍点も著者）

ホセアは北王国イスラエルに向かって説教していた。彼らに向かって「アッシリアの神々を求めることは、あなたがた自身が造った神々に頼ることだ」と語る時、そこには当然、皮肉が込められている。それは、イスラエル王国を立ち上げた王が同じ理由で主に対して同じことを行ったからである。つまり、王自身の建国した、新しく、まだ弱い国家の安全を補強する目的で、彼は同じことを行った。北の部族たちをユダから分離させた王の墓碑銘には、「イスラエルに罪を犯させたヤロブアム」（たとえば列王上一五・三四、一六・一九）と書かれている。彼の継承者たちの多くが繰り返し行った「ヤロブアムの罪」とは偶像崇拝であった。列王記上一二章二六～三三節に記されている偶像崇拝の起源の記事には、偶像崇拝の動機とその巧妙さが記されている。もしエルサレムにあるヤーウェの神殿に宗教的な巡礼を行うならば、住民たちの内にエルサレム（つまり南王国ユダ）に対する政治的忠誠心が復興するだろう。それを阻止したいヤロブアムは、自分の王国の南北の両端に、イスラエルをエジプトから導き上った神を北の部族たちが礼拝する場所として、子牛の象を置いた。明らかに、ヤーウェ以外の神への礼拝がこれらの場所で行われている、と見られないようにヤロブアムは願っていた。だからこそ、聖書のテキストは、「ソロモンとその息子の圧政から自分はイスラエルの民を救い出した」という正当な権威を持っていると（「正当な権威を持つ」は原文の「モーセの外套」の意訳で、出エジプトとの関連性を示している）ヤロブアムが主張したことを示唆している。それにもかかわらず、彼は国家の宗教的組織を再構築し、ヤーウェへの祭儀を彼の保護のもとに行った。[19] だから、この物語が示しているように、表面的に見るならばヤーウェへの礼拝であるが、その内容はヤロブアム独自のものである。彼は、ヤーウェを人の手によって作られた神に仕立て上げてしまった。国家的プロパガンダが生ける神をハイジャックし、生ける神は細工されて、国家の安全保障という必要に仕えるようになってしまった。そして、ヤロブアム以降、このような偶像崇拝は途絶えなかった。

預言者はここまでにして、偶像が人由来のものであることが最もはっきりと述べられている詩編一一五編へ戻ろう。

本編において、イスラエルと諸国との間の論争という文脈で話が進められている点は注目に値する。これまでの私たちの議論を踏まえると、この詩編の有名な最初の節が非常に重要であることがわかる。もし、ある国の誇りを共同でかたちにしたものが神々であるならば、神の栄光とその国の栄光を分割することはできない。その逆もまた真実である。国家神に栄光を帰するとは、その国の軍事力をまとめてすべてほめたたえることを一般的に意味する。ところが、イスラエルの神であるヤーウェをほめたたえる動機に、このような考え方がいっさい含まれていないとイスラエルの詩人は主張した。むしろ、彼は、二回繰り返すことによって、次のように強調して歌っている。

わたしたちではなく、主よ
わたしたちではなく
あなたの御名こそ、栄え輝きますように
　あなたの慈しみとまことによって。（詩編一一五・一）

言い換えるならば、ヤーウェの民**イスラエル**に栄光を帰す手段として、ヤーウェに栄光を帰すことを用いてはならない。むしろ、ほかの存在とは際立って異なる、ヤーウェのすばらしい品性のゆえに、ヤーウェはほめたたえられるべきである。民の自己祝祭のために、ヤーウェをそのシンボルや暗号として用いてはならない（このように取り違えてしまう誘惑はたいへん大きく、「神の栄誉のために」と宣言したり、神の「祝福」を求める現代国家にもはびこっている）。

例外的な始まりを持つこの詩は、他の諸国とイスラエルの間の論争を想像し、それを冒頭の宣言に続いて描いている。

なぜ国々は言うのか
「彼らの神はどこにいる」と。

わたしたちの神は天にいまし
御旨のままにすべてを行われる。
（しかし）国々の偶像は金銀にすぎず
人間の手が造ったもの。（詩編一一五・二〜四、「しかし」が追加されている）

「おまえの神はどこにいるのか」と諸国はイスラエルをなじる。彼らは、ヤーウェの目に見える像がイスラエルにないのであざける。「天におられる。それじゃあ、おまえたちのはどうだ」とイスラエルは訴える。

詩人は、「諸国の神々はどこにいるのか」とほのめかしている。それに答えるように、詩人は次のように宣言する、「諸国の神々は、彼らを作った人々と同様に、地上にいる」。人の目には見えない主の名札に書かれているのは「天の唯一の主権者」という名である。しかし、他の神々につけられているのは、「地上製」というありきたりの一般商標である。この詩の後半では、天と地——どちらもヤーウェによって造られたが、前者は主が住まわれる独自の領域であり、後者は人が住む独自の領域である——が対照される一方で、いのちと死も対照され、さらに、この二組の対比が組み合わされている。このことは何を示唆しているのだろうか。この詩の前半で批判されている神々や偶像は、天に住まいを構える神々でなく、地上に属する神々である。いのちを持たず、ヤーウェが与えることができるような方法で祝福を与えることもできない存在である。

あなたがたが主によって祝福されるように、
天と地を造られた方によって。
最も高い天は主のもの、しかし、地を人に与えた。

死人は主をほめたたえない、
沈黙へ下る者も。
私たちは主をほめたたえる、
今も、とこしえまでも。（詩編一一五・一五～一八、私訳）[20]

したがって、ヤーウェと自称神々との対比が、ヤーウェの住むより高い領域とさまざまなものの住む下の領域の対比を通して強調されている。そして、それに対応して、偶像は神の世界にではなく、人の世界に属する存在であることが示唆されている。イザヤの中心的な主張がもう一度繰り返されている。第二に、生きているものと死んだものが対照されている。……私にとって興味深いのは、他の神々に対するヤーウェの優越性について歌っている詩の最後でこのことが強調されている点である。旧約聖書の思想において、偶像は死んだものの世界に属するからだ。その礼拝者たち同様、偶像はいのちを持たない。しかし、ヤーウェは「真理の神、命の神、永遠を支配する王」（エレミヤ一〇・一〇）。このようにして、イスラエルの神と諸国の「偶像」が対照的であることに基づきつつ、他のいくつかの重要な対比、つまり天と地との対比、生きているものと死んだものとの対比、人の力と神の力の対比に導かれていくという、綿密な構成から生み出される統一性をこの詩は持つ[21]。

人が自分自身の神であると主張したり、自らがその力の神的な源であると主張したとき、「人の手のわざ」である神々はその骨頂（またはどん底）にある。「自分一人の力でここまで上りつめたのだ」と自負しつつ、自分という名の自らの創造主を礼拝している男を、旧約聖書はいくつかの箇所で皮肉っている。そして、その傲慢がどれだけ不条理でごまかしに満ちているかを暴く中で、同種の辛辣なユーモアを彼に浴びせている。しかし、繰り返しになるが、このような悪徳は王や皇帝に多く見いだされる。
エゼキエルは、ティルスの王が自分自身のために行った占いと、それが必然的に彼と彼の帝国にもたらすであろう審判をはっきりと暴いている。

心高ぶり、あなたは言う、
「私は神だ。海の真ん中で神の座に着いている」。
あなたは人であって、神ではない、
あなたは自分が神のように知恵を持つと考えているが。……
それでもあなたは「私は神だ」と言うのか、
あなたを殺す人々の前で。
あなたは人であって、神ではない、
あなたを刺し殺す者たちの手の中にあって。（エゼキエル二八・二、九、私訳）

同様に、神の創造の力によってナイル川はエジプトに富を与えているのに、そのナイル川を支配しているのは自分だと断言して、自らの繁栄は自らが生み出したと勝手に思い込んでいるエジプトのファラオの傲慢を、エゼキエルは辛辣に表現している。

わたしはあなたに立ち向かう、
エジプトの王ファラオ、
川の中に横たわる大きな化け物。

あなたは言う、
「ナイル川は私のもの。
私がこれを自分のために造った」と。（エゼキエル二九・三、私訳）

このようなばかげた主張をあおるほどの狂った傲慢と自己欺瞞をここに見いだすことができる。しかし、今日のグローバル資本主義を特徴づけている「富という名の偶像崇拝」の中にもこれと同じような言葉が響き渡っている。エゼキエルが警告を与えるよりもはるかに昔に、申命記九章一七〜一八節は、エゼキエルが語る経済に関する傲慢の危険性を警告しており、富を彼らに与えたのは誰であるのか、しっかりと想起するようにイスラエルに熱心に勧めている。
当然といえば当然のことだが、生ける神しか語ってはならない言葉を語り、自己神格化を行うほど自負心を大きくしてしまったので、バビロンも同様に非難されている。

だから今、これを聞け。
安心してゆったりとしながらぜいたくにふける者よ。
心の中で、『私はある、私のほかに何もない。
私はやもめにはならないし、
子を失うことも知らなくて済もう』と言う者よ。
この二つがあなたに来る、
またたくまに、一日のうちに。……
あなたの知恵と知識があなたを迷わせた、
あなたは心の中で

『私はある、私のほかに何もない』と言うときに。(イザヤ四七・八～一〇、私訳)

ネブカドネツァルも、自己神格化を行うほど拡張した自負心という病に冒されていた。しかし、彼は謙遜になって、自己神格化がどれほど狂ったものであるかに気がついた。そして、そのときに彼は正気に戻り、生ける神に降伏した(ダニエル書四章)。

この項で「神々と偶像は人の手のわざである」ことについて概観してきた。これまでの議論を振り返ると、それが神々と偶像の世界全体に対する挑戦であり、挑戦としてあえて意図されていることがわかる。このような姿勢が旧約聖書の広い範囲に、それもさまざまな時代背景の中に見いだされるからだ。

自分たちの神がたいへん偉大であると主張する民が存在したとしても、それ自体は決して珍しいことではない。イスラエルもその隣国と何ら変わりはない。この原則をもって、この原則を実践してきた。[22] しかし、イスラエルが特別なのは、他の神々を排斥するまでに超越した独自性と普遍性をヤーウェが持っていると宣言し、他に類を見ず、尋常でない「熱情」をもって、この神がその宣言を擁護しようとしていると言及した点である。イスラエルと同じような態度で自分の神に向き合っている国はほかになかった。古代中近東に見いだされるほとんどの宗教がより多元的で、寛容であることに比較すれば、十戒の第一戒がどれだけユニークであるかに言及しつつ、ワーナー・シュミットは以下のようなコメントを述べている。

これ〔十戒の第一戒〕のモデルは現存していないし、この戒めは近隣の諸宗教に由来するものでもない。むしろ、その本質においてこの戒めは近隣の諸宗教と対立している。歴史は、あらゆる現象について類似点を探す。しかし、私たちが現在知りうる限り、第一戒および第二戒が他から借用してきたものであることを証明することはできない。その信条が排他的である点において、イスラエルは類のない存在である。[23]

この議論をさらに進めて、「諸国の神々は、それを見える形で表現した偶像のように『人の手のわざ』、つまり神の本質など持たない、人間の作りあげたものである」という、イスラエル中に広く行き渡っていた神学的世界観は、ほかに類を見ない、際立ったものであると言うことができる。そして、このテーマが旧約聖書において広範囲にわたって見いだされることを説明するためには、次のことを受け入れる以外にはない。「イスラエルは偶像崇拝の本質を誤解していたわけでも、他の人々が礼拝している神々についてその礼拝者たちが前提としていたことを誤解していたわけでもない。むしろ、これらの前提と主張を十分に理解した上で、それを受け入れることをきっぱりと拒んでいた。」詩編九六編五節で語られている断定的な主張、つまり「諸国の神々はみな偶像（エリリーム）である」は衝撃的である。神々も偶像も人が作ったものであるから、両者は実質なきはかなさを共有している、と断言しているからである。

「神々は人の手のわざである」と言ったら最後、その言葉は人のプライドを砕き、ついには、その神々への断固たる排斥へと至る。パウロはエフェソでそのように語ったため、暴動が起こった（使徒一九・二三〜四〇）。もし、美辞麗句をきわめてほめたたえている神々が自分たちの創造力の生み出した傑作であるなら、彼らがこれらの神々を戦闘的と思えるほど激しく擁護するのは当然のことだろう。そして、自分で創造した神々を擁護するその情熱は、私たちが創造し得ない唯一でまことの神の特権である真の情熱の模倣、いわばそのパロディである。神々に自分をつぎ込み、かつ多くを貢ぎ、ついには、自分たちの独自性や存在の意義が神々のそれと分離できないほどに、自分とこれらの神々の区別ができないほどに混ざってしまう。そのような状態だからこそ、神々が暴かれ、あざけられ、引きずり下ろされると、耐えられなくなる。しかし、当然のことであるが、生ける神の前にこれらの神々は引きずり下ろされなければならない。神の栄光のために用いられず、贖われるために神の前に差し出されないかぎり、あらゆる人の努力は、当然、引きずり下ろされる運命をたどるからだ。

人の高ぶりと地上の栄光、

剣と王冠は彼の信頼を裏切る。
気苦労と労役で彼が建てたもの、
塔と神殿は地に倒れる。
しかし、神の力、
始終、
それこそが私の神殿、私の塔である。(24)

結論として、傲慢な主張をし、虚構に満ちている、人が自分の手で作った神々は、釘で打ちつけないと真っすぐに立つことさえできない、見せかけの像と何の違いもない。たとえ釘で打ちつけられていたとしても、神々は今にも倒れそうな、危なっかしい姿勢しかとれないだろう。ペリシテ人の神ダゴンは生ける神によって倒され、ペリシテ人の巨人ゴリアトはダビデの石投げで倒された。これらの出来事は、教訓を与えるために書かれた。つまり、「すべての国は、イスラエルに神がおられることを知るであろう」(サムエル上一七・四六、新改訳)。

バビロニアの神であるベルやネボは、何の栄誉も与えられることなく、やがて歴史の舞台から退場していく(イザヤ四六・一～二)。イザヤは、人のあらゆるうぬぼれや人が作ったものに対してはっきりと反対している。

全能の主はある日を用意している、すべておごり高ぶる者のため
すべて誇る者のために(そして、彼らは低くされる)。……
人の高ぶりはかがめられ、人の高慢は低くされる。
その日、ただ主だけが高められ、
偶像は完全に消えうせる。(イザヤ二・一二、一七～一八、私訳)

主の審判の時、そこから逃れることができるものは何一つない。傲慢な支配者や彼らが天にあると信じてきた神々の上にこの審判が下る。

その日、主は天ではもろもろの権威を、
地では地上の王たちを罰せられる。（同二四・二一、私訳[25]）

聖書に書かれているこのような理解に根ざして、パウロは、もろもろの権威とそれに付随して人の歩みと心を支配するイデオロギーを作ったのは人であり、キリストの十字架によって人が作ったこれらの権威の上に決定的な審判が下ったと主張している。

むなしい、だましごとの哲学によってだれもあなたをとりこにせぬよう、注意しなさい。それは人の言い伝えによるもの、この世の基本的な原理によるものであって、キリストによるものではありません。……すべての支配と権威の武装を解除したのち、（キリストは）彼らをさらしものとし、十字架によって彼らに打ち勝ちました。（コロサイ二・八、一五、私訳）

批判と希望

それでは、聖書に描かれている神々の逆説とは何だろうか。これまで、二つの点について論じてきた。

まず、神々は自分たちが神としての実体を持っていると主張している。しかし、実際には、神々は「価値のない存在」である。神の範疇を正当に占めることができる存在はただひとりしかおらず、それは聖書の啓示に示されている主なる神、天地万物の創造者であり支配者である方である。そういう意味で、この世界において主以外の神は価値のない存在であり、偶像も同様である。このことを自明なものとしてパウロは受けとめ、旧約聖書で明確に示されている唯一神教の特徴の一つであると断言した。しかし、目に見える私たちの世界に偶像は疑いもなく存在しており、偶像が表現する神々も、人間の語り、経験、そして活動の一部として、歴史上、確かに存在している。だから、神々や偶像は「重要な存在」である。なぜなら、「これらを礼拝してはならない」と命令しなければならないほどに、これらの存在は重みをもっているからだ。けれども、これまで論じてきたように、今述べたような意味で神々が存在すると信じることと、聖書的唯一神教の最も基本的な原理、つまり「われわれの神である主は天と地の神であり、この方以外には何も存在しない」という信仰は両立する。神々は確かに重要な存在であるが、独自性、立場、権威、そして永遠を所有しておられる主なる神のような実体を持って存在しているわけではない。礼拝する者たちは神々が天にいると考えているかもしれない。しかし、実際には、神々は地上に属しており、彼らの礼拝者たち同様に被造物の一部に過ぎない。

二つ目の逆説は、神々が悪霊の集団を代表し、その特徴を明らかに示している、という点である。神々や偶像の背後に霊的な力が存在し、それが権威を持っていることを、旧約聖書は時折、新約聖書はより明確に認識している。同様に、そのような権威のすべては生ける神の主権の下にあり、キリストが十字架においてこれらの権威を決定的に打ち破ったと旧新約聖書は主張している。けれども、偶像もそれが表現しているとされる神々も、人の手のわざであると旧約聖書は何度も、はっきりと述べている。私たちは自分の神々を造った――当たり前のことではあるが、この事実は、神々を礼拝することが生み出す不条理の一つである。

したがって、もし「ヤーウェ以外の神々は悪霊なのか、それとも人間が作り出したものなのか」と質問されたならば、「彼らはそのどちらか、またはその両者である」と答えることができる。しかし、「神々は人間が作り出したものである」という答えの方がより重要である。それは、こちらの方がより特徴を持った神学的真理であり、ここから生み出されるまやかしはより危険なものを生み出すからだ。悪魔が教えなくても、人は偶像崇拝について知っている。生ける神の権威を拒否することを選んだ人々は、ただちに自分のために神々を、創造されたものの中に、もしくは自らの想像力の世界の内に造る。人間は偶像崇拝に熟達しており、悪魔はそれを促進し、さらにそれを成長させる。

神学的に見るならば、神々や偶像を悪霊に結びつけるテキストが比較的少ない一方で、それらを人間が作り上げたものであると表現するテキストが多くある点は意義深い。この対比から、偶像崇拝の罪の責任が、適切なバランスをもってそれを当然負わなければならない、私たち人間に課されている点がはっきりとわかる。悪魔に罪がないという意味ではない。しかし、私たち自身に責任があるのに、悪魔のせいだと言って、自分たちの代わりに彼らを責めてはいけない（このもう一つのごまかしを、エデンの園の時代に私たちはもうすでに学んでいた）。もし神々が、もっぱら人間が作り上げたものであるなら、その責任は私たちにある。私たちが神々の借金を代わりに払い、彼らのゴミの山をきれいに片づけ、彼らの行動の影響に苦しむ。確かに、サタンが秘やかに忍び寄ってきて、悪影響を広げたり、悪しき者が私たちを霊的に盲目にする事実も認めなければならない。しかし、神々と偶像は本来私たちが作ったものである。人間が造り出した諸宗教がどれだけ不幸な結果をもたらすか、世俗主義者たちが投げかけた非難の言葉に耳を傾けるべきなのだ。「自分たちが造り出す神々は、自分たち同様に有害である。神々は自分たちの手のわざであり、自分たちの手は血だらけだからだ」。

しかし、このように自覚する時に、希望を見いだすこともできる。もし神々が、もっぱら人間が作り上げたものであるならば、それらは有害（destructive）であると同時に壊れやすい（destructible）。それも、私たちが地上で造り上げた他のものと同じくらい壊れやすい。神々も腐敗と死から免れない。どれだけ長持ちしても、神々の寿命はそれを造った人間や帝国程度に過ぎない。自分たちが征服した諸国の神々は死んだようなものだ、とアッシリア人たちはあざけっていた。しかし、歴史の光に照らすなら、彼らの上にも同じ現実が跳ね返っていった。アッシリア、バビロン、ペルシア、ギリシア、そしてローマの神々は、今、どこにいるだろうか。歴史のあちこちに神々が葬られている。

宣教的に考えてみよう。これまで考えてきたことは「現代宗教の多元性」という緊急な課題と明らかに関連し合っている。今日の世界に存在している諸国の神々に対する、聖書に根ざした対応はどのようなものだろうか。キリスト教以外のすべての宗教は完全に悪魔的であるとか、すべては全く文化的なものだという単純な分類法は用いることができないことだけは確かである。微妙なニュアンスを考慮して、聖書は「他の神々」について分析している。だから、悪魔的だ、文化的だ、で白黒はっきりさせることに満足することはできない。

宣教と神々

なぜ、偶像崇拝は宣教に関わる課題なのだろうか。なぜ、宣教は「神々と一戦を交える」、つまり神々の正体を暴かなければならないのか。なぜ、（預言者や使徒たちが行ってきたように）偶像崇拝を見分け、それを非難しなければならないのか。それも、生ける神をいまだに認めていない人々の間に存在しているものとしてだけではなく、イスラエルの神を知り、礼拝している人々や「キリスト者」と名づけられた人々にさえ知らないうちに影響を及ぼす毒として偶像崇拝を見分け、非難しなければならないのか（預言者たちが他国の偶像崇拝よりもイスラエルの偶像崇拝を頻繁に非難していたことを思い出してみよう）。ともかく、自分の神々を自ら望んで礼拝している人々のどこが問題なのか。さまざまな文化にさまざまな神々が存在していることをどのように認識するべきなのだろうか。そして、偶像崇拝が何であるかを見分けたとしたら、私たちが仕えるように召されている数多くの異なった社会的、文化的、伝道的、そして牧会的な文脈で、私たちは偶像をどのように扱うべきなのだろうか。本章の残りの部分では、以上のような問題を含めたさまざまな課題に注目する。

最も重要な区別を認めること

議論の余地もあるが、すべての実存を二分するための最も基本的な基準は、聖書の最初の数節に呈示されている。それは、すべての実存を創造者である神とあらゆる場所に存在する神以外のものに二分する基準である。被造物ではなく、それだけで存在し、何ものにも依存しないのは神だけである。神は神自身以外の何ものにも依存せずに存在する。対照的に、神以外の存在、つまり被造物は神によって造られた。それゆえに神なしには存在せず、存在し続けることもできない。被造物は神に依存している。神なしで存在することができず、存在しなかった。聖書的世界観の土台にあるのは、被造物と造られた存在ではない神という二種類の存在の間にある、きわめて基本的な、本体論的二重性である。

創造物語に見いだされる、神と被造物の間に存在する最も基本的な区別以外にも、数多くの区別が存在する。そして、これらの区別はこの基本的な区別から生み出されている——昼と夜の区別、地球の異なる環境の区別、種の区別、神の姿に造られた人間とそれ以外の動物の区別、男と女の区別。しかし、創造者と被造物の間に存在する区別こそ、疑いもなく、最も基本的で、最も重要である。だから、この最も基本的な区別を標的にして、簡潔で、とても深遠な創世記三章の物語に登場する謎めいた悪の力は攻撃をしかけてきた。

「あなたは神のようになる、善と悪を知る者になる」と蛇は約束した。そのためには神が設置した境界線を無視すればいい（創世三・五）。神のかたちに造られた被造物が神のようになりたいと願うのは、当然もしくは自然なことである。誘惑を理解するにあたって、鍵となる句は「善と悪を知る」（この表現は「善悪の判断における自律性を持つ」ことを示唆していると私は考える）である。蛇が獲得するように提案し、夫婦である彼らが自分のものにしたいと要求したのは、善悪の違いを見分ける能力だけではない（もちろん、善と悪を見分ける能力は、他から強制されず、むしろ自分の力で善悪を区別するために必須の基本的能力であり、聖書の他の箇所はこれを賞賛している）。しかし、蛇がここで提案したのは、善悪を自分で決定する権利の獲得であり、夫婦もこの権利を求めた。善とは何か、そして結果的に、善の反対である悪とは何かを決定し、定義づける大権を持っているのは、最高善そのものである神だけである。しかし、何が善であり、何が悪であるのかを私たち自身で決定することを選ぶ時、私たちは自律的にではあるが、神に対して反逆する者として善悪を判断するだろう。その結果、人は神の大権を侵害する。それと同時に、反抗と不従順の中で何が善であり、何が悪であるかを私たち自身が定めることによって、ついには倒錯と混乱の中での善悪の判断という、堕落した人類の歩みに染みついている状況に陥るに至る。ここで起こったことの本質が何であると神は考えているのだろうか。「人は今やわれわれの一人のように、善と悪を知るようになった」（創世三・二二、私訳）と神は言った。このことから、「善と悪を知る」という句についての上記の解釈を裏づけることができる。人が創造者と被造物の区別を破ったことを、神は受け入れた。「人は今や神々になった」のではなく、「自らが神々であるかのように行動する」こと――何が善であり、何が悪であるかを自らで定義し、決定すること――を選んだのだ。さまざまな形で表されている偶像崇拝すべての根本的な原因はここにある。すなわち、私たちは自らの能力を神格化し、自分と自分の選択とそれに伴うあらゆる影響という神々を造り上げた。このことを激しく不快に感じた神は、そこまで堕落した人が不死と永遠のいのちへの期待を持つことなく、そして「いのちの木」に近づくことができないように邪魔をした。もちろん、贖われ、きよくされた人類を永遠のいのちに導くより良い方法を、神は持っておられる。

このようにして、人は、神が良い方であること、そしてこの方が善悪を定める最終的な権威であることを拒否した。あらゆる偶像崇拝の根底にあるのが、この拒否である。ほかにも偶像崇拝によって神と被造物の区別がつかなくなり、神と被造物の両者が損失を負うような状況が数多くある。そして、このような状況を生み出したのが、神に対するこの最も基本的な反抗であった。

偶像崇拝は、神をその王座から追い落とし、被造物をその王座に据える。偶像崇拝は、神の権威を拒絶し、神の行動する力を制限もしくは操作し、自分たちの興味に神を隷属させることによって、神を制限し、弱め、ついには支配しようと試みる。逆説的ではあるが、偶像崇拝は被造物の中での「もの」の地位を引き上げる。天地にある自然物であっても、創造された霊的存在であっても、私たちの手のわざや想像力の産物であっても構わない。そして、神だけが所有しているはずの権威を被造物が持っていると人々は信じる。被造物が神聖化され、礼拝され、究極的な意味を与える存在であるかのように扱われる。そして、大逆転が起こる。本来ならば礼拝されるべき神が、人が自分の思いどおりに用いる対象となる。その一方で、本来ならば私たちが用い、私たちへの祝福であるはずの被造物が、私たちの礼拝の対象となる。

いったんこの本質的な区別がつかなくなってしまうと、そしてこの大逆転が一度起こってしまうと、個人と社会は壊滅的な打撃を受ける。自らの存在意義を神から与えられている被造物が、自分たちの慕い求める究極的な存在意義を与えることなどできない。だから、あえて穏やかに言おう。偶像崇拝は必然的に失望へと人を導く。自分自身を礼拝する者は内部崩壊して、ついにはナルシシズム、ニヒリズム、もしくは善悪の区別など全くない自己中心主義に至る。自然を神として扱うとき、あらゆる区別は溶けてなくなり始める。人のいのちとそれ以外の種のいのちの間には何の違いもない。究極的にはすべてが一つなのだから、善悪の違いなどない。善悪を識別するための客観的な基準点などない。

このような混乱が起こることから考えて、神の宣教の目的は、神が創造したすべてのものをそれが本来意図されていた存在に回復すること、つまり、贖われた人によって治められた神の被造物であり、その創造者に栄光と賛美を帰する存在へと回復することである。そして、この神の宣教に参与すべき私たちの宣教の目的は、この区別を曖昧にし続ける偶像の本性を暴くことによって、神と共に働き、その結果、心に抱いているこの破壊的な思い違いから男も女も解放することである。

神々を識別する

現代文化、特に西洋社会の文化を支配している神々が何であるかを示し、それらを分析する有用な研究がなされてきている。聖書的および社会学的な手法を広範囲にわたって用いている研究もあれば、これらの手法を用いていないものもある。聖書的カテゴリーである偶像崇拝を現代の文化的現象に当てはめ、水面下に隠れているものを私たちに示し、さらに実際に動いている偶像的もしくは悪魔的な力を私たちに認識させてくれるので、宣教的な見地からこのような分析はたいへん適切である。どのようにすればこれらの文化にひそむ偶像を暴き、対峙し、偶像によって囚われている人々に聖書の福音という解放のメッセージを述べることができるのか、という宣教的な問題に直接取り組んでいる研究もある。このような研究が広範囲にわたっているので、ここではいくつかの例を挙げるだけで十分だろう。

聖書的なカテゴリーである偶像崇拝を現代西洋文化の動向、とくに世俗主義と関わらせた最初期の学者の一人がジャック・エリュールである。[26] 彼は、技術、セックス、国家、革命、そして歴史と科学の神話が持つ神聖かつ象徴的な側面について分析している。ウォルターズは、同じ方法をさまざまな範囲の社会現象——それ自体は良いものと思われるのだが、偶像という位置にいともたやすく持ち上げられてしまえそうなこと、たとえば仕事、家族、郊外、個人主義、エコロジー、人種、そしてメディアなど——に適用した。[27] ボブ・グーズワードはあらゆる領域のイデオロギーに広げて分析を行い、特に革命、国家、物質的繁栄、そして保証された抵当（guaranteed security）のイデオロギーに焦点を当てた。[28] ウォルター・ウィンクの三部作は、聖書（特に新約聖書）の思想における「力」に関する最も該博な研究の一つである。[29] ただし、「力が人間の社会構造に浸透することには、悪魔的な側面が存在する」という聖書の主張に十分な重きを置いてはいないとウィンクは批判されている。この点においては、クリントン・アーノルドの研究の方がウィンクよりもバランスが取れている。[30] ヴァイノス・ラマチャンドラは、モダニティとそれが生み出す諸相をさらに押し進めて分析し、新しい偶像崇拝が生み出す暴力、科学を偶像化する人々の教条主義、そして「理性と不合理」が生み出す偶像崇拝の継続を認識している。[31] ピーター・ムーアは、西洋文化に存在する種々の偶像（ニューエイジ運動、相対主義、自己愛、快楽主義を含む）に惑わされている人々をその読者に想定して、より弁証的な方法で偶像崇拝について取り組んでいる。[32] クレッグ・バーソロミューとソーステン・モーリッツは、現代の偶像崇拝の一つの形式である消費主義を幾人かの聖書学者が吟味する論文集を編集している。[33]

さて、聖書に戻って考えるとき、種々の神々が存在することに気がつく。つまり、人が生ける神以外の神々を礼拝するとき、これらの神々は種々のものによって形づくられているし、種々の方法でこれらの神々は人々のいのちを支配する。もし、自ら造り出す神々によって生み出されたことの責任の大部分を自分たち自身が負わなければならないのならば、聖書に描かれている、神々を造る過程は注目に値する。私たちはどのようなものから自分の神々を造り上げる傾向を持つのだろうか。

私たちを魅了するもの——申命記四章一九節は、「魅了されて天体を礼拝してはならない」、「魅了されて天体を礼拝してはならない」と警告している。この表現から示唆されるように、被造物の中には畏敬の念を起こさせたり、人の手に届かなかったり、思いどおり動かせなかったり、理解を超えるものがあり、だからこそ、私たちはこれらに非常に魅了される。これこそヨブが「自分は抵抗し続けてきた」と主張する罪のかおりである。

もし……輝く日の光を見、
照りながら動く月を見て、
（その結果）私の心がひそかに惑わされ、
手をもって敬意の口づけをこれらに投げかけたことがあるなら、
これもまた審判にかけられるべき罪だ、
私が上なる神に不忠実であったから。（ヨブ三一・二六～二八、新改訳、最後の二行は私訳）

詩編九六編も同じ誘惑があることを認めている。

それは、諸国の神々はみな偶像である。
しかし主は天を造られた。
尊厳と威光は彼の前にある。
力と栄光は彼の聖所にある。（詩編九六・五～六、私訳、傍点も著者）

これらの韻文に見られる並行法や思想の流れから、自分たちに印象深く迫るあらゆる存在——その尊厳と威光、その力と栄光――を擬人化したものを諸国は神々として礼拝していることが示唆される。荘厳と力を持つものを探し求め、そして、畏敬の念を覚え、身震いするほど感嘆する存在に出会うと、それを所構わず礼拝する――スポーツ競技の勝利に出くわす競技場、アスリートとしてセレブ扱いされる英雄たちの人生、兵士の大軍、軍事パレード、航空母艦のデッキ、ロックコンサートのステージ、テレビや映画スターのまばゆいほどの輝き[34]、企業の力と貪欲を表している大都市に立つ摩天楼の頂き。どれも人々を魅了し、偶像となる可能性を持つ。しかし、詩編は、このような所で本物の神を発見することはできないと語っている。人々が探し求めている本物の尊厳、威光、力、栄光は、生ける創造主である神が臨在される場所にしか見いだせない。尊厳、威光、力、栄光という四語を擬人法とみなし、ヤーウェの王座を取り囲む神の使いの大軍を指していると考える注解者もいる。偽物の神々は神の使いの大軍と同じような荘厳さを自分たちも持っていると主張する。しかし、際立って対照的に、実際にはそのようなものを何一つ持ってはいない。

ヤーウェの王権が持つ偉大な属性を擬人化し、六節はそれらを神殿でヤーウェに随行する存在として描いていると私は読んできた（詩編八五・一四および八九・一五参照）。ヤーウェの随員は、ヤーウェよりも劣る神々、神とは考えることのできない存在で構成されているのではない。それらはヤーウェの救いのわざと驚くべき行動に鮮明に現されているヤーウェ自身の「付き人たち」である[35]。

私たちがおそれるもの――先に述べたことの逆もまた真である。私たちは自分が恐れている何かを神とすることがある。礼拝を通してそれをなだめたり、かわすためである。主こそが「すべての神々にまさって恐れられる方」（詩編九六・四、新改訳）と詩人は断言している。この表現から、恐れるべき存在の中にはヤーウェ以外の神々も含まれていることが示唆される（つまり、これらは、一七三～一八三頁で取り扱われている、逆説的な意味での「重要な存在」である）。だから、カナンの神々の中では「死」（モット）が神であり、もう一つの畏敬の対象である「海」（ヤム）も神である。世界の諸宗教にも同じ現象を観察することができる。つまり、非常に恐るべき姿で悪、怒り、復讐、殺人願望、残虐さなどが表現されるとき、これらは神格化される。神格化された恐怖がどれほどの力を持っているかは、「邪視」を避け、お守りを身につけ、厄払いの魔術やお題目を用いるなどの繰り返し行われる数多くの儀式に表されている。この世界にはちっぽけな人間を恐怖に追いやる存在が数多くある。まさにそこから多神教的世界観が生まれてくる。

だから、主をおそれることが聖書的世界観の中心的役割を担っていることに注目すべきである。「神がただひとりしか存在しないのなら、私たちがおそるべきはただその神だけである」という考えには、徹底した一神教からの強い影響が表れている。主をおそれて生きるなら、他の何物をも恐れずに生きるべきだ。そうすれば、恐れの対象となり得る、ヤーウェ以外のあらゆる存在は神にも比されるような力を失い、その結果、偶像として人々を支配することができなくなる。このことを詩編三四編の著者は次のように証言している。

わたしは主に求め
主は答えてくださった。
脅かすものから常に救い出してくださった。……
主の使いはその周りに陣を敷き
主を畏れる人を守り助けてくださった。
味わい、見よ、主の恵み深さを。
いかに幸いなことか、御もとに身を寄せる人は。
主の聖なる人々よ、主を畏れ敬え。
主を畏れる人には何も欠けることがない。（詩編三四・五、八～一〇）

同様に、ナフム・テイトは次のように表現している。「彼を恐れよ、あなたがた聖徒たちよ、そうすればほかに何も恐れることはない」[36]。

恐怖はその甚大な力のゆえに偶像となる。恐怖の持つ偶像としての力の大きさは、その物理的大きさと全く関係がないように思える。長く指摘されているように、現代の西洋文明社会に生きる私たちは、以前のどの世代よりも安全で、健康的で、リスクの少ない生活を経験しているにもかかわらず、不安と恐れとノイローゼの洪水の中にいる。メディアの過剰なほど大げさな報道にたきつけられているので、ならず者のような最新のウイルスに私たちは振り回される。さらに、恐怖を払拭しようと苦闘しているので、そのセキュリティー対策のために桁外れの額を実際には何の効果がなくても費やしている。

私たちが信頼するもの――ある恐怖の対象からの救いを求めて私たちが信頼するもの（または人やシステム）が偶像となりやすいことは、前項から自然に導かれよう。神以外の何かを最終的な信頼の対象としたり、自分と結びつけたり、ほのめかされた約束のすべてを信じたり、「あなたがたにこれを与えよう」ともっともらしく言われたものを得る引き替えに、要求されたものすべてを犠牲としてささげたとき、こうした行動から偶像崇拝が現れてくる。金がたいそうかかる神々の例は数多くある。将来のあらゆる脅威を防ぐ経済的な保証を目指すこと、軍事的安全保障という口を広く開けている底なしの穴にこの星やそこにある諸国の莫大な富を注ぎ込むこと、「病気や加齢による老化を防ぐ」と謳う最新のはやりだと聞くと、何でも自分から取りつかれたように夢中になることなどだ。そして、莫大な額を費やしたのにその見返りが与えられないなら、当然、私たちはだまされたと感じる。ある国家が莫大な資金をスター・ウォーズのような戦略防衛構想に費やすことができたとしても、ナイフを振り回す数人の男たちに飛行機をハイジャックされただけで人々は大いに落胆する。「病気にかからない」という実質上の不死を当然「受給」できると思っているから、不死を与えることができない医療従事者たちを激しく非難し、憤る。結局のところ、最高の安全を与えることができないものに最高の信頼を置いた結果、そのコストを支払っているに過ぎない。偽物の神は必ず失敗するという事実を私たちは学んでいないようだ。あなたがたが依存している偽物の神について確かなことがあるとすれば、これくらいだ。

　それとは対照的に、救済、創造、摂理、そして歴史に表されている主権者である主とそのことばの力について見事な考察を行った後、詩編三三編の記者は、主以外の何ものかに救いの希望を置くことがどれほど危険であるか警告している。


　王はその軍隊の多いことによっては救われない。

　勇者はその力の強いことによっては逃れられない。

　馬は勝利の希望としてはむなしいものである。

　その大いなる力にもかかわらず、救うことができない。（詩編三三・一六～一七、私訳）

　主を知ることこそが祝福であるとわかっているなら、信頼という名の投資を安心して行える唯一の場所が主であることをも、その人は知っている。そして、希望と喜びと忍耐を持ちつつ、主の尽きる<u>こ</u><u>と</u><u>の</u><u>な</u><u>い</u>愛が生み出す何かをその人は待つ。


　私たちは希望を抱きながら主を待つ。

　主は、われらの助け、われらの盾。

　私たちの心は彼を喜ぶ。

　私たちは彼の聖なる名に信頼しているから。

　あなたの尽きることのない愛が私たちの上にありますように、主よ。

私たちがその希望をあなたに置いているから。(同二〇～二二節、私訳)

私たちが必要とするもの――「だから、『何を食べようか』『何を飲もうか』『何を着ようか』と言って、思い悩むな。それはみな、異邦人が切に求めているものだ。あなたがたの天の父は、これらのものがみなあなたがたに必要なことをご存じである。」(マタイ六・三一～三二)

イエスは、人間には基本的必要があるという現実を知っておられ、「異邦人がこれらを追いかける」ために何を用いているのかを知った上で、この言葉を語っている。人間は、他の動物たちと同じ基本的必要を持つ一介の被造物に過ぎない。他のほ乳類同様に、食物、空気、水、すみか、睡眠、そして生存と繁栄のための広範囲にわたる必要が満たされなければ、私たちは生きてはいけない。だからこそ、これらの必要を備えてくれそうな「源泉」を神格化するのは自然なことである。私たちの必要を備えてくださる、唯一の生ける、万物の創造者に背を向けた上で、それゆえに生まれた空白を埋める代用物の神々を私たちは発明する。だから、唯一の創造者が与えてくれている種々の良い賜物を、雨、太陽、土、セックスと肥沃、夢などをつかさどるさまざまな神々のおかげであると誤解する。そして、これらの賜物を与えてくれる神々が自分たち人間の基本的必要をうまく満たしてくれるように説得したり、それまでの好意を神々が取り消すと決断した時にその好意を元に戻すよう説得することに、宗教的努力の多くを費やす。エリヤにばかにされたバアルの預言者たちの振る舞いを考えてほしい。自らが神であることをその行動で示せ、と彼らは死に物狂いでバアルに督促した。そのような緊急の状況に彼らは置かれていたことから、彼らの行動は決して特別なものではなかったと考えられる。

イスラエルの罪責を告発したホセアの言葉の中にも、これは含まれている。すべての自然のプロセスを滞りなく動かし、そして生産物を備えることができるのは、ヤーウェのほかにいない。しかし、バアルとカナンの祭儀のおかげで、これらを獲得することができたのだと彼らはいつも思っていた(ホセア二・五～八)。しかし、イスラエルの礼拝においいては、「すべての必要の源はヤーウェだけである」と強い調子で主張されている。そして、ヤーウェ以外の神々が必要を備えると考える偶像崇拝に対して、預言者はより激しい論争口調で反論する。必要なものを依頼したり、必要なものが与えられた時に感謝すべき神はヤーウェ以外にいないからだ。

あなたは、地の面倒を見、水を注ぐ、
あなたはこれを大いに豊かにする。
神の川は水で満ちている、人々に穀物を与えるために。
あなたがそのように定めたから。（詩編六五・一〇、私訳）

彼は家畜のために牧草を生えさせ
人が栽培する植物を生えさせる。
地から食物を生み出す、
人の心を喜ばせるぶどう酒を、顔を輝かせる油を、
人の心を支えるパンを。（同一〇四・一四〜一五、私訳）

このような偶像崇拝が別の形で巧妙に姿を現している状態を申命記八章に見いだすことができる。必要を備え、繁栄を助ける、あらゆるものの源が生ける神であると認めない人は、自分の力と努力によってすべてを獲得したと考え、ついには傲慢になる。これも一種の偶像崇拝である。なぜなら、あらゆる必要を満たす自分自身をその人は礼拝するからだ。イスラエルの農夫（もしくは現代の金持ち）は「私の力と私の手の力が、この富を私のために生み出した」（申命八・一七、私訳）と誇るかもしれない。また、エジプトのファラオ（もしくは現代の経済大国）は「ナイル川は私のもの。私

がこれを私のために造った」(エゼキエル二九・三、私訳)と誇るかもしれない。両者共に、自分たちの言葉に偶像崇拝の性質(と狂気を帯びた傲慢)があることを認めて、享受している祝福を与えているのがいったい誰なのか、正しく認識しなければならない。

これまでの議論を踏まえると、偶像崇拝の宣教的な観点に立った分析には、「何が原因で私たちは自分のために神々をつくるのか」という疑問に対しての応答が含まれるべきである。これまでの考察で、私たちが偶像とするものの背後にひそんでいるものとして聖書が認識しているいくつかを私は提案してきた。創造者である生ける神から遠ざかると、恐れおののき震えつつ対象を礼拝する傾向を持つ。まわりを取り囲んでいるものに比べると、自分たちがあまりに小さく、微々たる存在であると感じるからだ。自分たちの弱さをさらしたり、自分たちをおびえさせるものに出会うと、それをなだめたり、避けたりする。そして、そのような恐れを迎え撃つために、自分が切願していた最高の安全を与えてくれると思えるものに出会ったならば、それに過度の、そして偶像崇拝のような信頼を注ぐ。基本的必要のすべてを満たし、この星で繁栄させてくれると信じる何かに出会ったなら、それを操作することによって自分の思いどおりに動かそうと一生懸命になる。人特有の偶像崇拝の原因や動機は、確かに他にもある。しかし、そのうちのおもなものはここに挙げられている。そして、これらの原因や動機は聖書の中に見いだされるし、現代人の文化(おもに宗教的なものであっても、世俗的なものであっても)を注意深く観察するならば、それらは誰にでも明らかである。創造主である生ける神を拒絶することから、これらの偶像崇拝が生まれてくる。しかし、この生ける神の前に出たらどうだろうか。私たちは偶像崇拝についていっさい考えなくなり、偶像崇拝には何ら正当性がないことも見いだすだろう。

これらのあらゆる領域において、唯一で真の生ける神に導かれることによって、初めて偶像崇拝から自らを守ることができる。そして、このことこそ、聖書的な宣教の働きである。偶像崇拝の起源リストをもう一度見直すならば、私たちがおそれおののきつつ礼拝すべきは、天にも優る栄光を持っておられる方の前に出る時だけであることがわかる。主権者として世界を創造し、恵みに基づいて贖ってくださる主をおそれ、この方との契約に基づいて生きるならば、私たちはこの世界のあらゆる被造物（形があろうが、霊的であろうが）を恐れることから自由となる。主は「岩」である。だから、生きることにも、死ぬことにも、現在についても将来についても、あらゆる状況でこの方に徹底的に信頼しても、いっさい問題ない。大丈夫だ。そして、この地上の生涯に必要なあらゆるものを備えてくださる方として、ノアと契約を結ばれた神、私たちの天の父が主であるから、私たち自身が認識している必要を自分で満たそうとこの方以外の方を向いて嘆願したり、説得したりする必要はない。

神々を暴く

人が作った神の無力さについて、これまで何度も考えてきた。神々に関する唯一の真理は、「偽物の神々はしくじる」ことである。偽物の神々の姿を暴くことが宣教の働きの一つであるのだから、どのような面でこれらの神々が失敗するのかを詳しく調べても無駄にはならない。偽物の神々は必ずしくじることを、人はすぐに忘れてしまうように思えるからだ。聖書が偶像崇拝を非難する点をいくつか挙げておこう。

偶像は神の持つべき栄光を神から奪う――唯一の生ける神に属するはずの賜物、力、働きを他の神々のものとすることによって、人は神だけが受けるべき栄誉を神から奪いとる。すべての被造物は創造者の栄光を現すために存在している。そして、神だけを賛美して初めて、人類を含めた被造物は、本当の祝福と善を自分のものとして経験する。旧約聖書におけるヤーウェの熱情を理解するにあたり、自らの固有性と超越した独自性を守るために熱情という独特の方法を神が用いることを心に留めておく必要がある。

わたしは主、これがわたしの名。
わたしの栄光を他の者に、

わたしの栄誉を刻んだ像どもに与えはしない。（イザヤ四二・八、新改訳）

それゆえに詩人は、諸国の神々すべてを「価値のないものだ」と公然と非難した後（詩編九六・五）、世界のすべてのものに命じる。

主に帰せよ、国々の諸族よ。
栄光と力を主に帰せよ。
主にその名にふさわしい栄光を帰せよ。
ささげ物を携えよ、そしてその大庭に入れ。
主をその聖なる輝きをもって礼拝せよ。
その前におののけ、全地よ。（詩編九六・七～九、私訳、傍点も著者）

諸国の民が信じている多神教の神々の中にヤーウェの居場所を作り、ヤーウェをその中でそれなりに尊重せよ、とこの詩は諸国に対して呼びかけてはいない。彼らの神々が並べられている棚があったとして、ヤーウェをその棚に属する神々の一人となることができるよう、ほかの神々を棚に沿って少し動かして、隙間を作れ、と詩人が招いているわけでもない。全く違う。「ヤーウェという唯一で、独特で、超越した神の前から他の神々をいっさい追放せよ」とこの詩は求めている。それは、本来ならヤーウェのものであるあらゆる栄誉と栄光と礼拝と賛美が、この方に献げられるためである。他の神々が礼拝されているかぎり、あらゆる被造物がそのすべてをもって生ける神を礼拝することはない。本来ならヤーウェに属するべきものが、その方のものとならない。だから、偶像崇拝との戦いは神の宣教の大切な一面であり、この神の宣教に協力するように私たちは神から命じられている。

偶像は、私たちの内にある神のかたちを歪める——偶像崇拝は神の栄光を傷つける。そして、人は神のかたちに造られている。これらのことのゆえに、偶像崇拝が人間性の最も本質の部分に悪い影響を与えてしまうのは、当然と言える。ウェストミンスター信仰告白が思い起こさせるように、「人間のおもな、最高の目的は、神の栄光をあらわし、永遠に神を全く喜ぶことである」。神の栄光を現すことを拒むならば、いや、さらに悪いことに「滅びることのない神の栄光を、滅び去る人間や鳥や獣や這うものなどに似せた像と取り替えた」（ローマ一・二三）ならば、私たちの存在そのものに与えられている目的が駄目になっていく。偶像崇拝は本質的に自分を傷つけるものである。

偶像崇拝は、同様に、本質的な多くの皮肉に満ちている。原初の誘惑と反抗において、人は神のようになろうとしたが、結局は人以下の存在になってしまった。「あなたはあなたが礼拝する対象のようになる」という誰の目にも明らかな原則を、聖書はあちらこちらで主張している（たとえば、詩編一一五・八、イザヤ四一・二四、四四・九）。「神」でないものを礼拝すれば、自分の内にある神のかたちは小さくなる。まして「人」でないものを礼拝すれば、その人の人間性はさらに小さなものとなる。

だから、生ける神のかたちに造られた被造物がいのちを持たない自分自身の像のようなものを礼拝する姿を、イザヤ書四四章は皮肉（もしくはパロディ）たっぷりに描いている。

> 鉄で細工する者は道具を取り、炭火の中で仕事をする。
> 金槌で偶像を形造り、彼の力ある腕でそれを鍛造する。
> 彼は腹が空くと力を失う。彼は水を飲まないと弱ってしまう。
> 木で細工する者は測りなわで測り、マーカーで輪郭をとる。
> かんなで削り、コンパスでしるしを付ける。
> 彼はそれを「人の形」に造る、栄光に満ちた人の形に、

神殿にそれを安置するために。（イザヤ四四・一二～一三、私訳、傍点も著者）

預言者は、ここで強調されているいくつかの語にその皮肉の焦点を当てている。人は神のかたちに造られたという特権を持っている。だから「栄光に満ちた人」と言われている。しかし、人間の技術と努力で作り上げた、ただの自分自身の形に過ぎないものを、人は神として礼拝している。生きている人のいのちのない形は、何もできずに小さな小屋の中で弱っている。ところが、生ける神の生けるかたちである人は外を元気に歩き回っているのに、いのちのない像を拝むという自らの行動がどれだけ皮肉に満ちているかに気がついていない〔元気に歩き回ることによって自分自身がいのちを持つ「生ける神のかたち」であることを人は表しているにもかかわらず、そのことに気がつかず、むしろ「いのちのない人の像」を大切にしている点を著者は皮肉と呼んでいる〕。

少し上品に語られてはいるが、アテネにいる知識階級のギリシア人とパウロの議論にも同様の皮肉を見いだすことができる。人の精神、芸術、文学、哲学、さらには人の体の形状さえも礼賛した文化として、古代ギリシアと肩を並べるものは存在しない。しかし、人の持つこれらすべてのすばらしい面は神のかたちに造られたことから生み出されたのに、それらを礼賛することによって、彼らはこの神そのものを失ってしまった。人が表しているあらゆる栄光の源である方のために人がわざわざ家を建て、この方を養わなければならないとは、想像するだけでばからしいことだ、とパウロは彼らに挑戦した。

世界とその中の万物とを造られた神が、その方（天地の主）です。この神は天地の主ですから、手で造った神殿などにはお住みになりません。また、何か足りないことでもあるかのように、人の手によって仕えてもらう必要もありません。すべての人に命と息と、その他すべてのものを与えてくださるのは、この神だからです。……わたしたちは神の子孫なのですから、神である方を、人間の技や考えで造った金、銀、石などの像と同じものと考えてはな

りません。（使徒一七・二四～二五、二九）

同様に、詩編は、神の手のわざと人の手のわざの対照的な姿に思いを馳せている。他の被造物同様、人は神の手のわざであり、（詩編一三八・八、一三九・一三～一五）。しかし、人は、神が創造したものの中では特有な存在であり、「（神の）手のわざ「（神の）手のわざを治める者」（詩編八・七～九）として造られた。同じ「（神の）指のわざ」（同四節）である天があまりに広大であることと考え合わせると、神の手のわざを治める者という使命の重さに驚きを覚えずにはいられない。すると、自分自身が神の手のわざであり、さらに自分たち以外の神の手のわざを統治するために人は造られたのに、自分自身の手のわざである存在をその人が礼拝するを治める者」（同一一五・四）とは、なんという茶番だろうか。偶像崇拝は間違いなく人間性を歪め、その品位を落とし、ついにはそれをあまりにも小さなものとしてしまう。

偶像は全くつまらないものである――多神教の世界では、あらゆる神がいつでもすべての人を喜ばすことを期待することはできない。人生の巡り合わせの中で、必ず神々に失望する。だから、手広くいろいろな神々に賭けておけ。当たるものもあれば、外れるものもあるからだ。この世界には「ある神々はあなたを時に失望させる」という前提が組み込まれている。また、国家間の紛争が神々の間の紛争を映す鏡であると考えるなら、「ある神々はあなたを時に失望させる」という前提を避けて通ることはできない。国が敗北したということは、その国の神々も敗北した。危機に瀕している国の神々は、その国を裏切る可能性が高い。長期間にわたってずっと同じ神に頼らないのが一番いい。勝ち組の神々に乗り換え、失望しないで過ごすのだ。

自明なこの前提に則って、町を包囲しているアッシリアの将軍はエルサレムの外壁の下から威張りちらしている。ヒゼキヤの言うことを聞くな。彼は、主は我々を救い出してくださる、と言って、お前たちを惑わしているのだ。

諸国の神々は、それぞれ自分の地をアッシリア王の手から救い出すことができたであろうか。ハマトやアルパドの神々はどこに行ったのか。セファルワイムやヘナやイワの神々はどこに行ったのか。サマリアをわたしの手から救い出した神があっただろうか。国々のすべての神々のうち、どの神が自分の国をわたしの手から救い出したか。それでも主はエルサレムをわたしの手から救い出すと言うのか。(列王下一八・三二～三五)

つまり、「諸国の国民が自分の国の神々に大きく失望したように、ユダの民も必ずヤーウェにひどく失望する」とそのアッシリア人は論じた。彼は、これは確かで、予測がつく賭けだ、と思った。アッシリアの神々よりも弱い神々など信頼できないのだ、と。

けれども、前述のアッシリア人と同じ出来事を見ていたヒゼキヤとイザヤは、彼とは異なった見解を持っていた。まず、主以外の神々が彼らに信頼した諸国の民を失望させたのは、神々が「神ではなく(または『神のような存在ではなく』)、人の手で細工された木や石にすぎなかった」からであることをヒゼキヤは知っていた(列王下一九・一八)。一方で、イザヤはヒゼキヤとは少し異なる見解を持っていた。アッシリアが勝ったとしても、アッシリアの神々が優れていることの証明にはならないと彼は知っていた。むしろ、ヤーウェがこれまで計画し、その計画を遂行してきたからこそ、アッシリアは勝利を収めてきたのである。そして、彼らの勝利も主の審判の火によってまもなくひっくり返されることがイザヤにはわかっていた(列王下一九・二五～二八)。

ユダは、彼らを決して失望させない唯一の防御の源を捨て、エジプト人の軍勢、軍馬、そして神々に助けを求めて走った。たとえ、それらは信頼がおけないことで有名で、間違いなく彼らを失望させるものであったにしてもである。だから、預言者イザヤはユダを当然のごとくあざ笑った。

わざわいだ、意固地な子らよ。……

わたしの指示を仰がずに、
あなたがたはエジプトに下って行く。
ファラオの保護を求め、
エジプトの陰に隠れようとする。
しかし、ファラオの保護に頼るならば、あなたがたは辱めを受ける。
エジプトの陰に身を隠すことは、あなたがたに侮辱をもたらす。（イザヤ三〇・一～三、私訳）

エジプト人は人間であって神ではなく、
彼らの馬も、肉であって霊ではない。（同三一・三、新改訳。エレミヤ二・三六～三七参照）。

諸国の神々は、自分を礼拝している国民の期待を裏切る失敗を繰り返しているが、ヤーウェは決して期待を裏切らない、信頼のおける生ける神である。だからこそ、ヤーウェのこの特徴がわかっているにもかかわらず、イスラエルがヤーウェを捨て、諸国の神々についていこうと考えたことは二重の意味で悲劇だった。イスラエルのそのような行動はあまりにも不自然すぎる。エレミヤはそのことを見て、驚いた。イスラエルの行動は彼にとって信じがたいものであった。

いったい、どこの国が
自分たちの神々を取り替えたことがあっただろうか、
（しかも、これらの神々は神でない）。
ところが、わたしの民は、自分たちの栄光を
無用の偶像に取り替えてしまった。

このことを聞いて唖然とせよ、天よ、
そして、おののきつつ震えよ。（エレミヤ二・一一～一二、私訳）

いのちを保証する水源を捨て、失望だけが保証されている水源に行くことが可能なのだろうか。ところが、まさにそのような行動をイスラエルはとった。溢れ流れる泉を捨てて、水が漏れる水ためを選んだ。「水をためることのできない／こわれた水溜め」（エレミヤ二・一三）が強烈に表現しているのは、人々の失望であり、むなしい思いであり、無駄な努力という現実である。

イスラエルのなす愚かな行動を不快なほどむなしいと思う主は、彼らをたしなめる。エレミヤは、イスラエルの逸脱を申命記三二章三七～三八節に記している古い伝統を用いて、ヤーウェに背を向け、忌むべき神々を礼拝していたイスラエルの姿を描いている。自らの造った多種多様の神々がイスラエルを救えない時には、彼らは図々しくもヤーウェの救いを期待している。

彼らは木に向かって言う、『あなたは私の父』、
そして、石に向かって『あなたは私を生んだ』と言っている。
彼らはわたしに背を向け、その顔を向けなかった。
それなのに、災難に遭えば、
彼らは言う、『来て、私たちをお救いください』。
あなたが自分たちのために造った神々はどこにいるのか。
あなたが災難に遭ったとき、彼らがあなたを救えるなら、
彼らが来ればいいのだ。

ユダよ、あなたの神々は、
あなたの町の数ほど数多くいるからだ。（エレミヤ二・二七〜二八、私訳[37]）

王たち、軍勢、軍馬、国家間の協定、富、天然資源。これらは神々でなく、私たちの信頼という重みには耐えられない。それでは、なぜこれらのものが神々になってしまうのか。これらが結ぶ約束（もしくは、暗黙のうちにこれらのものが結んでくれると思い込んでいる約束）を、たとえそれが偽物であったとしても、「信じる」と私たちが言い張るからだ。それが忠誠心を求めたら、莫大な犠牲を払い続ける。見込みが全くないにもかかわらず、期待を裏切らないと望み続ける。そして、ついには、期待をきっちりと裏切ってくれる。偶像崇拝者の努力は無駄に終わり、その人の希望は失望に終わる。偽物の神々を礼拝するとは、むなしいものと交わることであり、壮大な妄想に耽りつつ、ただ失望だけが待ち構えている道を真っすぐに進むことである。

二人の子どもが幼児を平気で殺した事件が起こった時、このような事件が起こるような社会の悲しい現実を分析したイギリスの全国紙は、「われわれのあらゆる神々はもう役に立たない」という言葉でその社説を閉じた。きっと、比喩を意図してこの言葉を用いたのだろう。[38] 悲しいことに、比喩的なこの叫びは絶望に満ちていると共に、霊的な真理を正確に捉えている。悪から救ってくれると考えた。たくさんの知恵も金も心もつぎ込んだ。これらこそが救い主だと期待した。しかし、私たちの期待は見事に裏切られた。いつになったら私たちは学習するのだろうか。

戦いは主のものであると心に留める

ヨハンネス・ヴェルカイルは次のように書いている。

旧約聖書全体（新約聖書もそうであるが）には、ヤーウェが被造物のために立てた計画を邪魔し、破壊しようとするあらゆる力と、イスラエルの契約の神であるヤーウェ自身が戦っている記述が数多く見いだされる。被造物を用いて作られ、偶像化され、人間の自分勝手な目的のために用いられてきた偽りの神々とヤーウェが戦う。たとえば、自然や民族や国家や国民を神の地位にまで引き上げた、バアルとアシュトレトを礼拝している人々を考えてほしい。神と被造物の間に引かれた境界線を歪める魔術や占星術と神は戦う、と申命記では語られている。神はあらゆる社会不正義に敵対し、あらゆる不正義が潜んでいる隠れ蓑を剝ぎとる。[39]

生ける神であるヤーウェとそれに反抗するすべての力との戦いとしての偶像崇拝との争いを、聖書は明確に描いている。ヴェルカイルはカナンで礼拝されている神々を引き合いに出しているが、出エジプトの物語における エジプトの無名の神々との激戦（出エジプト一二・一二参照）や捕囚にあるイスラエルが聴衆として聞いている、バビロンの神々との言葉による長い論争（イザヤ書）も、この争いの中に入れることができよう。[40]

これまで概観してきたように、偶像崇拝は人の歩みに惨憺たる荒廃をもたらす。これを踏まえると、神と神々との間に繰り広げられる闘争を新しい観点から見直すことができる。ここでは宣教的な観点から意義あることを三つ挙げておこう。

神の宣教的な愛は偶像崇拝を撃退する――偶像崇拝は、神ご自身のみが受けるべき栄光を傷つける。だから、神は偶像崇拝と戦われる。ご自身の栄誉に対する熱情という強力な動機に基づいて、聖書のあらゆるところで神は行動している。しかし、それと同様に、人の手によって作られた神々（とそれが表現するあらゆる存在）との戦いを、「神が私たちに、そしてご自身が創造したあらゆるものに愛をもっていつくしみ深く向き合われる」働きの一つと考えることも可能だ。神の熱情は、事実、神の愛の本質的な働きの一つである。私たちの最善を願っておられる神だからこそ、偶像崇拝という行動によって偶像崇拝者自身が危害を受けることを嫌っている。だから、神が神々と争うのは、ご自身の栄光を守るためだけでなく、私たちの最善を願っているからである。さらに、なぜ偶像崇拝が聖書における中心的な罪とみなされるのか、という疑問にも私たちは注目すべきだ（なお、偶像崇拝の重大性は、これに関する戒めが十戒の最初に二つ置かれていることから確認できる）。偶像崇拝は人知れず神の栄光を奪うばかりか、被造物すべての最善を願う神の愛がその目的を達成できないように妨害する。偶像崇拝は神の本質中の本質、その善に対してきっぱりと異議を唱える。それは「神が愛である」からだ。

繰り返しになるが、私たちの議論が宣教的解釈原理に積極的に則っていることに気がついてほしい。イスラエルの宗教進化の再構築という観点や神々の礼拝者に関する宗教心理学という観点から偶像崇拝の問題に取り組もうとしているのではない。聖書の大きな物語を積極的に前進させているのは、自らの宣教を最優先している神であることを、私たちはこの議論の中で絶えず思い起こしている。民衆の宗教的実践のレベルでイスラエルの宗教を見るならば、一神教へ徐々に傾倒してはいるけれども、彼らの宗教的実践は潮の満ち引きのように揺れ動き、屈服して、ついには曖昧な多神教になってしまう場合も多かった。しかし、聖書の正典の証言によれば、すべてを超越する唯一性と普遍性を持っている生ける神は、神から受ける愛や神に献げるべき愛から人類を逸脱させようと誘うあらゆるものを打ち破り、破壊しようという変わることのない決意を表明している。

神の宣教に欠くことのできない要素の一つが、神々との闘争である。神はご自身の宣教を通して、諸国を祝福しようとしている。神による諸国の祝福の中には、守護神や救済主の仮面をかぶりながら、実際には諸国を食い尽くし、破壊し、失望させるまやかしものの神々を取り去ることも含まれている。だから、神々とのこのような戦いに神はご自身の愛に基づいて取り組む。

戦いと勝利は神のものである――二つ目に、人の宣教ではなく、神の宣教を強調することによって、私たちは、偶像崇拝の問題に健全な聖書的視点から関わることができる。なぜなら、聖書においては「私たちが神のために神々と争うのではなく、神が私たちのために争う」ことをしっかりと理解する必要があるからだ。旧新約聖書の数多くのテキストが証言しているように、神の民は確かに霊的な戦いに巻き込まれている。しかし、神が熱心に待ち望んでいるのは、私たちが神のために戦って、勝利を獲得し、天が喝采しながら私たちの勝利を迎える日ではない。これほど神を冒瀆する、ばかげたことはない。しかし、それほどこれとは違わないことが私たちの近くで行われている。たとえば、ある宣教は、霊的な戦いのさまざまな技法を強調し、その技法によって霊的な敵を識別し、それを打ち負かすよう勧めている。このような宣教の表現や方策に対して疑問を感じる。むしろ、聖書には、「神がご自身とご自身の民のあらゆる敵を打ち破る日を希望をもって私たちは待っており、その日が来たならば、天使や大天使や天のすべての軍勢と共に神の勝利を祝う」という神の宣教を強調するメッセージが溢れている。そして、キリストの十字架と復活に表された勝利、つまり神のあらゆる敵の最終的撲滅の先取りであるイースターの勝利を、私たちは天の軍勢と共にもうすでに祝っている。

私たちが神のために戦うのではなく、神が私たちのために戦われる。私たちは証しをし、争い、抵抗し、苦難に遭うように招かれている。しかし、戦いは主のものである。そして、最終的な勝利も主のものである。

私たちは愛をもって戦うのであって、勝てばいいのではない――第三に、私たちの宣教には霊的な戦いの面が確かにある。しかし、この戦いにおいて最も大切なのは、「勝つこと」ではなく、仕えることである。偶像、神々、悪霊や霊的な諸力が人の存在そのものを虐げ、破壊する。だから、キリストとその十字架の福音の名によってこれらの存在に宣戦を布告する。偽りの神々はいのちと健康と資源を破壊し、食い尽くす。人間性を歪め、損なう。不正義と貪欲と倒錯と残虐と情欲と暴力を主宰する。このような現実にもかかわらず、人を虐げ、破壊する存在は「礼拝者であるあなたがたの個性や尊厳や繁栄を守る恵み深い存在は我々である。だから、我々を何が何でも擁護せよ」と、人々を説得する。彼らの最も悪魔的な側面がここに表れているに違いない。この偽りの主張の仮面を剝ぐことができるのは福音だけである。偶像崇拝という癌を明らかにできるのは福音だけである。人に本当に良いものを与えることができるのは福音だけである。

したがって、私たちは自らの宣教の動機を注意深く検討する必要がある。自分たちの優越性を得意げにほくそ笑むような忌まわしい精神が染みわたっている勝利至上主義は、本当の霊的戦いと全く縁がない。勝利至上主義は私たちを「勝利を得る」ことの支配下に置く。悪と偶像崇拝の力によって虐げられた結果、それに付随する社会的、経済的、政治的、霊的、そして人格的影響を被っている人々への深い同情から霊的な戦いは生まれてくる。偶像崇拝と戦うことを通して、主の名によって仕えるように招かれている人々の最善が実現することを私たちは知っている。だからこそ、その宣教に私たちが共にあずかっている神がそうであるように、私たちも戦う。神に栄光を帰するためだけではない。人々を祝福するために私たちは偶像崇拝と戦う。どのような形の聖書的な宣教でもそうであるように、霊的な戦いもイエスご自身をモデルとし、深い愛と謙遜と同情に動かされ、深い愛と謙遜と同情をもって遂行されるべきだ。

偶像崇拝と対決する

偶像との戦いはさまざまな形を取り得る。異なった文脈では異なったアプローチが有効であることが、聖書を読み進むうちにわかってくる。宣教についての知恵が成熟するに従って、ある状況にふさわしいことでも、他の状況ではそうではない可能性があることに気がつき、ついにはそのことを認めるようになる。たとえば、使徒パウロは状況に応じて異なったアプローチを採用している。（1）手紙では、しっかりと組み立てられた神学的議論という文脈で、偶像崇拝という難しい問題に取り組んでいる。（2）他の神々を礼拝している人々に対する伝道に関与している場合、偶像崇拝と対決している。（3）まわりを取り囲んでいる偶像崇拝に関する疑問が教会内から出てきたとき、牧会的な観点から取り組んでいる。この三つに加えて、神の民に聞かせることをおもな目的とした、偶像崇拝のむなしさを暴く預言者の戦いがある。

神学的議論

偶像崇拝をある一つの現象としてキリスト者に対して客観的に語る時、パウロはいっさい手加減しない。ローマの信徒への手紙一章一八～三二節において、神に反抗する人を鋭く分析しているパウロは、神の怒りを引き起こす原因の一つとして偶像崇拝を挙げている。神に関する真理は全人類に啓示され、誰でも知ることができる。しかし、それを意図的に隠蔽するところから偶像崇拝が生まれてくる。創造の秩序がひっくり返され、生ける神の代わりに被造物の像が礼拝される。「知恵がある」と主張していたとしても、その行動は愚かである。偶像崇拝から悪徳と不道徳がカタログのように次々と生み出され、そのような行いを通して人生のあらゆる面（性、社会、家族、個人）が汚されていく。人を引き離し、暗くし、卑しくし、不和を生じさせ、ついには命を奪い取る。偶像崇拝を分析する時には、その一部分だけを取り出して強調するのではなく、その全体像を見渡すべきである。神学的、知的、霊的、倫理的、そして社会的な面から、パウロは偶像を攻撃しているからだ。説得力に満ちたこの神学的な議論を、パウロは、福音の全幅を説明するために進めている。

パウロのような議論が宣教に必要な時がある。それは、パウロが極彩色であからさまに暴いている偶像崇拝の本性を地味な色にする自由を私たちは持たないからである。ここに書かれているのは、偶像崇拝に関する数々の聖書のテキストから抽出されたものである。福音の良い知らせはローマの信徒への手紙において偶像崇拝に関するテキストの直後に置かれている。つまり、この良い知らせは、偶像中毒で苦しんでいる人間の実態という、恐ろしいほどの悪い知らせと対照させて理解されるべきなのだ。しかし、繰り返しになるが、この議論が緻密に構成された神学的議論という文脈の中に置かれており、「ユダヤ人から始めて異邦人に至るまで、信じるすべての人の救いのための神の力」（ローマ一・一六、私訳）として福音をパウロが全幅的に講解するための序章として機能していることは心に留めるべきである。偶像崇拝に関する議論は、パウロからキリスト者に対するものであり、彼らを教え、警告するためのものである。

伝道への関与

ギリシア文化の神々を礼拝している異教徒たちとパウロが直接接触した三つの出来事の一端は、使徒言行録に垣間見ることができる。

- リストラ（一四・八～二〇）
- アテネ（一七・一六～三四）
- エフェソ（一九・二三～四〇）

周囲の状況はそれぞれの場所で大きく異なっている。しかし、興味深い共通点もある。

リストラにおいて、足のきかない人が癒されることを通して、バルナバとパウロは人の形をとったギリシアの神ゼウスとヘルメスとして歓迎され、ついには彼らのために犠牲が供えられた。パウロは、強い抗議口調で「自分たちは人に過ぎない」と反論し、群衆たちが「このようなむなしいこと」（一四・一五、新改訳）から離れて、すべての良きものを人生に与えてくださっている、天地の造り主である唯一の生ける神に立ち返るように訴えた。

アテネにおいて、イエスとその復活について哲学者たちと議論した結果、市当局であるアレオパゴス会議の前でパウロは演説を行い、彼の教えがそこで綿密に調査された。この聴聞会は人々の好奇心から儀礼的に行われただけではなく、公的な取り調べの要素も含まれていたようだ。彼らは、パウロが新しい神々をアテネに導入しようとしていると考えていた。それ自体、宗教的な問題ではない。しかし、市当局は新しい神々の導入を指揮監督していた。そして、（1）ここで主張されている神々がその名をもって礼拝されてきた何らかの実績が実際にあること、および（2）神殿を建て、犠牲を供え、祭司に報酬を支払うなどの余裕があることの二点が保証されることを求めた。[41] パウロのスピーチはこの市民の慣習を逆手にとった。パウロが説明した神は、アテネの市当局という人の手による認証・不認証に制約されず、逆に彼らに審判を下す裁き主である。住まいや食事を備える付き人による世話など必要ないばかりか、すべての人類のためにこれら以外にも数多くのものを備えているのがこの神である。

エフェソにおいては、二年間、パウロは系統立てて人々に講義をし（一九・九～一〇）、それと共に顕著な癒しの奇跡を行った（同一一～一二節）。その結果、心から回心した信者たちの数が増えた（同一七～二〇節）。そして、多くの人がキリストへの信仰を通して生ける神へと回心し続けた結果、偶像細工産業という町の市場の基盤が崩れ始めた（同二三～二七節）。パウロが何を教えたかについての直接的な記録はないが、ルカはデメトリオの口を借りてそれをまとめている。「あのパウロは『手で造ったものなどは神ではない』と言って……」（同二六節）。

このようにして、福音という唯一神教のメッセージは、リストラにおいては民衆の迷信に、アテネにおいては知者と市民のプライドに、そしてエフェソでは経済的利益に挑戦状を投げつけた。すでに信じている人々に対して神学を教授するのとは異なり、偶像を礼拝している異教徒たちと直接接する状況の中で、率直で、妥協はしないが、ローマの信徒への手紙一章に見られる表現よりも際立って柔軟で、より丁寧な福音宣教の方策をパウロは立てた。

リストラとアテネでの語りは記録されており、そこでは、神が唯一の、生ける、天と地の創造者であることをパウロは強調した（一四・一五、一七・二四）。どちらの箇所でも、人を生かすいのちの息など、あらゆる必要を備える神の摂理が強調されている（一四・一七、一七・二五）。リストラでは異教徒にさえ喜びを与える神の情け深さの証拠として、このことが提示された。その一方、アテネでは、人々が神を求めることを神ご自身が切望していることの証明として、神が創造者であることが述べられている。もちろん、異教徒の詩が賛意を表しているように（一七・二七～二八）、神は誰からも遠く離れてはおられない。どちらの箇所でも、異教徒たちの無知を神は過去において忍耐し続け、寛容であられたことをパウロは認めている（一四・一六、一七・三〇）。しかし、両者で「むなしいこと」（一四・一五、新改訳）の礼拝を徹底的に拒否するよう、彼は人々を招いている。なぜならば、このような礼拝はまことの神に対して全く不適切だからだ（一七・二九）。テサロニケでの説教においてパウロが自らの重荷として語っていたことを、彼は手紙の中でも証言している。そして、この証言は使徒言行録の記述と一貫している。テサロニケの異教徒たちが「どのように偶像から離れて神に立ち返り、生けるまことの神に仕えるようになったか」（Ⅰテサロニケ一・九）を思い起こしているからだ。アテネではパウロはさらに話を進めて、審判についても語り、それをキリストの復活と結びつけた（使徒一七・三一）。「人が作った神々」は神ではないとパウロが論証したこと（使徒一九・二六――これは全く旧約聖書の観点である）は、エフェソの異教徒自身の口を通して知ることができる。しかし、その中で最も興味深いのは、パウロが、エフェソの守護女神であるアルテミスやディアナを名指しで中傷しなかった点である。パウロ自身はこのことについては沈黙している。むしろ、このことは、町の書記官がパウロを弁護し、パウロとその友人たちに対しての抗議を行うために扇動された暴動を鎮めようとして語った中に記されている。「（彼らは）宮を汚した者でもなく、私たちの女神をそしった者でもない」（同一九・三七、新改訳）。パウロは決して妥協せずに、効果的に伝道した一方で、あからさまに打算的な攻撃には走らなかった。

ローマの信徒への手紙一章に描かれているキリスト者に対するパウロの神学的議論を、使徒言行録に記録されている異教徒に対する福音宣教の説教と比較すると、彼の基本的な確信は両者の間で衝突しないが、語調には際立った違いがあることがわかる。

キリスト者に向けて書かれたローマの信徒への手紙では、パウロは神の怒りを強調した。その一方で、異教徒に語りかけている使徒言行録では、神の憐れみと摂理と忍耐を強調した。しかし、神の審判は両者で主張されている。

- ローマの信徒への手紙では、偶像崇拝が基本的には真理に対する反抗と隠蔽として描かれている。使徒言行録では、偶像崇拝が無知として描かれている。
- ローマの信徒への手紙には、偶像崇拝が生み出す数多くの悪が描かれている。使徒言行録では偶像崇拝を「むなしいもの」として描いている。

- ローマの信徒への手紙では、偶像崇拝者の考え方が必然的に大変歪曲している点をパウロは指摘している。使徒言行録では、一度立ち止まって考えると偶像崇拝の不条理がわかると指摘している。
- キリスト者の読者に対しては偶像崇拝を「虚偽」としてパウロは激しく非難できたが、アルテミスを礼拝する異教徒たちの前では、この女神を中傷しなかった。

このように、どのような文脈で議論を行うかによって、パウロは偶像崇拝に対峙する語調と戦法を変えた。けれども、どちらの場合であっても、パウロの言葉すべてがしっかりした聖書的土台の上に組み立てられていることを疑う余地はいっさいない。先述のあらゆる論点が、旧約聖書で用いられた偶像崇拝に反対するための表現方法と結びついており、それぞれの強調点は異なるが、全体ではバランスがうまくとれているからだ。異邦人の間で福音宣教のために説教するとき、パウロは旧約聖書のテキストをいっさい引用しなかった。しかし、そこで語られたのはイスラエルの唯一神信仰に則り創造信仰に根ざしたメッセージであり、この信仰を明確に宣べている点は特に注目に値する。なお、シナゴーグでユダヤ人の中で語る場合には、旧約聖書のテキストを十分に引用している。

牧会的指導

ギリシア・ローマの多神教の背景からキリストへの信仰へと導かれた人々は、聖書的な唯一神教的世界観を受け入れた。しかし、彼らは継続して文化と密接に結びついている偶像崇拝が生み出すあらゆる現実に囲まれており、そのような中でキリスト者としての独自性を保ちつつ生きる使命が与えられている。だから、彼らは日々ジレンマに陥っていた。そのような中で、パウロの宣教は徹底していた。伝道と教会開拓のみで彼は満足せず、むしろ自分たちを取り巻く宗教文化の中で直面する倫理的問題を、聖書的にとことん考えぬくことができる信者によって構成された、成熟した共同体を建て上げようと努めた。したがって、福音宣教の熱心と同等の重みを教会に対する牧会的、倫理的指導に置きつつ、彼は宣教の働きを進めていった。だから、彼の宣教の働きには、福音宣教の熱心と同様に、牧会的、倫理的指導も含まれている。そして、前者同様にしっかりとした神学的土台の上に立って、彼は教会を指導している。

この件に関して最も重要なテキストは、コリントの信徒への手紙一、八〜一〇章である。偶像に供えられた肉に関して、キリスト者はどのような行動をするべきなのか。神学的に明確に説明されさえすれば、コリントの人々の抱える問題の核心に迫ることができるわけではなかった。パウロはコリントの人々が神学をしっかりと理解していたことを前提にしている。コリントの信徒への手紙一、八章四〜六節で示唆されているように、伝道に関することが問題の核心でもない。コリントの人々はイエス・キリストへの信仰にすでに至っている（Ⅰコリント一・一〜九）。ここでの問題の核心は、牧会的、倫理的な部分にある。このことは、偶像に供えられた肉に関する問題が教会内に分裂を引き起こした点、そして傷ついて、怒りが高じた人がいる一方で、傲慢で無謀な人もいた点からわかる。

「神々は重要な存在か、価値のない存在か」という問題をめぐって、この箇所についてのある程度深い議論を行ってきたので、基本的なことを再考する必要はない。しかし、この問題には二つの側面があり、パウロがそれぞれについてはっきりとした答えを提示している点を思い出しておく必要がある。そして、この二つの側面は、キリスト者が自分たちのまわりを囲んでいる偶像崇拝とどのように実際的に関わるかという問題と密接につながっている。

まず、これは普通の肉の市場であった。さまざまな神々に犠牲を供える祭儀で動物は屠殺され、その肉が最終的には市場にある肉屋のまな板の上に乗る。そのような肉を市場で買って、食卓に乗せるキリスト者は、この肉が彼らの所に来るまでに関わった偶像崇拝を正しいものとして承認するだろうか。一般論として言えば、パウロの答えは「いいえ、肉を買い、食卓に乗せても、偶像崇拝を正しいものとして承認するわけではない。神々や偶像は実際には存在しない。肉は創造者である神からの良い賜物であり、神に感謝しつつ、享受することができる」である。ただし、その人の自由に基づくこの行動には一つ例外があった。食卓を共にしている誰かがこのことによってつまずく場合である。そのような場合には、その人の弱い良心に配慮して、肉を食べることを避けるべきである。自分の自由は正当化できるが、愛の法則はそれに優先する。しかし、この制約に触れない限り、「市場で売っているものは……何でも食べなさい」（Iコリント一〇・二五）と、現実的な忠告をパウロは与えた。

しかし、他方では、神々の神殿の境内で催される会で提供される食事についても考えなければならない。このような食事会はしばしば市民の勤めという機能を持ち、裕福な市民によって主催される社交的な行事として開かれたりもした。そして、このような食事会では、後援を確保したり、有利な取引をしたり、コリントで影響力を持つ人への社会の期待に適切に応える機会が提供されていた。肉屋に行って、供え物の副産物である肉を買うのとは大きく異なる。神々の神殿で行われる供え物の儀式に実際に参加する必要があった。だから、パウロはキリスト者がこれらの行事に出席することを是認しなかった。

キリスト者が神殿で持たれる集まりへの参加を辞退するときに、どれだけの社会的被害を被るか、パウロはよく知っていた。「怠慢である」とか「町の神々を侮辱している」と見られるばかりではなく、社会でのネットワークを作る機会を失ったり、後援者や雇い主との関係を危うくする危険性もあった。しかし、パウロは断固譲らなかった。近づくな。それには二つの理由がある。まず第一に、たとえ偶像が「むなしいもの」であるという十全たる神学的知識をもってさまざまな行動を行ったとしても、神殿でもたれる祝宴に出席するあなたがたの行動を良心の弱い兄弟が見たならば、彼の良心は脅かされ、自分のため死なれたキリストに対してついに罪を犯すことになるからだ（Iコリント八・一〇～一三）。そして第二に、偶像やその犠牲は神ではなく、価値のない存在である。しかし、それらは確かに悪霊に至る道ともなり得る。キリスト者は、キリストのからだと血とにあずかることと悪霊の祝宴に参加することを混同してはいけない（同一〇・一四～二二）。この二つの理由から、偶像に供えられた肉に関するこの疑問に対して、いたって単純な忠告をパウロは与えた、「偶像崇拝を避けよ」。つまり、たとえあなたがたが自分の内で神学的に弁明できたとしても、偶像崇拝に参加しているという疑念を誰かに持たれてはならない。近づいてはならないのだ。

自分の神学の牧会的および倫理的適用を構築する（つまり、たいへん力ある多神教崇拝の文化の中にあって徹底した唯一神教を宣教的に適用する）にあたって、パウロの実践は巧妙かつ繊細であった。これは大切な光を私たちに投げかける。神学的確信と社会的慣習の間に存在するプレッシャーで押しつぶされている、さまざまな宗教的、文化的な文脈にあるキリスト者たちに、パウロの知見は数多くのことを教えてくれる。

ある特定の神々がはっきりと礼拝されている文脈において、これらの神々と関連する祭儀から生み出される副産物は、彼らに対する礼拝に実際に参加することときっちり区別されなければならない。たとえば、インドのあるキリスト者たちはプラサード（神々への供え物を持って誕生日や何らかのイベントをまず自宅や職場で祝った人々からもらう菓子や果物）を自由に受け取っている。しかし、実際の祭儀や多宗教の礼拝やほかの神々の存在をあからさまに肯定するような行事に、彼らは参加しようとはしない。もちろん、「弱い兄弟」をつまずかせてはならないと思って、どちらも避けるインドのキリスト者たちもいる。

西洋において、神々や偶像はもっと巧妙なかたちをとっている。そして、同じような問題が起こってくる。たとえば、ギャンブルは富の神に仕えるという意味で偶像崇拝の一つのかたちと考えることができる。そして、ほとんどの偶像崇拝同様に、ギャンブルにはそれに対する中毒症状をあおる傾向がある。だから、ギャンブルに関わったり、ギャンブルへの参加（たとえば宝くじ）やそのようなくじを主催している組織に寄進を要請などして、ギャンブルからの利益を自宅や職場で受けようとするキリスト者は少ない。一方で、宝くじに当たった人が、依頼もされていないのに、教会やキリスト者慈善団体にいくらかを寄付する意志を持ったならば、良心の呵責を感じることなく受け取るべきだと主張する人たちもいる。すべての富がそもそも主に属するものであるからだ。ギャンブルから得た利益を献金として受け入れたとしても、ギャンブルのもつ悪に参加するわけではない。「偶像崇拝の祭儀を通して市場に出た肉を肉屋で買ったとしても、コリントの人は偶像崇拝に参加するわけではない」と同じ理屈である。ただし、ギャンブルの取り扱いについて西洋のキリスト者が同意できないように、プラサードの取り扱いについてインドのキリスト者は同意できない。両者とも同じ問題に関わっている。

パウロの提示した牧会的また倫理的なガイドラインから、数多くの他の例が導き出されるだろう。そして、それらについて議論することはおそらく可能だろう。しかし、新しくキリストを信じる者となった人々に対しての牧会に関わる問題を取り扱う場合、未信者への福音宣教や成熟したキリスト者の教育に用いられる、神学的な厳しい非難とは異なった手法をパウロが用いている点に注目しておきたい。さまざまな文脈の中で偶像崇拝に向き合う方法について、パウロから学ぶことが私たちにはきっとあるのではないか。

預言者の警告

今まで考察してきた牧会的アプローチには、地域特有の偶像崇拝が行われている文化の中で神の民が生活するときに生まれるジレンマへの対処について助言をする働きが含まれていた。しかし、預言者的なアプローチには、偶像崇拝そのものを識別し、暴き、非難する働きが含まれている。預言者的なアプローチが聖書において用いられているとき、神の民が一般的にその対象とされている点は注目に値する。新約聖書における福音宣教は、多神論的世界観を明確に排斥した。しかし、だからと言ってある特定の神々を人々の前で拒絶したり、それらの神々の礼拝者が不快感を覚えるほどあざけったりする状況を新約聖書に見いだすことはできない。旧約聖書においてイスラエル人が異教徒の諸国を批判しているいくつかの箇所を見ても、彼らが批判しているのは間違った神々への礼拝ではない。むしろ倫理的、社会的悪への批判が典型的に見られる（この二つの面は関連性を持つ）。このような例はいくつか挙げられる。まず、アモスはイスラエルを取り囲む国々の罪を列挙している（アモス一・一～二・三）。そして、私たちの目を引くのは、ユダの順番（同二・四）になって初めて偽りの神々への礼拝をアモスが具体的に引き合いに出している点である。ヨナはニネベに刑罰を宣告している。しかし、その狙いが彼らの神々ではなく、「その邪悪」と「その暴虐」であることは明白である（ヨナ一・二、三・八）。エリヤはバアルの預言者たちをあざけるが、それは彼らが無知な異教徒だからではない。バアルの預言者たちの多くがヤーウィズムから背教した人々であったから、エリヤは彼らをあざけったのだ。自分たちが陥っている偶像崇拝という混乱へ他の人々を導いた点こそ、バアルの預言者たちの最大の罪である。

神の民自身の偶像崇拝を非難するために声をあげる場合、預言者は、可能な限りのあらゆる修辞的手法を用いる。イザヤ書四〇章から四八章にかけての鋭い論争や、エレミヤ書一〇章の同様の議論や、申命記四章の警告を思い浮かべてもらえれば、十分にこのことがわかるだろう。それにしても、これだけ突出しているのはなぜなのだろうか。もちろん、偶像崇拝を避けるべき理由の一つは、それが引き起こす生ける神の熱情的な怒りに対するおそれである。（パウロもこの議論を用いている［Iコリント一〇・二二］。）しかし、預言者が偶像崇拝のむなしさを暴いているのは、諸国の神々がたいへん強力であると誤解している神の民を、そのような不適切な恐れから解放するためである。イザヤ書四〇～四八章にこのことははっきりと記されているし、エレミヤが預言を語る動機もこれである。

> 諸国の道に倣うな。
> 天のしるしを恐れるな。
> 諸国がそれらを恐れても。……
> きゅうり畑のかかしのようで、口もきけず
> 歩けないので、いちいち運んでやらなければならない。
> そのようなものを恐れるな。
> 彼らは災いを下すことも
> 幸いをもたらすこともできないからだ。（エレミヤ一〇・二、五、一部私訳）

預言者たちが諸国の神々を非難したもう一つの理由がある。これらの神々をイスラエルが慕い求めたならば、最後には失望し、恥をかく。預言者は、神の民を守るために偶像崇拝に対して警告を発している。偶像崇拝の授業料はあまり

に高すぎる。イスラエルが捕囚の地に送られて初めてこのことを悟ったのは、エゼキエルが過去を振り返って説明していることからわかる。

ここで、ローマの信徒への手紙一章一八～三二節について言及しても、決して不自然なことではないだろう。パウロは、これまでに語られた預言者の伝統と同じ流れに立って、偶像崇拝を生み出す邪悪な根とそれが実らせる苦い果実を厳しく暴露している。過去の預言者同様に、彼も神の視点から偶像崇拝を見、そして贖われた者がどこから贖われたか、その驚くべき真実を認めるようにキリスト者に命じている。

興味深いケーススタディとしてエフェソも挙げられよう。使徒言行録によると、パウロはエフェソで福音を語り、そこで多くの人々が偶像崇拝と占いから生ける神へと立ち返った。エフェソの地に教会を建て上げている間、パウロは人々の前でアルテミスを繰り返し中傷することはなかった（このことは、エフェソの世俗的権威者たちが証言している）。しかし、アルテミスの礼拝から離れ、キリストに信頼することを選んだエフェソの新しい信徒たちに後に手紙を書いたとき、ためらうことなく、パウロはキリストへの信仰に至る前の彼らの霊的状態がどれほど危険に満ちたものであったかを思い起こさせた。彼らはイスラエルから、イスラエルのメシアから、イスラエルの契約の希望から、そしてイスラエルの神から遠く離れていた。どれだけ多くの神々が存在していたとしても、生ける本当の神を知らず、この神との関係を築いていなかったエフェソの人々は実際にはアテオイ（神なき存在）であったとパウロは皮肉っている（エフェソ二・二）。同じ手紙の後半において、どのような人生から救われたかをもう一度パウロは彼らに思い起こさせている。かつての彼らの人生は、パウロがローマの信徒への手紙一章で偶像崇拝と密接に結びつけている特徴（むなしさ、暗黒、かたくなさ、好色にふけること［同四・一七～一九］）に溢れていた。したがって、パウロがこの手紙を書いた目的の中に、以下の三つのことが含まれている。まず、偶像崇拝がもたらす倫理的、そして霊的暗黒を信者に思い起こさせること。次に、偶像崇拝にまた戻ろうという考えを持つことがないように警告すること。最後に、贖われた者にふさわしい特徴を持った聖なる生涯を送るように励ますこと。偶像崇拝とまだ関わりを持っている人々に対して公に福音宣教するときよりも、偶像崇拝から救われた人々を弟子として整えるときの方が、より激しく偶像崇拝を攻撃したように思える。

旧新約聖書に多く表れている、偶像崇拝に対する預言者の神の民への警告は、どのような宣教的意義を持つのだろうか。繰り返しになるが、神の宣教が神の民の中で、そして神の民を通して実践されると認識することによって、この質問に対する答えを見いだすことができる。詩編九六編や数多くの預言者の幻に描かれているのだが、諸国が自分の神々を捨て、生ける神だけを礼拝するならば、彼らへの神の祝福が完遂すると神が考えているわけではない。それに加えて、諸国への神の祝福が実現するまで、生ける神への純粋な礼拝を神の民が守り、ひたすらこの神に集中し続け、自分たちを取り囲んでいる姦淫とも呼ばれる混交主義に抵抗することを神は求めている。これらの行動なしには、神の宣教は進まない。従順で、契約に対して忠誠を誓っているイスラエルを見て初めて、諸国は生ける神であるヤーウェに賛美と栄光を献げる（申命四・六〜八、二八・九〜一〇）。その一方で、不従順で、偶像崇拝を行うイスラエルは、ヤーウェの名誉を汚し、諸国の間でヤーウェの名を冒瀆というドブへと引きずり下ろすだろう（同二九・二四〜二八、エゼキエル三六・一六〜二二）。言い換えるなら、神の民を偶像から守ることは、単に彼らの霊的な健康を危険から守ることではない。神が自ら行われる諸国のための宣教が危機に瀕しないためにも、神の民を偶像から守る必要がある。

預言者が慣行した映像的なイメージを用いる象徴的行動を通して、エレミヤは先に述べたイスラエルの宣教の二つの面をうまく捉えている（エレミヤ一三・一〜一一）。美しい着物を着ている人はその着物のゆえに栄誉と賛美を受ける。同様に、自分の「名と賛美と栄誉」とするために、神はイスラエルという着物を着られた。[42] ここでも、諸国の間で彼らのものとすると神がイスラエルに約束されたのと同じ（申命二六・一九）、「名と賛美と栄誉」という三つの言葉が用いられている。神の民が神に忠実であり、従順であるならば、彼らは名誉を受けるかもしれない。しかし、詰まるところ、神ご自身が栄誉と栄光を受けなければ、イスラエルの民に名誉が与えられようと意味はない。ここに宣教の持つダイナミックスがある。しかし、エレミヤ書一三章一三節に記されている偶像崇拝のゆえに、かつては美しかったのに、長い間湿地に埋められてぼろぼろになった布地のような存在へとイスラエルは堕ちてしまう――「ぼろぼろで全く役に立たない」（エレミヤ一三・七、一〇）。偶像崇拝という使い物にならないぼろ服を着て、びしょ濡れになり、汚れてしまった民を、神は「自分の身にまとえない」。諸国への祝福として神が選んだ民が偽りの神々でむしばまれてしまったとしたら、神は諸国を偽物の神々の礼拝からどのようにして導き出すことができるだろうか。ご自分の民が利益を独占するために、神は偶像崇拝に手厳しい警告を与えているのではない。最終的には、この民を通して諸国が利益を得るためである。偶像崇拝に対する預言者の警告は、諸国への宣教と深い関わりがある。

結論

偶像崇拝に反対する聖書の議論の持つ宣教的な側面とは、どのようなものだろうか。この章で見てきたことをまとめておこう。

神々や偶像はこの世界において価値のある存在であると同時に、生ける神と比べるならば価値のない存在であるというパラドックスを見てきた。

神々や偶像は悪霊の世界が用いてきた手段であり、悪霊の世界への入り口である一方、人間の手のわざであり、私たち自身の堕落し反抗的な想像力が生み出したものであるという評決を、聖書は圧倒的に多くの箇所で下している。

偶像崇拝のかかえる最大の問題点は、創造者である神と被造物との区別を曖昧にしてしまうことである。偶像崇拝の結果、私たち人間を含めてあらゆる被造物は傷つき、創造主の栄光は陰ってしまう。

「被造物がすべての栄光を神に帰する」という、その本来の目的を完全に果たすことができるまでに回復し、それぞれの被造物に対して神が願っている祝福をすべて十全に味わい楽しむことが神の宣教の目的である。だからこそ、あらゆる偶像崇拝と神は戦い、この争いに私たちも加わるようにと招いている。

しかし、聖書からの知見に立って宣教的に偶像崇拝と関わるためには、人が自分のために神々を作るさまざまな方法、これらの神々がとるさまざまなかたち、そしてこれらの神々を礼拝することの裏に隠されているさまざまな動機などへのより深い理解が求められる。

そして、偶像崇拝の深刻さと、聖書がこれに対して行き過ぎではないかと思えるような言葉で反対している理由をしっかりと認識するためには、聖書が暴いている偶像崇拝の広がりを十分に理解する必要がある。

最後に、偶像崇拝に対峙する時には、使徒と預言者から学びつつ、それぞれの文脈にふさわしい対応を識別する必要がある。

さまざまな聖書のテキストの光を当てて（たとえば、第四章や五章で取り扱ってきたテキストなど）、偶像に対峙する作業のすべてを行う必要がある。それと共に、偶像崇拝と呼ばれる中毒症状がある特定の文化的および宗教的文脈の中で具体的にどのような形で現れているかを見極め、これらの具体的な現れと関連づけて宣教を考える必要がある。ヤーウェとキリストの普遍性と超越性を主張しつつ、自分たちが遣わされた地に特有で、その独特の文脈を鋭く射ぬいて偶像崇拝に取り組んでいる例は、預言者と使徒に見いだすことができる。私たちの宣教にも同じことが要求されている。

注

序文

（1）H. H. Rowley, *The Missionary Message of the Old Testament* (London: Carey Press, 1944).

（2）だが、興味深いことに、*missio Dei*（神の宣教）という用語は、いちばん初期の用法では神の内部的派遣を意味していた。つまり、父による御子のこの世への派遣であり、父と御子による聖霊の派遣という意味である。ジョン・ストットが私たちの「宣教師なる神」について語っているのは、（ほかにいろいろな意味がある中で）この意味においてである。ジョン・ストット著 *The Contemporary Christian* (Downers Grove, Ill.: InterVarsity Press, 1992), pp. 321-336の"Our God Is a Missionary God"を参照。

（3）ロンドン・バイブル・カレッジでの私の一九九八年レイン講義に対する、アンソニー・ビリントンの書面応答（未出版）、一九九八年十月。

第Ⅰ部

（1）このテキストは、一九七一年に出版された、Henry C. Goerner, *Thus It Is Written* (Nashville: Broadman) で展開された、宣教の聖書神学の出発点として用いられている。

（2）ここでは、「宣教という一貫した主題」（missional thrust）というとき、英語の missiological（宣教学の）ではなく、missional（宣教の）という形容詞を用いたが、序文におけるそれらの用語の定義（一六頁）からして、ふさわしいことであると思う。それは、イエスが単に旧約聖書について新しい神学的考察をしただけでなく、弟子たちを宣教へと駆り立てているからである。聖書におけるキリスト中心性の考察は、「宣べ伝えなければならない」（ルカ二四・四七）、「あなたがたは、これらのことの証人です」（同四八節）という命令へと展開するのである。

（3）ここでの「メシア」という用語は、旧約聖書で多様な用語で指し示される、ヤーウェなる神がイスラエルの救いと回復の待望を実現する方を指すのに用いている。旧約聖書では、ヘブライ語の「メシア」は、（おそらくダニエル九・二五を除いて）来るべき救済者を意味する定まった称号としては用いられていない。

第一章

（1）本章と第二章は当初、Christopher J. H. Wright, "Mission as a Matrix for Hermeneutics and Biblical Theology," in *Out of Egypt: Biblical Theology and Biblical Interpretation*, ed. Craig Bartholomew et al. (Carlisle, U.K.: Paternoster; Grand Rapids: Zondervan, 2004), pp. 102-143 に発表したものに基づいている。この書には、本書が扱う主題について議論した、国際聖書学会の「聖書と解釈学セミナー」（Scripture and Hermeneutics Seminar）で発表された他の論文も含まれている。

（2）聖書神学において新しい基礎を据える仕事には、批判的に方法論を論ずる必要があることは、もちろんである。しかし、聖書に一貫した宣教の視点に至るためには、そのような根本的な課題を超えていかなければならない。David J. Bosch, "Hermeneutical Principles in the Biblical Foundation for Missions," *Evangelical Review of Theology* 17 (1993): 437-451; Charles Van Engen, "The Relation of Bible and Mission in Mission Theology," in *The Good News of the Kingdom*, ed. Charles Van Engen, Dean Gilland and Paul Pierson (Maryknoll, N.Y.: Orbis, 1993), p.34 を参照されたい。

（3）もちろん、通説とは異なり、ウィリアム・ケアリ以前にも多くのプロテスタント宣教師がいた。しかしながら、宣教団体を立ち上げるための明確な聖書的根拠を示した一人が、ケアリであった。彼は、有名な *An Enquiry into the Obligations of Christians, to Use Means for the Conversion of the Heathens* (1792) において、マタイ二八・一八～二

○を宣教の鍵になる聖句として用いた。デイヴィッド・ボッシュは、次のように説明している。「プロテスタントのキリスト者は常に、聖書の教えに基づいて自分たちの働きを実践することを誇りとしてきた。初期のプロテスタント宣教師であった敬虔主義者もモラビア兄弟団も、宣教の働きについての聖書的根拠についてはほとんど持ち合わせていなかったようだ。事実、ウィリアム・ケアリこそ、キリスト教の宣教命令についての聖書的根拠を明示することを試みた最初の一人であった」（"Hermeneutical Principles." p. 438）。

（4）たとえば、Alan Le Grys, *Preaching to the Nations: The Origin of Mission in the Early Church* (London: SPCK, 1998) 参照。

（5）James LaGrand, *The Earliest Christian Mission to "All Nations" in the Light of Matthew's Gospel* (Grand Rapids: Eerdmans, 1995).

（6）Bosch, "Hermeneutical Principles," pp. 439-440.

（7）Marc R. Spindler, "The Biblical Grounding and Orientation of Mission," in *Missiology: An Ecumenical Introduction*, ed. A. Camps, L.A. Hoedemaker and M.R. Spindler (Grand Rapids: Eerdmans, 1995), pp. 124-125.

（8）Phillip Jenkins, *The Next Christendom: The Coming of Global Christianity* (Oxford: Oxford University Press, 2002). たとえば、Christopher Wright, "Future Trends in Mission," in *The Futures of Evangelicalism: Issues and Prospects*, ed. Craig Bartholomew, Robin Parry, and Andrew West (Leicester, U.K.: Inter-Varsity Press, 2003), pp. 149-163 とそこに示された参考文献を参照せよ。

（9）ロンドン地域の神学機関の合同シンポジウムで、非欧米のキリスト教において非欧米の神学者たちが取り組まなくてはならない主要な課題について、（それが、無邪気さによるものであろうと、意図的なものであろうと）私たちが無知であることが明らかになった。All Nations Christian College のガーナ人の神学講師が、母国での牧会で少なくとも半分の時間は、夢や幻や霊の世界に関する信徒の問いに、牧会的にまた神学的に対応することに割かれると言った。

他の学校の英国人神学者が、昼食の時、「その種のことからはもう卒業したと思っていたのだが」と侮蔑の念を隠すかのようにコメントした。

(10) 創世記をアラビア語のチャド方言に翻訳している欧米からの翻訳宣教師から聞いたことだが、チャドのキリスト者は母国語でヨセフ物語を初めて読んだときに、特に五〇章でクライマックスに至る物語の展開の中に、ヨセフと兄弟たちが和解に至る長い過程と（ヨセフの死後に至って初めて完成する）恥辱の除去が語られていることを見破った。それは、その主題が彼らの文化の中でたいへん重要な意味を持っていたからであった。その例として、彼らはヨセフが神学的洞察によってその生涯の意味を理解したことに感動しただけでなく、兄弟たちとその家族を養うと言ったことに大いに感動したというのである。

(11) James V. Brownson, "Speaking the Truth in Love: Elements of a Missional Hermeneutics," in *The Church Between Gospel and Culture*, ed. George R. Hunsberger and Craig Van Gelder (Grand Rapids: Eerdmans, 1996), pp. 232-233. また "Christopher J.H. Wright, "Christ and the Mosaic of Pluralisms: Challenges for Evangelical Missiology for the 21st Century," *Global Missiology for the 21st Century: The Iguassu Dialogue*, ed. William Taylor (Grand Rapids: Baker, 2000), reprinted in *Evangelical Review of Theology* 24 (2000): 207-239 も参照されたい。

(12) Ibid., p. 239.

(13) Ibid., pp. 257-258.

(14) このような表現をしたのは、次のように振り子は振られた、などと言うことは無意味だと考えるからである。すなわち、かつては欧米の神学が聖書解釈を支配し、マジョリティ・ワールドにおける解釈に無知であったが、今や世界の他の地域からのあらゆる神学をへつらいを持って受け入れた。また聖書解釈において伝統的な文法的・歴史的方法論は本来欧米的な性格を持っており、植民地主義的で帝国主義的であるとして拒絶するという態度に至った、ということである。

(15) 最近の例を挙げたのは意図的である。なぜなら、以前にも、その時代に特有の神学的発展があり、その神学が人々を解放するために営まれたからである。たとえば、宗教改革急進派のアナバプテストにおいては、ローマ・カトリック教会やプロテスタント教会、さらには政治権力から受けた激しい迫害によって苦闘する中で、独自の聖書解釈の方法論が発達した。

(16) 最近の統計では、インド国内からインド国内の異文化地域に派遣されている宣教師の数は、アメリカ合衆国から送り出されている宣教師の数を上回ったと見られる。

(17) 特に旧約学において、ポストモダンの状況の中で聖書が多様に解釈され、それが伝統的に独壇場であった欧米の神学界にどのようなインパクトを与えたかについての鋭い考察については、Walter Brueggemann, *Theology of the Old Testament, Dispute, Advocacy* (Minneapolis: Fortress Press, 1997), pp. 61-114を見よ。聖書の宣教的解釈は、今日の聖書解釈学において他の潮流と同様、存在意義があると考える。Wright, "Mosaic of Pluralisms" での指摘を参照されたい。

(18) Carl E. Braaten, "The Mission of the Gospel to the Nations," *Dialog* 30 (1991): 127. また、宣教において三位一体の神が第一とされるべきことについての的確な論考としては、Lesslie Newbigin, *Trinitarian Doctrine for Today's Mission* (Edinburgh: Edinburgh House Press, 1963; Carlisle, U.K.: Paternoster, 1998) を参照せよ。

(19) ポストモダンの思潮が突きつける重大な課題は、私たちが知っていると主張していることをどのように知ることができるかという、認識論の問題である。それは同時に、私たちが宣教をどのように見るかということに直接関わってくる。なぜなら、キリスト教宣教はキリスト教が神と世界について、また、歴史と未来について知っていると主張していることに根拠を置いているからである。宣教におけるこのような認識論上の問題については、その一部が学術会議で扱われ、その記録が出版されている。J. Andrew Kirk and Kevin J. Van-Hoozer, ed., *To Stake a Claim: Mission and the Western Crisis of Knowledge* (Maryknoll, N.Y.: Orbis, 1999).

（20）Andrew Walls は、キリスト教会が歴史上、福音の本質的で、文化を超えて適用できる普遍性を維持しつつ、多様な文化に応じて多様な形態をとってきたことを、たいへん刺激的に論じている。Andrew F. Walls, *The Missionary Movement in Christian History: Studies in the Transmission of Faith* (Maryknoll, N.Y.: Orbis; Edinburgh: T & T Clark, 1996) を見よ。

（21）Martha Franks, "Election, Pluralism, and the Missiology of Scripture in a Postmodern Age," *Missiology* 26 (1998): 342.

（22）Richard Bauckham は、*The Bible and Mission: Christian Mission in a Postmodern World* (Carlisle, U.K.: Paternoster, 2003) で、聖書が常に特殊と普遍の間を行き来しているさまを観察し、そのことが宣教学的聖書解釈にとって重要であること、また、特にポストモダンの状況に対して意味を持つことを指摘している。

第二章

（1）Charles R. Taber, "Missiology and the Bible," *Missiology* 11 (1983): 232.

（2）マリオン・ソーズは新約聖書研究が近年課題としてきた四分野（一世紀のユダヤ教、イエスの生涯、パウロ神学、初代教会の特徴）を検討して、それらの研究は宣教学の分野でも有益であることを示した。彼は以下のところでは逆の面から語る。「聖書学者が覚えるべきことは、時に非常な努力による痛ましいほど詳細な書物として表れる、宣教学の研究テーマの多くが、宣教の現実から突きつけられたものであることだ。宣教学研究の鍵になる課題を知り関心を持つことは、聖書学の研究にとって聖書の意味をより深く知るための焦点を見つける助けになることであろう。」Marion Soards, "Key Issues in Biblical Studies and Their Bearing on Mission Studies," *Missiology* 24 (1996): 107. ソーズの考え方に私も全く賛同している。次の書と、そこで参照されている書をも見よ。Andreas J. Koestenberger, "The Place of Mission in New Testament Theology: An Attempt to Determine the Significance of Mission Within the Scope of the New Testament's Message as a Whole," *Missiology* 27 (1999).

（3）I. Howard Marshall, *New Testament Theology: Many Witnesses, One Gospel* (Downers Grove, Ill.: InterVarsity Press, 2004), pp. 34-35, 傍点筆者。

（4）David Filbeck, *Yes, God of the Gentiles Too: The Missionary Message of the Old Testament* (Wheaton, Ill.: Billy Graham Center, 1994), p. 10.

（5）宣教の神学を構築する際、聖書を全体として見ることの必要については、次の論文も参照せよ。Charles Van Engen, "The Relation of Bible and Mission in Mission Theology," in *The Good News of the Kingdom*, ed. Charles Van Engen, Dean S. Gilliland and Paul Pierson (Maryknoll, N.Y.: Orbis, 1993), pp. 27-36.

（6）Oliver O'Donovan, *Resurrection and Moral Order: An Outline for Evangelical Ethics* (Leicester, U. K.: InterVarsity Press, 1986). 歴史的文化的相対主義の時代における聖書の権威についてのオドノヴァンの洞察を、私は以下の書の第二章で取り上げ、検討した。Christopher J. H. Wright, *Walking in the Ways of the Lord: The Ethical Authority of the Old Testament* (Downers Grove, Ill.: InterVarsity Press, 1995). また、私は以下の書において、同じ問題を旧約聖書の倫理との関連でさらに展開した。Christopher J. H. Wright, *Old Testament Ethics for the People of God* (Downers Grove, Ill.: InterVarsity Press, 2004).

（7）私の議論が Dale Patrick, *The Rendering of God in the Old Testament, Overtures to Biblical Theology* (Philadelphia: Fortress Press, 1981) に負っていることが次第に明白になるであろう。

（8）聖書解釈における物語の重要性についての近年の聖書学の強調、その宣教学への応用の妥当性、聖書の物語をメタ・ナラティブとして捉えることの弁証は、以下の論考を参照せよ。Craig Bartholomew and Michael W. Goheen, "Story and Biblical Theology," in *Out of Egypt: Biblical Theology and Biblical Interpretation*, ed. Craig Bartholomew et al. (Carlisle, U. K.: Paternoster; Grand Rapids: Zondervan, 2004), pp.144-171.

（9）ここでは次の書の世界観分析が役立った。J. Richard Middleton and Brian J. Walsh, *Truth Is Stranger Than It Used to Be: Biblical Faith in a Post-modern Age* (Downers Grove, Ill.: InterVarsity Press, 1995).

（10）旧約聖書学者の間では、当然ながら、イスラエルの民がカナンの地に現れて年代誌に名を残すことになったさまざまな出来事の再構築に関して相当の議論がある。しかし、どのような過程を経たにせよ、イスラエルの民は確かに現れて共同体を形成し、その後の全人類の歴史に重大な影響を及ぼすことになる伝統や書物を残したのであるから、私たちはここでは上記のような歴史に関する議論に煩わされる必要はない。

（11）N. T. Wright, “Jesus and the Victory of God” (London: SPCK, 1996) と、Richard Bauckham, “God Crucified” (Carlisle, U. K.: Paternoster; Grand Rapids: Eerdmans, 1999)、そして本書第四章を見よ。

（12）神がご自分の使命を遂行される物語として聖書全体を描いていき、読者にもその物語に参加を促す良書は、Philip Greenslade, “A Passion for God’s Story” (Carlisle, U. K.: Paternoster, 2002).

（13）ここで議論している点は、ゴールズワージーが「命令法の誤用」の回避を願っていることと、別の角度からではあるが似通った主題である。ゴールズワージーは、たとえばイスラエル人が諸国に出て行って宣教するなどの宣教命令が旧約聖書に欠如しているように見える疑いは、元来イスラエル人は世界の中で存在するという使命を帯びていたということで解消されるとする。「神は、諸国に救いをもたらす民となる、という目的をイスラエルの果たす機能の中に与えているが、それは命令法のものではなく直説法のものであった。」（Graeme I. Goldsworthy, “The Great Indicative: An Aspect of a Biblical Theology of Mission,” *Reformed Theological Review* 55 (1966): 7.

（14）J. Andrew Kirk, *What Is Mission? Theological Explorations* (London: Darton, Longman &Todd; Minneapolis: Fortress Press, 1999) の第二章、“God’s Mission and the Church’s Response,” pp. 23-37 を参照せよ。

（15）その歴史的概観は、David J. Bosch, *Transforming Mission: Paradigm Shifts in Theology of Mission* (Maryknoll, N.Y.: Orbis, 1991), pp. 389-393 を見よ。〔邦訳は『宣教のパラダイム転換・下』（東京ミッション研究所訳、新教出版社、二

〇〇一年)、二三二〜二三八頁。〕

(16) L. A. Hoedemaker, "The People of God and the Ends of the Earth," in *Missiology: An Ecumenical Introduction*, ed. A. Camps, L. A. Hoedemaker and M. R. Spindler (Grand Rapids: Eerdmans, 1995), p. 163. ホーデメイカーは *missio Dei* の歴史とその弱点について、興味深い批判的な研究をしている。

(17) Georg F. Vicedom, *The Mission of God: An Introduction to a Theology of Mission*, eds. Gilbert A. Thiele and Dennis Hilgendorf (1958; reprint, St. Louis: Concordia Press, 1965).

(18) Arthur Campbell Aigner, "God Is Working His Purpose Out" (1984).

(19) Richard Bauckham, *The Bible and Mission: Christian Mission in a Postmodern World* (Carlisle, U.K.: Paternoster, 2003), pp. 92-94.

(20) ルカ二四章や使徒一章の文脈では、「証人」という言葉は第一義的には直接主イエス・キリストに、また特に復活の主にお目にかかった使徒たちの役割として示されているのであろう。しかしながら、その特定の、使徒に固有の証人としてのあり方は、キリストの福音を継続して証言するすべての信徒の働きの土台となっている。それで、ここでは証人という言葉がより広い意味を持ち、より長い期間担われる宣教的な意味合いを暗示していると考えることは不適当ではない。

(21) John Stott, *The Contemporary Christian: An Urgent Plea for Double Listening* (Downers Globe, Ill.: InterVarsity Press, 1992), p335.

(22) ロンドン・バイブル・カレッジでの私の一九九八年レイン講義に対する、アンソニー・ビリントンの書面応答（未出版）。

（1）こうした考古学的資料と、それがイスラエルの宗教と旧約聖書的唯一神信仰に関する証拠として負っていることについてのごく最近の概観として、William Dever, *Did God Have a Wife? Archaeology and Folk Religion in Ancient Israel* (Grand Rapids: Eerdmans, 2005) を挙げることができる。

（2）イスラエルの宗教と旧約聖書神学における唯一神信仰についての研究は多大な量があり、私たちはここできちんと取り組むことはできない。このことに関する学問的研究の文献と概観については、Robert Karl Gnuse, *No Other Gods: Emergent Monotheism in Israel*, JOST Supplement Series 241 (Sheffield, U.K.: Sheffield Academic Press, 1997) 参照。この課題について簡潔ではあるが洞察の深い評価（ヌースへの批評を含む）は、Richard Bauckham, "Biblical Theology and the Problems of Monotheism," in *Out of Egypt: Biblical Theology and Biblical Interpretation*, ed. Craig Bartholomew et al. (Carlisle, U.K.: Paternoster; Grand Rapids: Zondervan, 2004), pp. 187-232 参照。

（3）ピーター・メイチニストは、イスラエルの信仰について明白に特徴的な主張をなす四百三十三のテキスト、特に、その中でもイスラエルの神の唯一性を主張するテキストを概観して、それらが旧約聖書文学のあらゆる段階とあらゆるジャンルに見いだされるという驚くべき事実について注釈を加えている。Peter Machinist, "The Question of Distinctiveness in Ancient Israel," in *Essential Papers on Israel and the Ancient Near East*, ed. F. E. Greenspan (New York: New York University Press, 1991), pp. 420-442 参照。同様の点は、ロナルド・クレメンツによっても指摘されている。Ronald E. Clements, "Monotheism and the Canonical Process," *Theology* 87 (1984): 336-344.

（4）Nathan MacDonald, *Deuteronomy and the Meaning of "Monotheism"* (Tubingen: Mohr Siebeck, 2003). Nathan MacDonald, "Whose Monotheism, Which Rationality?" in *The Old Testament in Its World*, ed. Robert P. Gordon and Johannes C. de Moor (Leiden: Brill, 2005), pp. 45-67. Richard Bauckham, "Biblical Theology and the Problems of Monotheism."

第三章

（1）ジョン・ダラムは、このくだりを「ヤーウェは永遠に妨げられることなく統べ治める」と訳している。John Durham, *Exodus: World Biblical Commentary* (Waco, TX.: Word, 1987), pp. 201-202.

（2）John Day, "Asherah," "Baal(Deity)," and "Canaan, Religion of," in *Anchor Bible Dictionary*, ed. David Noel Freedman (New York: Doubleday, 1992), 1:483-487, 545-549, 831-837. N. Wyatt, *Religious Texts from Ugarit* (Sheffield, U.K.: Sheffield Academic Press, 1989).

（3）すべての国々と神々とを超えるヤーウェの世界大の統治という概念は、さらに第一四章で議論される。

（4）神々や王たちこそ正義の行為者であるべきであるという、古代中近東に広まっていた期待については、その包括的な研究であるMoshe Weinfeld, *Social Justice in Ancient Israel and in the Ancient Near East* (Minneapolis: Fortress Press, 1995) 参照。

（5）Richard Bauckham, "Biblical Theology and the Problems of Monotheism," in *Out of Egypt: Biblical Theology and Biblical Interpretation*, ed. Craig Bartholomew et al. (Carlisle, U.K.: Paternoster; Grand Rapids, MI.: Zondervan, 2004), p. 211.

（6）Ibid., p. 196.

（7）Ibid., p. 195.

（8）この話題についての古典的著作は、依然として、Bertil Albrektson, *History and the Gods: An Essay on the Idea of Historical Events as Divine Manifestations in the Ancient Near East and in Israel* (Lund: Gleerup, 1967)である。また、最近のものでは、Daniel I. Block, *The Gods of the Nations: Studies in Ancient Near Eastern National Theology*,

2nd ed. (Grand Rapids: Baker; Leicester, U.K.: Apollos, 2000) 参照。

（9）Simon Sherwin, "'I Am Against You': Yahweh's Judgment on the Nations and Its Ancient Near Eastern Context," *Tyndale Bulletin* 54 (2003): 160.

（10）Claus Westermann, *Isaiah 40-66*, trans. D. M. H. Stalker (London: SCM Press, 1969), p. 15.

（11）Ibid.

（12）Millard C. Lind, "Monotheism, Power, and Justice: A Study in Isaiah 40-55," *Catholic Biblical Quarterly* 46 (1984): 435. 傍点著者。

（13）このフレーズは、文字どおりには「主こそ神」である。このフレーズは、火をもって答える神はバアルではなくヤーウェであったという、エリヤのしるしの後に人々が告白した信仰と同一の形式である（列王上一八・三九）。

（14）この「どのようにして」という、欠けている視点への期待が表明されている唯一の箇所は、イザヤ六六・一九である。そこでは、ヤーウェの栄光を諸国民の間で宣べ伝えるための諸国への派遣が予告されている。全体の文脈は、このことを終末論的な期待として描いている。旧約聖書神学における諸国についてのより十全な議論は、本書の第一四章において展開される。

（15）ファラオの言葉の中にある興味深い含みの一つは、ヤーウェを神として知ることとヤーウェに従うこととの兼ね合いである。それは、この物語の中で特に取り上げられるものではないが、申命記や預言書との関連では確かに主要点となるものである。そこでは、ファラオは、自分が知らないゆえに、従う義務を何ら感じていない。逆に、ヤーウェを知るということは、ヤーウェにもっぱら従うことなのである（申命四・三九～四〇）。実際、エレミヤは、ヨシヤを例に取りながら、神についての知識をそのように定義している（エレミヤ二二・一六）。また、ホセアは、神の命令の多くに対するイスラエルの不従順について鋭く判決を述べつつ、次のように要約している。「この国には、……神を知ることもないからだ」（ホセア四・一）。

(16) たとえば、イザヤ一九・一～一五、エレミヤ四六章、エゼキエル二九～三二章など。

(17) 第一四章において、私たちはこのくだりを学ぶことにする。また、もし、そんなに劇的な表現でなければ、同じ含みを持つ他の多くの章句をも学ぶであろう。

(18) このテキストについての詳細な議論については、第一四章を参照されたい。

(19) さらにパトリック・ミラーは、地理的に挟まれる位置関係の神学的重要性について言及している。Patrick Miller, "God's Other Stories: On the Margins of Deuteronomic Theology," in *Realia Dei*, ed. P. H. Williams and T. Hiebert (Atlanta: Scholars Press, 1999), pp. 185-194.

(20) このテーマについては、第一四章でさらに深く取り扱う。

(21) 国々が、将来神についてどのような知識に至るのか、に関してのエゼキエルの見方とその含みについて、筆者はより十全に議論したことがあった。Christopher J. H. Wright, *The Message of Ezekiel: A New Heart and a New Spirit*, The Bible Speaks Today (Leicester, U.K.: Inter-Varsity Press; Downers Grove, IL.: InterVarsity Press, 2001), pp. 268-272. それは、この事柄についての優れた要約、David A. Williams, "'Then They Will Know That I Am the Lord': The Missiological Significance of Ezekiel's Concern for the Nations as Evident in the Use of the Recognition Formula" (master's diss. All Nations Christian College, 1998) に依拠している。

(22) この終末的出来事の順序は、同じようにヨハネの黙示録において見いだされる。すなわち、神と神の民に対抗する敵たちがまず滅ぼされなければならず、その後で初めて、神が贖われた民と共に永遠に住むのである。

(23) エゼキエル三八～三九章の筆者の解釈についてのより詳しい説明に関しては、Wright, *Message of Ezekiel*, pp. 315-326 参照。

(24) ファラオやキュロスに対する神の語りかけの中に見られるのと同様の神の皮肉がここにあることに留意せよ。「わたしはお前を……連れて来る。……国々……がわたしを知るようになるためである。」これは、その全体の要点が神を知ることなのだとわかるときに、神とは誰かを知ろうと多大な労力を費やすことに関して、人々を二重の意味で後悔させるものである。

第四章

（1）神の名であるヤーウェがいつから声に出して読まれなくなったのか、正確にはわからない。聖なる四文字は *ădōnay*（主）と読み替えられると共に、遠回しに「御名」という表現も用いられていた。

（2）このアラム語の言葉は「主は来られた」という告白の宣言ととることも、「私たちの主よ、来てください」という祈りととることもできるが、後者の可能性が高いと広く認められている。呪いが先行し、挨拶が続く文脈においては、祈りがよりふさわしい。黙示録二二・二〇ではギリシア語に訳されているが、それは明らかに祈りである。

（3）David B. Capes, *Old Testament Yahweh Texts in Paul's Christology* (Tübingen: Mohr, 1992), pp. 43-45と、そこに引用されている文献を参照。

（4）Ibid., pp. 46-47.

（5）この順序で二つの語だけが現れるなら、「イエス」が主語、「主」が述語である。

（6）Seyoon Kim, *The Origin of Paul's Gospel* (Grand Rapids: Eerdmans, 1982), pp. 104-105参照。KimはⅠコリント九・一〜二、Ⅱコリント四・五において、ダマスコ途上での出会いとイエスを主とするパウロの認識の間の関連を見ている。疑いなくパウロ自身の記憶に負っていたルカもまた、使徒九・五、一七でこうした要素を強調している。

（7）この三点を私はJohn W. R. Stottに負っており、「イエスは主――徹底して弟子となることへの召し」という講義を楽しく聞かせていただいた記憶に基づいて、引用している。

（8）たとえば、ローマ一〇・一三（＝ヨエル三・五）、一四・一一（＝イザヤ四五・二三〜二四）、Ⅰコリント一・三一とⅡコリント一〇・一七（＝エレミヤ九・二三）、Ⅰコリント二・一六（＝イザヤ四〇・一三）、Ⅱテモテ二・一九（＝民数一六・五)。

(9) Richard Bauckham, "Biblical Theology and the Problems of Monotheism," in *Out of Egypt: Biblical Theology and Biblical Interpretation*, ed. Craig Bartholomew et al. (Carlisle, U.K.: Paternoster; Grand Rapids: Zondervan, 2004), p. 224. この箇所はまた、N. T. Wrightが旧約の唯一神論とそのキリスト論的な拡大に関連して徹底して論じている。"Monotheism, Christology and Ethics: 1 Corinthians 8," in *The Climax of the Covenant: Christ and the Law in Pauline Theology*, ed. N. T. Wright (Edinburgh: T & T Clark, 1991), pp. 120-136.

(10) Bauckham, "Biblical Theology and the Problems of Monotheism," p. 224.

(11) ローマ一四〜一五章における「強い人」「弱い人」というパウロの表現の説明としては、異邦人キリスト者とユダヤ人キリスト者相互の違いをそれぞれ述べていると見るのが最もよい、と私は思う。

(12) Robert Hubbard, "*yāšaʿ*," in *New International Dictionary of Old Testament Theology and Exegesis*, ed. Willem A. VanGemeren (Grand Rapids: Zondervan, 1997), 2:559.

(13) イエス・キリストの神性に関する新約聖書の主張の性質と内容を研究する優れた書物が今では豊富に存在している。精選すれば以下のようなものがある。Richard Bauckham, *God Crucified: Monotheism and Christology in the New Testament* (Carlisle, U.K.: Paternoster, 1998); Murray J. Harris, *Jesus as God: The New Testament Use of Theos in Reference to Jesus* (Grand Rapids: Baker, 1992); Larry W. Hurtado, *One God, One Lord: Early Christian Devotion and Ancient Jewish Monotheism* (Edinburgh: T & T Clark, 1998); Larry W. Hurtado, *Lord Jesus Christ: Devotion to Jesus in Earliest Christianity* (Grand Rapids: Eerdmans, 2003); Leander E. Keck, *Who Is Jesus? History in Perfect Tense* (Columbia: University of South Carolina Press, 2000); Ben Witherington III, *The Christology of Jesus* (Minneapolis: Fortress Press, 1990); N. T. Wright, *Jesus and the Victory of God* (London: SPCK, 1996).

(14) ここでパウロがエゼキエルの見た神の栄光の偉大な幻（エゼキエル一章）に言及している可能性は大いにある。彼は復活したキリストの栄光に自らが直面した経験をそのような言葉で表現したのかもしれない。もしそうなら、彼が「キリストの栄光」と「神の栄光」の間で行き来していることは、なおいっそう意義深い。ここにイエスをヤーウェと同一視するもう一つの例があることになる。

(15) エフェソの信徒への手紙の並行箇所における「奥義」に対するパウロの短い言及で、「奥義」とはまさしく、十字架にかけられたメシアであるイエスが、異邦人とユダヤ人を一つにした事実であることは明らかである（エフェソ三・二〜一三）。それゆえ、Christos en hymin という句は個人的に体験する内住のキリスト（あなたがたの内におられるキリスト）であるより、今やキリストは「あなたがたの間に」おられる、つまり異邦人の間におられるという現実に言及するもので、その箇所に *en tois ethnesin*「諸国民の間で」とあるのと同じ意味であると、私は思う。

(16) Richard Bauckham, *The Bible and Mission: Christian Mission in a Postmodern World* (Carlisle, U.K.: Paternoster, 2003), p. 22. Bauckham はこうした地理的な誇張法の他の例を挙げ、ミッションに対してそれが有している終末論的な意義を指摘している（ローマ一・八、Ⅰテサロニケ一・八、Ⅱコリント二・一四）。他方、もしパウロがコロサイの信徒への手紙を書く頃までに「地の果て」と一般に呼ばれる地域にまで初期の伝道の企てが進められていたのであれば、こうした句は宣教の現実を実際に反映しているのかもしれないと、Eckhard Schnabel は示唆している。*Early Christian Mission*, vol.1 *Jesus and the Twelve* (Downers Grove, Ill.: InterVarsity Press, 2004), pp. 436-554. 初期キリスト教の宣教が行われた一世紀のユダヤ文化とギリシャ・ローマ文化において地理的現実がどのように認識されていたか、この書が提供している詳述は実に優れている。

(17) イエスを知ることを通して神を知るという、同じようなダイナミックな結合が、ヨハネの手紙一にも縫い込まれている（Ⅰヨハネ二・三〜六、二三、四・一三〜一五、五・二〇〜二一参照）。

(18) Bauckham, *Bible and Mission*, p. 37.

(19) Ibid.

(20) *Book of Common Prayer* の「朝の祈り」にある、平和を求める第二集禱文からの引用。

(21) この点については特に Millar C. Lind, "Monotheism, Power and Justice: A Study in Isaiah 40-55," *Catholic Biblical Quarterly* 46 (1984): 432-446 を参照。

(22) Bauckham, *Bible and Mission*, p.40.

(23) 今一度思い起こすことにしよう。「聖書的唯一神教」で私が言おうとしているのは、ヤーウェの超越的な唯一性というイスラエルにおける現実の主張であって、啓蒙主義のカテゴリーが構成した抽象的な概念ではない。

(24) 私は宗教多元主義の文脈におけるイエスの無比性のこうした次元を、Christopher J. H. Wright, *The Uniqueness of Jesus* (London and Grand Rapids: Monarch, 1997) で、より詳しく概観した。

(25) Patrick D. Miller Jr., "'Enthroned on the Praises of Israel': The Praise of God in Old Testament Theology," *Interpretation* 39 (1985): 8.

(26) Ibid., p. 9.

(27) Ibid., p. 13.

(28) John Piper, *Let the Nations Be Glad! The Supremacy of God in Missions*, 2nd ed. (Grand Rapids: Baker Academic, 1993), p. 17.

第五章

(1) Robert Karl Gnuse, *No Other Gods: Emergent Monotheism in Israel*, JSOT Supplement Series 241 (Sheffield, U.K.: Sheffield Academic Press, 1997). ヌースの研究は、当然、唯一神教の起源と歴史に関する莫大な学問的研究の一つに過ぎない。しかし、そこに記載されている文献リストはこの分野の文献についての有益なガイドである。しかしながら、第二部の序論で述べているとおり、私たちの限界を超えているので、唯一神教の起源と歴史についての問題をここで深く取り扱わない。

（2）Yair Hoffman, "The Concept of 'Other Gods' in the Deuteronomistic Literature," in *Politics and Theopolitics*, ed. Henning Graf Reventlow, Yair Hoffman, and Benjamin Uffenheimer (Sheffield: JSOT Press, 1994), pp. 70-71.

（3）イスラエルの宗教の進化的見地とその土台となっている歴史的再構築への一般的な批評は、Richard Bauckham, "Biblical Theology and the Problems of Monotheism," in *Out of Egypt: Biblical Theology and Biblical Interpretation*, ed. Craig Bartholomew et al. (Carlisle, U.K.: Paternoster; Grand Rapids: Zondervan, 2004), pp. 187-232を見よ。

（4）Ibid., p. 196.

（5）Ibid., p. 211.

（6）「礼拝されるべき存在という役割を神は天体に与えた」と申命四・一九がはっきりと述べていないことの重要性を私は認識している。天体という創造の賜物をすべての国々（そこにイスラエルも含まれるが）に神が与えられたに過ぎない。事実、他の国々は天体を礼拝している。だからといって、イスラエルは彼らの行動を模倣すべきではない。

（7）Frank Houghton, "Facing a Task Unfinished," 1930 by © Overseas Missionary Fellowship.

（8）テキストにはいくぶん困難な点が含まれている（ＮＩＶの脚注を見よ）。しかし、この箇所が星の神々の礼拝に関するものであるのは確かだ。

（9）Gordon D. Fee, *The First Epistle to the Corinthians*, New International Commentary on the New Testament (Grand Rapids: Eerdmans, 1987), p. 472.

（10）レビ一七・七は、イスラエルの民が「山羊の偶像」（セイリム）に動物を犠牲として供えることを禁じている。サチュロス〔ギリシア神話の神〕のような、山羊のような形をしていると考えられる悪霊を「山羊の偶像」は指している可能性がある。「山羊の偶像」は神々であると述べられているわけではない。しかし、それが何であろうとも、そのようなものへの犠牲はヤーウェのみを礼拝せよという排他的な契約関係と両立しないことを、この禁止項目ははっきりと示している。「山羊の偶像」はヤロブアムの偶像崇拝に含まれていた可能性もある（歴代下一一・一五）。贖罪の日の祭儀において二匹の雄山羊のうちの一匹は「アザゼル」という不可解な存在へと追いやられる（レビ一六・八、一〇、二六）。この「アザゼル」こそが荒野の悪霊ではないかと考える学者もいる。ただし、この語は贖罪の日の祭儀に関する文脈でしか用いられていないため、他の文脈でどのような意味を持つかはわからない。そのため異論もある。なお、繰り返すようだが、「アザゼル」と他の何らかの神との結びつきはほのめかされてはいない（そして、イスラエルの最も聖なる日の祭儀の一部分が他の神と結びついているとは想像できない）。John E. Hartley, *Leviticus*, Word Biblical Commentary 4 (Dallas: Word, 1992), pp. 236-238, 272-273 を参照せよ。

（11）一七節の「悪霊」はヘブライ語で「シェディム」であって、この箇所と詩編一〇六・三七にしか現れないまれな語である。アッカド語の「セデゥ（*sedu*）」と同じ語源を持ち、古代メソポタミアの宗教では死者と関わりを持つ守護霊のことを指していた。詩編一〇六編に語られている人身御供と悪霊の関わりについての証拠はメソポタミアの宗教にも見いだされる。

（12）Brian Wintle, "A Biblical Perspective on Idolatry," in *The Indian Church in Context: Her Emergence, Growth and Mission*, ed. Mark T. B. Laing (Delhi: CMS/ISPECK, 2003), p. 60.

（13）申命四・二八に書かれている偶像に関する評価は、ヒゼキヤの言葉を通して表されている申命記的歴史家の強調点にも響いている。

（14）John Barton, "'The Work of Human Hnads' (Ps 115:4): Idolatry in the Old Testament," *Ex Auditu* 15 (1999): 67.

（15）多元主義者の観点については、たとえば、W. Cantwell Smith, "Idolatry in Comparative Perspective," in *The Myth of Christian Uniqueness*, ed. John Hick and Paul F. Knitter (Maryknoll, N.Y.: Orbis; Lond: SCM Press, 1987), pp. 53-68 を見よ。

(16) Barton, "Work of Human Hands," pp. 63-72.
(17) Ibid., p. 66.
(18) ただし、バートンが表現するような形では、私はホセアとイザヤの違いを考えない。イスラエルが政治的に深く関わりを持つようになった諸国の神々が、ヤーウェの代わりとなり得る、神としての現実を実際に持っていたとは、ホセアもイザヤ同様に感じていなかった、と考えている(特に、諸国の神々を人間の造ったものであると言ってホセアが退ける点〔ホセア八・四、六、一三・二、一四・四〕を考慮すると)。したがって、イザヤが意味することをバートンは正しく理解していると私も考えるが、バートンが言うように諸国の神々についてのイザヤの理解が「画期的な前進」であったという点には同意できない。
(19) ベテルの祭司はアモスの預言を反乱的だとみなし、「ここは王の聖所、王国の神殿だから」(アモス七・一三)と語ることによって、自分の憤りをあらわにした。この祭司の表現から、ヤーウェの祭壇が王の保護下に置かれていることがわかる。
(20) 字義どおり読むと一六節は「アダムの息子たちに」である。四節では偶像が「アダムの手のわざ」と記されており、「アダム」の繰り返しから、二つの結びつきは明らかである。
(21) Barton, "Work of Human Hands," p. 70.
(22) たとえば、Morton Smith, "The Common Theology of the Ancient Near East," in *Essential Papers on Israel and the Ancient Near East*, ed. F. E. Greenspan (New York: New York University Press, 1991), pp. 49-65 の概論を参照せよ。しかし、スミス(Smith)は、イスラエルの信仰のあらゆる独自性を最小限にせよと最終的には主張している。
(23) Werner H. Schmidt, *The Faith of the Old Testament* (Philadelphia: Westminster, Oxford: Backwell, 1983), p. 70.
(24) Joachim Neander (1650-1680), "All My Hope on God I Founded" (Robert S. Bridges によって一八九九年に改作)。
(25)「天ではもろもろの権威を」は、字義どおり訳すと「高き所では高き者の万軍を」となる。ここでは、天の星の軍勢を「神々」と特定して述べているわけではない。しかし、天の星の軍勢は、他の箇所で「神々」と呼ばれるほどの権威を持つ存在である。イザヤ書の他の箇所でもそうであるが、これらの存在は人間の想像上の産物（王たちの支配を保証する、いわゆる神的な存在）とみなされていたり、人間の政治体制に何らかのかたちで関わりを持っている神の使いの軍勢のような霊的な権威を持つ存在である可能性もあった。どちらの場合でも、「神々」は、被造物の中の何らかの存在を指しているのであって――人間が作ったものか、神の使いか――、審判を行うヤーウェと神としてのそのユニークな性質を共有するような存在を指すのではない。天の星の軍勢という表現は「神の創造したあらゆる領域の上に最終的な解決がもたらされる時に取り扱われる、神の前に有罪とみなされる霊的な力を遠回しに言及している。神の完全な主権を淡々と前提にしているからこそ、あらゆる場所のあらゆる権威が罰せられるというイザヤの主張がよりいっそう印象に残る」とモータイヤ（Motyer）は示唆している。J. A. Motyer, *The Prophecy of Isaiah* (Downers Grove, Ill.: InterVarisity Press; Leicester, U.K.: Inter-Varsity Press, 1993), p. 206.

（26）Jacques Ellul, *The New Demons* (London: Mawbrays, 1976).

（27）J. A. Walters, *A Long Way from Home: A Sociological Exploration of Contemporary Idolatry* (Carlisle, U.K.: Paternoster, 1979).

（28）Bob Goudzwaad, *Idols of Our Time* (Downers Grove, Ill.: InterVarsity Press, 1984).

（29）Walter Wink, *Naming the Powers: The Language of Power in the New Testament* (Philadelphia: Fortress Press, 1984); *Unmasking the Powers: The Invisible Forces That Determine Human Existence* (Philadelphia: Fortress Press, 1986); *Engaging the Powers: Discernment and Resistance in a World of Domination* (Minneapolis: Fortress Press, 1992).

（30）Clinton Arnold, *Powers of Darkness: A Thoughtful, Biblical Look at an Urgent Challenge Facing the Church* (Leicester, U.K.: Inter-Varsity Press; Downers Grove, Ill.: InterVarsity Press, 1992).

（31）Vinoth Ramachandra, *Gods That Fail: Modern Idolatry and Christian Mission* (Carlisle, U.K.: Paternoster; Downers Grove, Ill.: InterVarsity Press, 1996).

（32）Peter C. Moore, *Disarming the Secular Gods* (Downers Grove, Ill.: InterVarsity Press; Leicester, U.K.: Inter-Varsity Press, 1989).

（33）Craig Bartholomew and Thorsten Moritz, ed., *Christ and Consumerism: A Critical Analysis of the Spirit of the Age* (Carlisle, U.K.: Paternoster, 2000).

（34）このような文脈で偶像崇拝に関わる表現が当たり前のように、そして積極的に用いられている。特に西洋文化において、メディアが有名人たちをポップスやファッションの「アイドル」や「セックスの女神」と呼んで、賞賛を送っている。

（35）Marvin E. Tate, *Psalms 51-100*, Word Biblical commentary 20 (Dallas: Word, 1990), p. 514.

（36）Nahum Tate, "Through All the Changing Scenes of Life" (1696).

（37）エレミヤは偶像の「性別」を入れ替えることによって彼らを軽蔑している。木の棒は女性的で、母性を表している一方で、立っている石は男性的で、陰茎を象徴している。

（38）"It Must Be Someone's Fault — It Might Be Our Own" *The Independent*, February 28, 1993という社説から引用した。この社説は、二人の十歳の少年によって二歳のジェームス・バルガー（James Bulger）が殺された後に書かれたものである。

（39）Johannes Verkuyl, *Contemporary Missiology* (Grand Rapids: Eerdmans, 1978), p. 95. 聖書の中で熟考されている、宣教に決して欠くことのできない要素としての「争い」をしっかりと取り扱った研究にMarc R. Spindler, *La Mission: Combat Pour Le Salut Du Monde* (Neuchatel, Switzerland: Delachaux & Niestle, 1967) がある。

（40）ロバート・シショロム（Robert B. Shisholm）も、ヤーウェと神々との闘争を考えるにあたって、これらの三つの特色ある時代を大局的な見地から観察している。彼の “‘To Whom Shall You Compare Me?’ Yahweh’s Polemic Against Baal and the Babylonian Idol-Gods in Prophetic Literature,” in *Christianity and the Religions: A Biblical Theology of World Religions*, ed. E. Rommen and H. A. Netland (Pasadena, Calif.: William Carey Library, 1995), pp. 56-71 を見よ。

（41）使徒一七章に描かれている状況をここで述べているように理解している研究として、Bruce Winter, “On Introducing Gods to Athens: An Alternative Reading of Acts 17:18-20,” *Tyndale Bulletin* 47 (1996): 71-90 がある。

（42）このような表現をもって契約関係を表現するのは一般的ではない。しかし、比喩として用いられることによって、この表現は豊かな意味を生み出している。愛情をもって着るお気に入りの服とその人との結びつきは、その結びつきと相互関係において契約関係に似ている。神が自分の民を身にまとい、自らを着飾ることこそ契約である。

編集者あとがき

本書は、Christopher J. H. Wright, *The Mission of God: Unlocking the Bible's Grand Narrative*（Downers Grove, IL: InterVarsity Press）の第Ⅰ部と第Ⅱ部の全訳である。原著は、第Ⅳ部まであり、五百八十一頁にも及ぶ大著であることから、邦訳版は、全体の約三分の一の分量となる今回のものを第1巻とし、原版の第Ⅲ部と第Ⅳ部は、邦訳版の第2巻と第3巻として出版する予定である。

著者のクリストファー・ライト氏は、一九四七年に北アイルランドのベルファストで生まれた。宣教師家庭の息子として、長老派の信仰的伝統の中で育てられた。ケンブリッジ大学を卒業し、出身地にあるグロスヴェノア高校で教鞭をとる。その後、ケンブリッジ大学で旧約学を学び、「旧約における経済と倫理」をテーマに研究を重ね、博士号を取得した。その研究は後に *God's People in God's Land*（Eerdmans / Paternoster, 1990）として出版された。さらに、一九七七年に英国聖公会の教職按手礼を受け、副牧師としてケント州トンブリッジの教会で奉仕する。彼は一九八三年より、家族と共にインドに渡り、教師宣教師として、プネにあるUnion Biblical Seminaryで旧約を教えながら、クロスリンクスという宣教団体と関わりを持ちつつ宣教活動に励んだ。こうした経験は、その後の宣教的聖書解釈に寄与したことであろう。インドでの五年間の働きの後、英国に戻り、オール・ネイションズ・クリスチャン・カレッジで教頭の任に就いた。異文化宣教に重荷を持つ青年たちを訓練する宣教師養成機関でもあるそのカレッジでは、彼のような宣教経験のある教師が必要であったのだろう。五年後の一九九三年には、ライト師がカレッジの学長に就任する。

その後、二〇〇一年より、ランガム・パートナーシップ国際協会の責任者となった。これは、ジョン・ストットの基金によって始められた機関で、福音的聖書理解に基づく神学教育を提供し、欧米以外の国々の教会の働き人や神学的リーダーを育てることに用いられてきた。さらに、ライト氏は、二〇〇五年から、ローザンヌ世界宣教会議の神学委員長に抜擢された。二〇一〇年、南アフリカのケープタウンで開催された世界宣教会議開催に向けて、三度の神学作業部会で中心的な働きをした。第一回は二〇〇八年にタイのチェンマイで the whole gospel をテーマに、第二回は、二〇〇九年に中米パナマで the whole church をテーマに、第三回は、二〇一〇年にレバノンのベイルートで the whole world をテーマに開催された。こうした議論は、わかりやすい言葉で見事にまとめられ、あの二〇一〇年のケープタウンで採決された『ケープタウン決意表明（コミットメント）』（*Cape Town Commitment* 邦訳・いのちのことば社）へと結実した。私は、第三回の作業部会に参加させていただいたが、一週間もの間、世界各地の神学者ら四十人ほどが集まり、朝から夜に至るまで、いくつかの領域に分かれて議論を重ね、文書を作成していった。神学的で実際的な課題に取り組む複雑かつ意義ある作業全体をまとめるライト氏の手腕は見事で、なぜ彼がジョン・ストットの後継者なのかを知り、何とか日本に彼を迎えたいという強い気持ちを持った。今回、こうして世界中のセミナーなどで引っ張りだこのライト氏を日本に迎え、東京聖書学院と神戸ルーテル神学校、および日本宣教学会で講演していただけることとなり、感謝にたえない。また、この来日に合わせて本書が出版できることを心から嬉しく思っている。

　彼が今まで出版した主著で、本書以外のものは次のとおりである。

God's People in God's Land（Eerdmans / Paternoster, 1990）
Knowing Jesus through the Old Testament（Monarch / IVP, 1992）
Deuteronomy: New International Biblical Commentary（Hendrikson / Paternoster, 1996）
Thinking Clearly about the Uniqueness of Jesus（Kregel Publications 1997, Monarch, 2001）
The Message of Ezekiel, The Bible Speaks Today（IVP, 2001）
Old Testament Ethics for the People of God（IVP, 2004）

Knowing the Holy Spirit through the Old Testament（Monarch / IVP, 2006）
Knowing God the Father through the Old Testament（Monarch / IVP, 2007）
Salvation Belongs to Our God: Celebrating the Bible's Central Story（IVP, 2008）
The God I Don't Understand（Zondervan, 2009）
The Mission of God's People: A Biblical Theology of the Church's Mission（Zondervan, 2010）

多くの著作の中でも特に重要な著作が、本書 *The Mission of God* であろう。日本語のタイトル『神の宣教――聖書の壮大な物語を読み解く』は、原著のタイトルをほぼそのまま訳出している。著者の本書への思いがタイトルに見事に表現されていることから、できるだけその表現に忠実に訳した。内容は、旧新約聖書全巻への聖書神学的考察であり、旧約学を専門とする学者の著作であることから、「旧約聖書神学」あるいは「聖書神学」のテキストとして用いるにはもってこいの著作である。にもかかわず、「神の宣教」（*The Mission of God*）というタイトルをつけたこと自体に著者の本書への思いが見えてくる。それは、聖書理解への視点に関係する。ライト氏によると、聖書が存在していること自体、神自らが、神のかたちに造られた人間への対話を発動しようとする、まさに神の言葉の派遣（ミッション）である。したがって、聖書そのものを、被造物との関係を回復しようとする神の行動の中に位置づけることを意味する。この視点から、聖書全体の「壮大な物語を読み解く」のである。

とはいえ、聖書のテキストは、長いイスラエルの歴史の中で、また初代教会の歴史の中で、神の民がそれぞれの時代やコンテキストにおいて書き残されたことから、それぞれの多様性に目を向けた研究は欠かせない。だからこそ、それらの文書の成立の背後にある多様な社会的・文化的・歴史的コンテキストとの関係で、多様なテキストを捉えることはきわめて重要である。こうした多様性はテキスト研究では十分に認識されてきたが、ともすると学問的研鑽は、テキストを窓としてその向こうの歴史的現実を理解すること自体が目的となり、テキストが何を伝えようとするのかを見失うこともある。また、多様性の強調のゆえに、聖書全体が伝えようとする内容を捉える包括的視点を失う傾向も指摘されてきた。だからこそ、それを提供する「神の宣教」という視点は、重要なのである。しかも、それはテキストの多様性を認めつつ、だからこそ意味ある一貫性を見いだす視点として意義深い。こうした聖書の読み方は、パウロの書簡や新約神学の著作には見られつつあるが、旧約学者の視点から聖書全巻にわたってなされていることに本書の価値がある。

さて、この「神の宣教」（ミッシオ・デイ）という視点を導入したことには、ある違和感を感じる方もおられるかもしれない。というのも、これはしばしば批判の的となってもいるからである。確かに、この「神の宣教」への解釈には、さまざまなものがある。神中心の宣教理解から、教会の拡大を目指す宣教理解へのアンチテーゼとしての議論の枠組みとして用いられる中で、神の民の教会から離れる方向へ進んでしまったとする批判、またキリスト中心の宣教と対立させ、キリストの独自性の主張に陰りが生じているとする批判もある。さらには、神の宣教と人のわざとしての宣教を対立的に見立てることで、この「神の宣教」理解には、神の主体性の陰に人間の主体的関わりが欠落する傾向があるといった批判もある。その意味では、無批判にこの用語を援用することは困難であろう。同時にこうした批判から「神の宣教」の神学的視点の豊かさをすべて拒否することも、問題であろう。というのは、こうした批判の背後にも、議論に隠された目的や前提にさまざまな課題が潜在しているからである。ライト氏は議論に深入りはしないまでも、これらの批判を承知した上で、なおもこの表現を用いている。その際、この言葉が本来もっている神学的意義を、最初にこれを使用した宣教学者カール・ハーテンシュタインにさかのぼっている点が重要である。すなわち、ミッシオ・デイとは、何より父なる神が御子を、また父と御子が聖霊を遣わされたという、神の歴史へ働きかけが根本にあり、そのうえで、人の側の宣教のわざを、「神の遣わされるみわざ」への参与として理解する。彼は、カール・バルトが当時人間の営みに焦点を当てる自由主義神学に対して、*actio-Dei*（神の行動）に目を向けたことに触発されて、宣教を三位一体の位格間のダイナミックな内的運動から流れ出るものとして捉えたのである。

「神の宣教」のもともとの意味を、ライト氏がより広い視点で捉えた点に大きな意義がある。すなわち、ともすると神中心となり、抽象化されやすいこの概念を、三位一体の神とその民との関係性を重視して、聖書が具体的に物語る枠組みとして包括的に捉えたことである。すなわち、アブラハムを通じてイスラエルを選び、その民を通じて、歴史の中で始められた神のわざは、キリストの十字架と復活において完成し、聖霊によって召され、派遣された新たな神の民によって、この世にもたらされ福音となる。この壮大な神のみわざが聖書全巻を通じて物語られていることが、本書で見事に描き出されているのである。この大きな枠組みは、そのまま原著の構造に反映されている。すなわち、第Ⅱ部の「宣教の神」に続いて、第Ⅲ部は宣教の民（邦訳の第2巻）、第Ⅳ部は宣教の舞台として（邦訳の第3巻）、神から離れた被造物や人間の現実に目を向ける。こうした視点で聖書を読み解く仕方を「宣教的聖書解釈」と呼び、聖書そのものに深く踏み込みつつその一貫して流れているメッセージに迫っていく。さらに詳しい本書の概略については、著者自らが序文（一八頁以下の「本書の構成」の項）で素描しているので、参照されたい。

翻訳の労を取られたのは、次の方々である。

序章

金本　悟（かねもと　さとる）　一九四八生。早稲田大学、ホイートン大学大学院、トリニティー神学校、プリンストン神学校、ボストン大学、イースタン・メノナイト大学、Asia Graduate School of Theology（D.Min.）で学ぶ。現在、東京ミッション研究所所長、日本ローザンヌ委員会委員長、日本福音同盟理事、日本宣教学会理事（事務局長）、東京聖書学院講師、日本神の教会連盟練馬神の教会牧師。〈著訳書〉“Shintoism And Christianity”（New Dicitionary of Theology, IVP）、R・リー著『これからの日本の宣教』『文明の衝突と日本宣教』（共訳）他。

立石充子（たていし　あつこ）　一九六一年生。東京大学文学部、アズベリー神学校（M.A. 教会音楽、M.A. 聖書学）で学ぶ。現在、フリーランス通訳翻訳者、日本ローザンヌ委員会書記。〈著訳書〉デビッド・L・トンプソン著『傷ついた心をいやす旅』（翻訳）、ニール・コール著『互いに罪を言い表し、互いのために祈りなさい』（編訳）他。

第一章

小林高徳（こばやし　たかのり）　一九五六年生。東京外国語大学、東京基督神学校、カルヴァン神学校、セント・アンドリューズ大学（Ph.D. 新約学）で学ぶ。現在、東京基督教大学神学部長・教授（新約学）、日本長老教会柏シャローム教会牧師。〈著訳書〉『聖書神学事典』（共同編集）、「ローマ8章26、27節における祈り——パウロの宇宙論的終末論と苦難の中の友情」（福音主義神学）、A・E・マクグラス著『科学と宗教』（共訳）他。

第二章

正木牧人（まさき　まきと）　一九五八年生。関西学院大学、Concordia Theological Seminary（S.T.M. 組織神学、宣教学、Ph.D. 組織神学）で学ぶ。現在、神戸ルーテル神学校校長、アジア神学大学院・日本校校長、日本ローザンヌ委員会委員、日本宣教学会理事、日本福音主義神学会理事、西日本福音ルーテル伊丹教会牧師。〈著訳書〉「二種の義とワルトブルク説教集——信仰生活を励ます説教を貫くルターの教え」（Dissertation）、「信仰告白とアナセマ」『宣教と神学』、他。

第三章

中島真実（なかしま　まさみ）　一九六八年生。南山大学、東京聖書学院、神戸ルーテル神学校、イースタン・メノナイト神学校（M.A.）、シカゴ・ルーテル神学大学院（Ph.D. 組織神学）で学ぶ。現在、東京聖書学院講師、東海聖書神学塾教師、関西聖書神学校講師、基督兄弟団一宮教会牧師。〈著訳書〉“Toward an Ecclesial Ethics of the

Brand-New Community of the Cross in Japan Today" (diss.)、『ジョン・H・ヨーダーの神学』(共著)、A・E・マクグラス編『キリスト教神学資料集』(共訳) 他。

第四章

内田和彦 (うちだ　かずひこ)　一九四七年生。東京大学文学部、聖書神学舎、トリニティ神学校、アバディーン大学 (Ph.D. 新約聖書学) で学ぶ。現在、JECA前橋キリスト教会牧師、聖書宣教会・聖書神学舎教師、新日本聖書刊行会・新約主任。〈著訳書〉『イエスの生涯、エゴー・エイミ』、『キリストの神性と三位一体』、『神の国はあなたがたのもの』、『キリスト教は信じられるか』(共著) 他。

第五章

鎌野直人 (かまの　なおと)　一九六三年生。京都大学、同大学院、アズベリー神学校、エール大学神学部、ユニオン神学校 (Ph.D. 聖書学) で学ぶ。現在、関西聖書神学校学監、日本イエス・キリスト教団神戸中央教会協力牧師。〈著訳書〉"Cosmology and Character: Qoheleth's Pedagogy from a Rhetorical-Critical Perspective," BZAW 312、キングホーン著『21世紀に語るウェスレー』(訳) 他。

本書の聖書引用については、原則として新共同訳を採用した。ただし、原著では旧約学者として著者独自の訳を使用していることから、口語訳や新改訳も用いた。また、それにも相当しない訳については「私訳」と表記した。訳注は〔　〕で表記し、原注は、巻末にまとめた。参考文献は、第3巻に掲載する予定であることを、あらかじめお断りしたい。著者の来日前に本書を出版するために、限られた時間で集中的に校正作業に当たってくださった金本史子氏の労には、心から感謝したい。また、忍耐をもって原稿を待ってくださり、短時間で出版にこぎつけてくださった、いのちのことば社の長沢俊夫氏には、深く感謝を申し上げたい。

二〇一二年五月

西岡義行

第一巻のはしがき

このたび、クリス・ライト師の「神の宣教」を翻訳出版できることを感謝します。発行人として、この著作の意義を次のように受けとめています。

1　ローザンヌ運動は、一九七四年にスイス・ローザンヌで開催された第一回世界宣教会議のインパクトが運動となって世界中に広がったことにより、ローザンヌ運動と言われるようになりました。そのときの中心人物がジョン・ストット氏であり、伝道においてもホーリスティックな考え方を提唱しました。その遺産が継承されているのがローザンヌ運動であります。

2　二〇一〇年十月、南アフリカのケープタウンで開催された第三回ローザンヌ世界宣教会議（ケープタウン二〇一〇）は、これまでのキリスト教宣教の歴史の帰結点としても、これからの教会とキリスト者に課せられた宣教の使命達成への道標としても、画期的な視点を世界に対して提示しました。この会議の結実は、先頃日本ローザンヌ委員会によって公式日本語訳が公刊された『ケープタウン決意表明（コミットメント）』（いのちのことば社）に集約されています。そこに簡潔に表されているように、この会議に貫かれた通奏低音は、私たちキリスト者は何を信じるのかという「信仰の告白」（パートⅠ）と、その信仰に立つ私たちが世に仕えるために、どのような生き方が求められているのかという「行動への呼びかけ」（パートⅡ）から構成されています。

一読していただけばおわかりのとおり、パートⅠには、私たちに対する神の愛と、その神を愛する私たちの関係、神の私たちに対する要請と、私たちの神への応答といった、きわめてオーソドックスで穏健かつ福音的な聖書理解が整理されています。その整理の仕方は教理的・組織神学的であるよりは、むしろ実践的・聖書神学的です。目をつけているところは、神に愛され神を愛する者として、私たちは神が愛されたこの世界にどのように向き合うのか、世界が直面している現実に対して私たち神の民はどうあるべきなのかという、「神を愛するという生き方」に置かれているのです。

それに対してパートⅡでは、世界が多元的でグローバル化し、分断され、損なわれた状態にある現状を見据え、そこにキリストの真理を証しし、キリストの平和を築き上げ、キリストの愛を生きるにはどうしたらいいのかという「行動への呼びかけ」として、今日的な宣教の課題を提示しています。Ⅱの実践はⅠの告白に深く根ざし、Ⅰの告白は単に福音の分析や叙述で終わらずに、必然的にⅡの実践を要請しています。

このようなダイナミックな福音理解、宣教理解の枠組みを与えられ、私たちは改めて福音の価値を再認識し、その福音に生きる意欲と信仰をかき立てられます。「ケープタウン二〇一〇」会議において、ローザンヌ運動の存在価値をもうひとたび、二十一世紀の世界の教会に対して鮮やかに取り出して見せたのが、神学委員長としてこの会議の基盤を整えたクリストファー・ライト博士その人なのです。会議のプログラムの中で、ライト博士の講演は明快にして率直であり、聴く者たち一同に深い感銘を与えてくれました。

二十世紀後半の宣教と福音理解を、「ホーリスティック」というキーワードをもって豊かに深めてくれたのは、ローザンヌ運動開始以来の神学的支柱ジョン・ストット博士であったことは異論のないところです。ライト博士は、そのストット博士の後継者であります。本書はそのライト博士の主著として、英語圏で高い評価を得ています。その内容の特色については、西岡義行氏の紹介文をぜひ、お読みください。

3　日本語訳の刊行により、日本の神学校における宣教と福音理解のアプローチが変革され、あらゆる聖書研究が刷新されることを期待しています。また「ケープタウン二〇一〇」会議がそうであったように、いわゆる福音派のみならず、プロテスタント主流派、ローマ・カトリック、さらに東方教会とも共有できる、宣教と福音理解の原点と言える視点が形成されていくことも期待しています。あるいは「福音派」「社会派」などといった対立構造を超えていく可能性が探られていくことでしょう。

神の民のHISTORY（歴史）は、神の導きと慈しみの歴史であります。その導きと慈しみはイエス・キリストの物語に啓示として集約されました。私たちは神の愛をHis Storyとして知っており、この神の愛に触れたからこそ、この神の愛を迫りとして感じ招かれている者としての応答をしていくときに、私たちは、彼の弟子（His Disciple）であることを自覚するのです。そして、主イエス・キリストに倣いながらHIS（Humility＝謙遜さ、Integrity＝言行一致、Simplisity＝質素）を大切にする弟子として生きていくときに、主の民としての歴史形成にも関わっていくことでしょう。

神の愛を論じ説明する神学から、神の愛に生き行動する神学へと、読者をつくりかえずにはおかない『神の宣教――聖書の壮大な物語を読み解く』は、牧師、信徒リーダー、宣教の働きに携わるすべての人にとって、必読の書となることは間違いないことでしょう。ぜひ『ケープタウン決意表明（コミットメント）』（いのちのことば社）と併せて熟読していただきたいのです。

東京ミッション研究所所長・日本ローザンヌ委員会委員長　金本　悟

編集者　西岡義行（にしおか　よしゆき）

1961年生。東京聖書学院、アズサ・パシフィック大学、同大学院、フラー神学校（Th.M. 宣教学、Ph.D. 比較文化論）で学ぶ。現在、東京聖書学院教頭、東京ミッション研究所総主事、東京基督教大学非常勤講師、日本ローザンヌ委員会神学委員、日本宣教学会理事、日本ホーリネス教団川越のぞみ教会牧師。著作：“Worldview Methodology in Mission Theology” (*Missiology*)、『人が神を想うとき』、D・ボッシュ著『宣教のパラダイム転換』（編集共訳）、J・H・ヨーダー著『社会を動かす礼拝共同体』（共訳）他。

東京ミッション研究所選書シリーズ 14

神の宣教 ── 聖書の壮大な物語を読み解く　第1巻

●

2012年6月25日初版発行
2018年7月25日 再刷

著者　　クリストファー・J・H・ライト
訳者　　東京ミッション研究所
発行者　　東條 隆進

発行所　東京ミッション研究所
〒189-8512 東京都東村山市廻田町 1-30-1
TEL/FAX 042-396-5597
E-mail: tmri@zar.att.ne.jp

●

発売　　いのちのことば社
〒164-0001 東京都中野区中野 2-1-5
TEL 03-5341-6920/FAX 03-5341-6921

●